놀이치료 관찰 및 실습

유미숙 · 이영애 · 박현아 공저

학지사

저자 서문

우리나라의 놀이치료는 1971년 숙명여자대학교 아동복지학과를 설립하신 故 주정일 교수님께서 『딥스』를 소개하며 시작되었다. 그 후 놀이치료는 발전을 거듭하여 한국놀이치료학회도 만들어지고 많은 대학에서 놀이치료를 가르치고 있다. 그뿐만 아니라 보건복지부 바우처 사업의 일환으로 놀이치료 영역은 더욱 확대된 현장에서 많은 아동에게 다가가도록 국가가 지원하는 전문 영역이 되었다.

2018년 보건복지부 고시로 「장애아동복지지원법」에 근거한 '발달재활 서비스 제공인력 자격인증'의 놀이심리재활 영역 필수과목으로 '놀이치료 관찰 및 실습'이 확정되었다. 그러나 이 과목의 교재가 없어서 수업을 담당하는 교수나 강사들이 고군분투한다는 현장의 목소리가 안타까웠다. 이러한 어려움을 해결하고자 대학교수와 현장 전문가가 의기투합하여 『놀이치료 관찰 및 실습』 교재를 집필하게 되었다.

이 책의 내용은 '발달재활 서비스 제공인력 자격인증' 절차의 교과목 인증 내용에 부합하게 구성되었다. 유미숙은 제1, 6, 8, 12장을 집필하였고, 박현아는 제2, 4, 5, 11장을, 이영애는 제3, 7, 9, 10, 13장을 집필하였다.

이 책은 '발달재활 서비스 제공인력 자격인증'의 놀이심리재활 필수과목 교재 집필을 동기로 시작되었다. 그러나 놀이란 아동의 언어이고 아동의 놀이 활동은 그들이 풀어내는 이야기라서 아동의 놀이를 이해해야 하는 전문가는 물론이고, 아동의 놀이를 도구나 매체로 활용하는 놀이 관련 영역의 전문가들에게도 도움이 될 것으로 기대한다.

책을 완성하고 보니 아쉬운 점도 많지만 우선 급한 불을 끄고자 하는 심정으로 세상에 내놓으며 보완해 가려고 한다. 아울러 저자들은 이 책을 교재로 사용하시는 모든 교수님의 충언을 기대한다.

이 책을 세상에 내놓도록 마음을 보태고 격려해 주신 학지사 김진환 사장님과 편집부 김순호 이사님, 유가현 과장님께 감사드린다.

2021년 11월
저자 일동

차례

제1장

놀이치료
관찰 개요

1. 놀이치료에서 관찰의 목적

1) 놀이의 원리

아동의 놀이는 그들의 언어이고 사고와 정서의 표현 방식이다. 그러므로 아동을 이해하고 상호작용하려면 놀이를 이해하고 놀이를 통해 소통하여야 한다는 것은 이미 놀이치료자들은 다 아는 내용이다.

놀이치료자들은 특히 아동의 언어인 놀이 행동을 언어로 바꾸어 읽고 기록하는 전문가이다. 즉, 놀이치료자는 아동의 놀이라는 언어를 어른의 언어로 바꾸어 쓸 수 있는 번역가가 되어야 하며 그러기 위해서는 아동의 놀이의 원리를 이해하고 놀이의 과정을 통해 쏟아 내는 이야기를 풀어 쓸 수 있어야 하는데, 이 과정이 바로 '놀이 관찰 및 평가'에 해당하는 전문 영역이다. 아동의 놀이 과정을 과학적으로 분석하고 이해할 수 있도록 간결하게 기술하는 작업은 놀이치료자들의 일상이 되어야 한다. 내담 아동이 좋아졌다고 하는데 어떻게 어떤 과정을 통해 좋아졌는지 명쾌하게 증명하기는 쉬운 일이 아니다. 이 과정을 분명하게 드러내는 작업이 놀이의 원리를 이해하고 놀이를 분석하여 기술하는 능력을 갖춘 놀이치료자가 하는 전문적인 일이다.

놀이란 무엇보다도 재미가 있다. 놀이는 아이들의 일상생활의 대부분을 차지하고 있다. 그래서 잘 노는 아이가 건강하며 성장 · 발달이 지속되는지는 아이의 놀이 상태를 보면 알 수 있다. 아동의 놀이는 상상한 것을 실행해 보는 것이며 그 실행을 통해 발달이 촉진된다. 놀이란 무엇이든 가능하게 하고 강요되는 결과도 없다. 아동들이 결말을 염려하지 않고 마음껏 펼쳐 나가는 놀이 장면이 그들의 놀이 세계가 된다. 놀이를 하는 동안 문득 드는 생각도 있고 그것을 반영하여 놀이를 확장시키거나 변형시켜 나가는 것이 아이들의 '놀이 시간'이고 그들이 만들어 내는 세계이다. 문득 떠오르는 생각에 따라

끝없이 펼쳐지기도 하고 중단되거나 제한이 나타나기도 한다. 이렇게 놀이는 활동적이며 정지된 것이 아닌 움직이는 그들의 내면세계의 표현이다. 놀이는 공간과 시간을 넘어서 활동이나 사고의 움직임에 따라 나타나는 어린이의 세계이다.

놀이 활동은 모든 연령의 아동에게 없어서는 안 될 정도로 중요하다. 놀이는 사회적 관계와 자발적인 학습에 대한 맥락을 제공한다. 또한 놀이는 아동이 혼자서 할 수도 있고, 다른 이와 함께 할 수도 있으며, 일련의 규칙에 따라 이루어질 수도 있다. 놀이 활동은 생활과 삶의 특징이 되고, 후퇴하기도 하고 진보하기도 한다. 놀이는 주변 세계에서 아동이 느끼는 자기감(sense of self)이며, 자신감이 성장하는 통로이다.

놀이에 몰입하는 아동들은 몰입을 통해 집중력이 성장하고 집중을 통해 인식이 발달한다. 놀이는 표현하는 활동을 통해 인식될 수 있고 의사소통할 수 있는 만국 공통의 보편적인 언어이다. 놀이에서 분명하게 표현되는 감정들을 함께 나눌 수 있으므로 감정 상태가 표현의 주된 통로가 된다. 놀이치료실에서 아이들이 주의집중해서 하는 놀이는 그들이 호소하는 메시지를 우리에게 들려주는 언어적 · 비언어적 단서이다. 놀이는 감정 표현 없이 존재하지 않으며 인간의 감정은 놀이에서 가장 잘 표현된다. 감정은 공포에서 기쁨까지 폭넓게 표현되며, 이러한 감정 상태의 조정과 조율은 놀이 활동의 지속성을 보장하기 위해 필수적이다. 만약 감정이 폭발한다면 놀이 활동이 유지되도록 집중하고 있는 상태가 붕괴될 가능성이 있다. 일상에서 겪었던 감정은 놀이 속에서 충분히 표현될 수 있다. 그래서 아이들은 놀이할 수 있는 충분한 시간이 주어져야 발달을 할 수 있다.

놀이는 자연스럽게 시작되지만, 아이들은 그 안에서 미소, 발견, 불안, 두려움 등을 드러내면서 자신의 내면을 자연스럽게 표현한다. 즉, 자기 세계의 한 측면과 경험을 어떻게 조직화하였는지를 전달하는 과정이 놀이이다. 그러므로 놀이치료실에 오는 아동들은 치료자가 함께 자신을 지켜봐 주길 바라고 자신의 그림자를 놀이치료자가 발견해 주길 기대하며 놀이로 이야기를 풀어낸다. 아동은 보이지 않는 놀이 속 파트너의 이미지를 구축하고 간직할 수 있다는 것을 배우며 기억 속에 이미지를 구축할 수 있다는 것을 놀이를 통해 배우는데, 이 능력은 아동의 발달에서 매우 중요한 요인이다.

놀이 활동을 통해 발달의 향상도 평가할 수 있다. 사용할 수 없는 대상을 초대하여 놀이를 구성하기도 하고 상징적인 방법으로 평범한 일상의 물체를 놀잇감으로 가정하고 활용하기도 한다. 즉, 자신이 통제할 수 있는 영역을 확장하며 놀이의 세계를 넓혀 나간다. 놀이를 통해 가장하는 것(make-believe)은 현실이라는 순간을 마술적인 상상의 영역으로 확장시켜 자신의 무궁무진한 이야기 세계를 꾸미고, 보여 주고, 스스로 인식하는 작업으로 발전된다. 아이들은 놀이를 통해 자신의 과거와 미래를 연결할 뿐만 아니라 자신의 상상을 통해 만들어 낼 수 있는 수많은 이야기를 통해 치료자와 마음을 나눌 수 있다. 놀이 활동이란 생각하고, 말하고, 상상하고, 다른 사람과 소통하는 다양한 기능을 발달시켜 가는 과정이며 문화적 유산을 축적해 가는 과정이다.

2) 놀이 활동과 아동의 표상 세계

인간의 최초의 표상은 양육자와 아동 간의 2자 관계에서의 주관적인 경험을 통해 시작된다. Daniel Stern(1985)은 자기조절적인 타인 앞에서 자기(self)에 대한 경험이 반복되는 것을 '상호작용 표상의 일반화'라고 명명했다. 이 특성이 나타날 때마다 아동은 양육자와 함께했던 기억을 활용할 수 있게 된다. Stern은 아동에게 양육자와 함께 있었던 다른 기억들이 활성화되었을 때, 다른 상호작용 표상의 일반화가 활성화되면서 양육자와 함께 있기 위해 사용하였던 많은 방법을 재경험한다고 설명했다. 양육자가 있을 때나 없을 때나 아동은 반드시 자기조절적인 타인과 함께 하는 경험들 또는 과거의 일에 대해 잘 정리하여 다루어야만 한다.

Stern은 과거에 속하는 자기조절적인 타인과 함께 하는 주관적인 경험의 활성화를 놀이 관계에서 풀어내어 보인다고 한다. 그러므로 놀이치료실에서 행하는 아동의 놀이에서는 아동의 표상을 이해할 수 있는 자료를 제공해 준다. 놀이 속에 등장하는 인물들은 자기조절적인 타인과의 상호작용의 표상이 일반화된 것이며, 이는 실제로 일어났던 일의 기억이 아니다. 놀이를 하면서 아동은 중요한 타인과의 상호작용을 통해 새로운 경험이 갱신된다. 바로 이런 작업에 심리학적 전문지식을 가진 놀이치료자와의 상호작용을 통해 표상도 긍정적으로 변화한다.

과거 경험은 새로운 경험이 쌓이면서 그 영향력이 줄어들게 된다. 트라우마를 겪은 아동들이 놀이치료를 통해 인간에 대해, 경험에 대해 가지는 표상이 변화하는 것이 바로 놀이치료의 효과이다. 즉, 축적된 과거 경험을 표상하고 현재와 미래에 대해 창조적 기대를 할 수 있도록 안내하는 기능을 가진 것이 놀이치료 시간의 놀이이다. 사회적 상호작용을 통한 초기 표상 형성의 개념과 유사한 것에는 융합경험(merger experience; Mahler, 1968), 자기대상(Kohut, 1971), 내면화의 초기 형태(Kernberg, 1975: Sandler & Sandler, 1978) 그리고 자기대상 경험의 기원(Beebe & Lachman, 1988)이 포함되어 있다.

아동은 자신의 놀이 세계에 공을 들인다. D. W. Winnicott(1971)이 말한 것처럼 놀이는 '놀이 공간' 속에서 일어나는 적극적인 과정으로 두 사람의 영역이 중첩되어 만들어진다. 이런 최초의 공간은 아동과 양육자의 관계에서 시작된다. 이 놀이 공간이 차츰 확대되어 접촉 놀이에서 상상 놀이로, 상호작용 놀이로 확장되면서 놀이의 몰입 시간은 무한대로 뻗어 나간다. 과거와 미래는 현재 순간 속에 응축되는데, 이때 기억은 놀이 활동을 통해 재현된다. 아동의 놀이 활동은 그것을 결정짓는 필수 요소가 단일 사건이나 행동 또는 성격 특성이라기보다, 누적된 관계의 발달사가 녹아 있는 것이다. 여기에 아동이 탐구하고자 하는 호기심을 갖고 있고, 안전한 장소라는 확신이 있으며, 신뢰할 수 있는 대상이 함께 있다고 느낄 때에는 풍성한 놀이 활동을 만들어

낼 수 있다.

놀이 활동에서 나타나는 아동의 놀이 주제는 고백이며 의사소통이므로 놀이치료자에게 놀이 주제의 분석은 중요한 작업이다. 아동에게 놀이 활동은 자기표현의 기쁨을 제공하기도 하고, 복잡한 일상의 상황을 관리할 수 있는 방법을 터득하고 능력을 향상시키는 데도 기여한다. 그러므로 아동은 끊임없이 놀이를 해야 하고 이러한 놀이를 통해 적응 능력을 향상시키므로 놀이 활동은 기능과 능력을 발달시키는 연습 기능을 활성화하는 작업이다.

3) 아동 심리치료에서 놀이 활동의 역할 및 관찰 목적

아동의 심리치료 장면에서는 언제나 놀이가 나타난다. 놀이를 하지 않는 아동의 행동은 아동이 고통받고 있다는 것을 이해할 수 있는 단서가 된다. 놀이하는 동안 경험하는 창조성은 현재 이 순간의 경험으로 과거와 미래를 서로 연결하며 활기를 띠게 된다. 이것은 불가능과 가능의 중간 지대에서 발생한다. 놀이에서 불신은 보류되고 믿음은 현실을 상상하거나 떠올리는 것으로 확장된다. 트라우마을 입은 아동이나 심리적 고통을 받고 있는 아동이 놀이할 수 있는 기회를 가진다는 것은 과거의 영향을 수정하거나 변형시킬 수 있는 기회를 가진다는 뜻이다. 아동은 트라우마이 크면 클수록 자신이 무능하다는 느낌을 받게 되고, 심상의 침범이 강력해진다. 많은 경우 변화의 가능성을 인식하는 것은 아동이 다른 사람과의 관계 속에서 놀이를 하면서 자기 스스로를 놀이하는 사람으로 깨닫게 될 때에만 이루어질 것이다. 그러므로 놀이 활동의 진화는 분리ㆍ개별화 과정의 발달과 자기의 성장과 협력하여 이루어진다(Mahler, Pine & Bergman, 1975).

아동 심리치료에 있어서 놀이 활동은 아동의 정상 발달에서 경험된 발달 과정과 많은 면에서 유사한 변화의 과정을 겪는다. 놀이 활동은 감각적이고, 지각적이며, 상징적이다. 상징을 사용하면서 놀이 활동은 표상적인 사고와

추상적인 사고로 정교화된다. 놀이치료에서 놀이 활동은 과거 경험의 수정을 촉진하고 새롭고 혁신적인 대처 전략들을 발달시키도록 돕는다. 놀이치료 과정에서 놀이 활동의 변화는 중요한 인간관계에 대한 관점을 바꾸고 환경에 대한 적응력에 변화를 가져오게 한다.

아주 어린 아동들이나 정서장애를 가지고 있는 아동들의 놀이에서는 놀이치료자가 아동의 놀이 속의 숨은 의도를 드러내 주기보다는 아동이 스스로 의미를 발견하도록 하는 데 치료의 초점을 두어야 한다(Slade, 1994). 아동의 적극적인 참여 없이는 치료자가 아동의 놀이 활동의 의미를 이해하기는 힘들다. 놀이의 의미라는 것이 놀이 활동을 이용하여 선험적으로 예측되는 것이 아니라 오히려 의미는 주관적인 경험이 공유되는 순간에 발생하게 되는 놀이 활동의 속성 때문에 표상적인 놀이가 이루어지기 전에는 치료자가 아동 곁에서 놀이를 하면서 대상에 대한 의미가 부여되고, 경험에 이름이 붙여지며, 놀이와 의미가 연결된다. 이 과정에서 감정과 충동의 엉킴이 풀어지고 아동은 놀이를 통해 자신이 느끼는 것, 알고 있는 것, 원하는 것이 무엇인지 알게 된다. 아동은 말로만 하는 것보다 놀이를 통해 경험과 감정을 재연할 때 자신의 심리적 구조를 만들어 가기가 쉽다. 놀이치료자는 아동과 놀이를 하면서 아동이 말하려는 것과 느끼려는 것이 무엇인지를 발견하게 된다.

아동은 놀이를 통해 표현하지만, 경험은 숨길 수 있으므로 상징을 통해 숨겨진 의미를 해석할 수 있다. 놀이는 표상적인 구조가 적절하면 아동은 소망을 위장하고 의식화할 수 있는 상징을 통해 무의식으로 연결시킨다는 가설이 성립된다. 아동이 장난감 집의 문을 열었다 닫았다 할 때에 무슨 의미인지 모르지만, 그 행동을 한 후에 "선생님, 나랑 놀래요?"라고 말하면 아동이 왜 문을 열었다 닫았다 하며 무엇을 망설였는지 이해하게 된다. 즉, 상상의 서막으로 그 행동의 의미를 이해할 수 있게 된다. 또한 놀이치료 과정에 따라 놀이 활동의 프로파일은 변화가 나타난다. 그러므로 놀이 활동의 프로파일은 자기 자신과 다른 사람에 대한 특별한 경험뿐 아니라 대처 및 적응 전략이 반영

된 것이므로 놀이치료 과정에서 이루어지는 놀이의 관찰과 평가는 놀이치료자의 중요한 임무이다.

2. 놀이치료 관찰 방법

1) 놀이 활동 확인하기: 세분화

놀이 활동은 모든 창조적인 생활 과정 속에서 진행되는 요소이다. 놀이는 단독적인 요소로 나타나기도 하고 다른 활동에 맥락을 제공하기 위한 요소로 나타나기도 한다. 또한 맥락으로 구분할 수 없는 요소로 나타나기도 한다. 놀이의 세분화(segmentation)는 아동의 행동을 목록화하여 정리하는 과정이다. 아동의 행동 속에서 공통점을 확인하는 것을 통해 관찰자는 자신이 관찰한 것을 정리하고 명명할 수 있게 된다. 놀이치료자들이 놀이의 명칭을 만드는 것에는 주관적인 결정이 내포되어 있다. 그렇지만 관찰자가 이해하기 위해서는 아동의 활동 양상을 분리시키는 것이 첫 번째 단계이다. 놀이 활동을 탐구하기 위해 관찰자는 놀이 활동을 식별할 수 있어야 하고 놀이하는 아동을 관찰하면서 다른 사람과 자신의 기준을 나눌 수 있어야 한다. 놀이의 지속시간, 놀이 내용, 놀이의 기능, 놀이의 종류를 관찰하여야 한다.

놀이 활동은 비놀이 활동(non-play)과 구별될 수 있는가? 놀이 활동의 독특한 특성은 무엇인가? 아동 놀이치료 척도[Children's Play Therapy Instrument(CPTI); Kernberg, Chazan & Normandin, 1997] 매뉴얼에서는 아동 활동 중에서 세분화된 부분을 정의하기 위해 놀이 활동과 비놀이 활동의 특성이 사용된다. 그다음 세분화된 부분들은 시간에 따라 연속적으로 정리될 수 있는데, 이를 통해 아동이 하고 있는 활동의 진행 과정을 양화할 수 있게 된다. 이러한 범주화된 분석을 통해 관찰자는 놀이 활동이 주로 나타나는 세분

화된 부분을 비교할 수 있게 된다. 이는 또한 치료 시간 동안 아동 활동의 전반적인 진행 과정과 흐름에 대한 프로파일을 제공한다. 세분화된 부분이 독립적인 것으로 분류되기 위해서는 아동의 활동(놀이, 전놀이, 비놀이, 중단)이 최소한 20초 동안 지속되어야 한다.

(1) 놀이 활동

놀이 활동(play activity)은 아동이 몰두하고 있는 행동을 통해 확인할 수 있다. 놀이 활동은 "우리 놀이할까?"와 같은 의도를 가진 언어화와 동시에 일어난다. 4세의 지영이는 상상의 친구에게 자신과 함께 놀자고 초대를 한다. 비록 그림자 같은 친구는 나타났다가 사라지기도 하지만, 상상의 친구는 지영이가 놀이를 계속하는 데 필요한 사회적 요소이다.

지훈이는 혼자 놀이를 하였다. 집에 양육자가 있다는 것을 알지만 상상의 인물을 데리고 혼자 놀이를 하고 있다. 지훈이는 주도적으로 인물들의 배역을 정해 주고 감독하며 등장인물들을 움직이게 한다. 아동은 스스로 놀이 대본을 만들어 놀이를 진행하며 상상의 인물의 감독자로 놀이를 이끌어 간다. 이 놀이는 도입부, 중간 부분, 결말로 이어진다.

윤호는 아주 열정적으로 공놀이를 한다. 이 또한 목적이 있는 집중 상태이며 놀이이다. 자신의 활동에 대해 즐거움과 기쁨을 표현하고, 놀이의 다른 지표를 표현한다. 이렇게 표현된 특별한 감정은 환희, 놀라움, 즐거움 같은 긍정적인 것에서 불안, 두려움 같은 부정적인 것까지 변화할 수 있다. 몇몇 아동은 위험을 불러일으키는 징조에 대해서도 호기심을 나타낸다. 특별한 활동에 집중하는 것과 목적을 가지고 놀잇감을 사용하는 것 모두가 놀이 활동이다.

놀이 활동은 무한하게 변화하며 초점화된 집중, 놀잇감이나 대상에 대한 목적이 있는 선택, 그리고 특별한 정서표현이라는 비언어적 속성으로 감별될 수 있다. 이것은 말로 초대하는 것을 통해 소개될 수 있고 역할 표상과 놀이 사건의 스토리를 이야기하는 것을 통해 상세하게 설명될 수 있다. 때때로 역

할 표상과 이야기는 언어화라는 압박에서 놀이 활동을 자유롭게 하는 무언극을 통하여 의사소통되기도 한다. 놀이 활동의 속성은 모두 나타날 수도 있고, 한 가지만 나타날 수도 있다. 관찰된 속성의 수와 관계없이 앞서 언급한 한 가지 속성이 나타나든지 또는 그 이상이 나타나든지 간에 이것들은 놀이 활동이다.

(2) 전놀이 활동

우리는 아동들이 놀이 활동을 위해 준비를 하거나 무대를 만드는 것을 볼 수 있다. 예를 들어, 아동은 놀잇감을 집어 들고 그것을 탐색하고, 조작하거나, 그것에 상징적인 의미를 부여할 수도 있다. 때때로 어떤 아동은 놀이 활동을 하지 않고 놀이치료 회기의 모든 시간을 준비하는 것으로 보낸다. 어떤 아동은 정교한 준비를 하기보다는 분류하고 정렬하고 건설하는 놀이 활동에 완전히 몰두하기도 한다. 전놀이(pre-play activity)는 놀이 활동이 세분화된 부분의 초반에만 나타나는 것이 아니라 진행되고 있는 놀이의 맥락 속에서 계속 나타날 수 있다. 예를 들면, 아동이 놀이를 하던 중간에 잠시 멈추고 새로운 놀잇감을 선택하여 치료자에게 집중하기도 하는 것을 볼 수 있다.

(3) 비놀이 활동

비놀이 활동(non-play activity)에는 전놀이 활동과 놀이 활동 이외의 모든 활동이 포함된다. 먹기, 읽기, 숙제하기, 치료자와 이야기 나누기, 진지한 태도로 자기가 하고 있는 것에 대해 이야기하기, 자신에 대해 자세히 말하기, 활동을 계획하기 등이다. 이 모든 활동 속에서 아동이 순응하든지 또는 부정적이든지 간에 일상적인 일이나 외부에서 규정한 해야 하는 일들은 비놀이 활동이다. 이러한 활동을 통해 노력하는 즐거움을 추구할 수도 있지만 자기표현과 개인적인 의미를 찾을 수 있도록 질문하기 위해 자신을 투자하는 특성은 없으므로 비놀이 활동이다.

비놀이는 '적합하거나' 또는 '적합하지 않거나' 간에 일상적인 사건들의 영역이고 매일 진행되고 있는 정보처리 과정이고 필요한 과업을 수행하는 것이다. 놀이치료 회기에서 비놀이 활동은 쉽게 놀이 활동으로 연결되고, 그 반대의 경우도 쉽게 연결된다. 두 영역 간에 다리가 놓이는데, 이것은 때로는 명확하게 나타나고, 때로는 모호하게 감추어지기도 한다. 치료 회기의 효과를 위해 필수적인 것은 이 다리를 언제 건넜는지, 그리고 가파르게, 조심스럽게, 이상하게 생각하거나 또는 무시하면서 다리를 건넜는지 치료자가 알아차리는 것이다. 이런 경우에 치료자는 아동에 대해서 그리고 아동이 자신과 자신의 창의성에 대해서 어떻게 보고 있는지에 관한 주관적인 경험뿐만 아니라 다른 사람에 대한 지각과 그들이 아동에 대해 어떻게 인식하고 있는지에 대한 주관적 경험에 대한 결정적인 정보를 얻게 된다. 그들이 아동의 존재의 모든 면에 대해 개방적인지, 경험된 것들을 인식하고 나눌 수 있는지, 알아차리지 못하고 있는지도 탐색해야 한다.

(4) 중단

중단(interruption)은 아동이 방을 떠날 때나 회기 안에서 활동을 계속할 수 없을 때 발생한다. 중단은 놀이하는 동안이나 비놀이 활동을 하는 동안 발생할 수 있는데, 예를 들어 아동이 화장실을 간다거나 대기실에 양육자가 있는지 보고 와야만 할 때 발생할 수 있다. 이런 행동들은 회기 안에서 긴장이 발생하고 있다는 것을 나타낸다. 아동은 긴장을 견디지 못해서 방을 떠남으로써 이를 이완하려는 것이다. 회기가 끝나 갈 때쯤 아동은 부모가 어디에 있는지 확인하려고 한다. 때로는 회기 중에 특별한 내용이 생기면 이것이 긴장감을 불러일으키고 도망치게 되는 이유가 된다. 놀이치료자는 이렇게 중단하는 행동을 주관적인 고통의 신호로 보아야 한다.

2) 놀이 활동에 대한 기술적 분석

놀이치료 회기가 세분화된 부분으로 나뉘면 놀이 활동으로 규정된 부분들을 탐색하여야 한다. 아동 놀이치료 연구에서는 놀이 활동의 세분화된 부분 중 가장 긴 부분의 전체를 선택하지만 놀이치료자의 분석은 놀이 활동의 모든 세분화된 부분에도 적용할 수 있다. 놀이 분석은 놀이 활동에서 분명하게 나타나는 행동을 기술하는 것에서 시작된다. 놀이 활동의 유형에서는 누가 놀이를 시작했는지, 어떻게 진행되었는지, 혹은 진행되는데 실패하였는지, 놀이가 어떻게 끝이 났는지, 활동의 범위는 어떠했는지 등을 다룬다.

(1) 놀이 활동의 범주

아동의 놀이치료 척도에서는 놀이 활동의 유형을 몇 가지 범주로 분류한다. 이 범주는 중복될 수도 있으며 반드시 상호 배타적인 것은 아니다. 일반적으로 놀이 활동은 가장 발달된 범주에 속한다.

① 감각 놀이: 이 활동은 감촉과 같은 물건의 감각적 특성에 기반을 두고 있다. 예를 들면, 아동이 베개 모서리나 특정 인형의 일부분을 부드럽게 쓰다듬는 행동 등이 이에 속한다.

② 탐색 활동: 아동은 다양한 특성을 가진 놀잇감에 점차 익숙해진다. 예를 들면, 아동은 상자 안에 들어 있는 내용물을 탐색한다.

③ 조작 활동: 아동은 종종 성취하여 숙달하고자 하는 동기를 가지고 놀잇감을 조작한다. 예를 들면, 구멍에 넣기, 블록 쌓기 등이다.

④ 분류, 정렬 활동: 정교한 상징적인 의미 없이 놀잇감을 분류하고 정렬하는 활동이다. 예를 들면, 아동은 차를 한 줄로 줄지어 놓는다.

⑤ 인과관계 활동: 아동은 놀이 재료를 사용하여 특별한 결과를 만들어 내고 두 사건 간의 관계를 만든다. 예를 들면, 아동은 경사의 기울기를 다

양하게 변화시키면서 경사 아래로 공을 굴린다.

⑥ **문제해결 활동**: 좀 더 발달된 수준에서 놀잇감을 조작하면서 놀이과정에서 문제해결을 한다. 예를 들면, 아동이 원하는 결과를 얻기 위해 기찻길 조각의 모양과 크기를 바꾸어 가며 기차 철로를 연결하여 기찻길을 만든다.

⑦ **건설 활동**: 아동은 집이나 탑처럼 알아볼 수 있는 물건의 전체 또는 부분을 건설한다. 대상의 탐색, 조작, 분류, 정렬하는 것은 놀이 활동의 독립된 범주로 관찰될 수 있고 더 정교해진 놀이를 준비하는 것으로 관찰될 수 있다. 이런 활동이 후에 정교한 놀이 활동으로 나타난다면 이것은 전 놀이 활동으로 세분화하여 구분한다. 가족 간에 상호작용하는 장면을 꾸미기 위해서 가구를 준비하는 것을 예로 들 수 있다. 만약 아동이 그 가구를 다른 곳에 놓는 것으로 놀이가 끝난다면 이것은 분류, 정렬 놀이 활동으로 분류될 것이다. 만약 블록들을 집을 건설하는 데 사용한다면 그 활동은 건설 놀이 활동으로 분류될 것이며 최상의 범주로 분류된다. 만약 블록을 분류하는 것이 상상 놀이 전에 이루어졌거나 상상 놀이 후에 정리하는 것이라면 이는 전놀이 활동으로 세분화하여 구분한다.

⑧ **상상력이 없는 모방 활동**: 아동은 실제 세계에서 사용하는 물건을 사용하면서 문자 그대로의 현실적인 역할을 모방한다. 예를 들어, 아동은 치료자에게 "간호사가 체온을 재려고 왔어요."라고 말한다.

⑨ **트라우마적인 활동**: 아동은 특정 주제로 반복해서 놀이하려고 한다. 표현된 감정들에는 압박감, 불안, 절망, 슬픔이 담겨 있다. 놀이는 해결하는 쪽으로 이루어지지 않고 나쁜 결말을 만든다. 이러한 놀이 활동에는 조화가 이루어지지 않은 활동들이 등장한다. 예를 들면, 아빠와 같이 화장실에서 밥을 먹는 장면을 구성한다거나 또는 치료자에 대해 순간적인 비난을 하거나 치료자 탓을 하는 말을 한다.

⑩ **상상 활동**: 대상이나 사람들이 변형되어서 상상으로 이야기를 만들면서

활동과 기능이 마술적 · 물활론적으로 나타나거나 매우 과장하여 놀이
를 한다. 아동은 놀이 활동을 진행하기 위해서 위장을 하는데, 예를 들
면 슈퍼맨의 역할을 하는 척하는 것이다.

⑪ 게임 놀이 활동: 아동은 규칙이 있는 게임을 한다. 장기나 체스, 오델로,
캔디랜드, 블루마블 등 다양한 규칙이 있는 구조화된 게임을 즐긴다.

⑫ 미술 활동: 아동은 표현하고자 하는 목적을 위해 그림을 그리고, 색칠을
하고, 점토로 모형을 만드는 등 다양한 미술 활동을 한다.

3. 놀이치료 기록과 축어록 작성

1) 놀이치료 기록

모든 상담이나 심리치료에서 기록은 중요하다. 놀이치료에서도 마찬가지
이다. 기록은 대체로 놀이치료자가 소속되어 있는 기관의 보관 자료일 뿐만
아니라 내담자를 잘 이해하기 위해서, 놀이치료나 상담 내용의 검토를 위해
서 꼭 필요한 자료이다. 놀이치료 초심자들은 기록에 너무 많은 시간을 소모
하기 때문에 그에 대한 저항감을 가지기도 하지만, 숙련된 놀이치료자라 하
더라도 대강 요약을 하든 핵심적인 내용만 기록을 하든 놀이치료의 기록은
중요한 자료이다.

상담 기록의 보존과 파기는 상담기관이나 상담자가 가지고 있는 자격증을
수여한 학회나 협회에서 요구하는 윤리강령에 따라야 한다. 또한 국가마다 차
이는 있지만, 드물긴 해도 법원과 같은 국가 기관에서 자료를 요청하는 경우
로 전문적인 진술 요청에 대비하기 위해서라도 기록은 잘되어 있어야 한다.
특히 연구의 목적으로 기록을 하는 경우는 목적과 취지에 맞게 구성된 틀에
따라 기록과 보관을 하여야 하며, 이때는 내담자나 보호자의 연구동의서도 반

드시 함께 받아야 한다. 그래야만 연구의 자료가 될 수 있다.

　일반적으로 초심자의 훈련 과정에서 기록은 매우 중요한 자료이므로 보다 구체적으로 생생한 자료로 남기는 것이 중요하다. 일반적으로 대학의 치료실에서는 실시간 녹화를 하여 지도교수가 상시 볼 수 있도록 보관하고 폐기하는 절차를 거친다. 물론 이때 모든 과정에 대해서 사전에 내담자의 동의를 구해야 한다. 단, 아동이 주 내담자일 때는 양육권자나 법정대리인의 동의를 받아야 하며 동의서 또한 반드시 보관하여야 한다.

　놀이치료의 기록으로는 녹음보다는 녹화를 선호하는데, 녹음만으로는 아동의 놀이를 온전히 담아낼 수 없어서 큰 의미가 없는 경우가 많다. 또한 온라인으로 놀이를 하거나 상담을 한 내용은 더욱 녹화 자료를 다각도에서 철저하게 보관하여 유출되거나 해킹당하지 않도록 고안된 장치가 필요하다.

　개인치료인지, 집단치료인지에 따라 기록은 달라질 수 있으며 대면상담인지, 비대면상담인지에 따라서도 모든 기록은 달라질 수 있다. 여기서는 초심자나 초보자에게 대면으로 놀이치료를 교육하고 훈련시키는 목적으로 고안된 기록에 제한하여 기술하고자 한다.

　놀이치료에서는 접수상담 기록지, 첫 회기의 기록 내용, 부모의 동의서, 기타 관련 계약서나 서약서, 상담 과정 동안 주고받은 서신이나 메모, 이메일 내용 등을 보관하여야 한다. 또한 놀이치료자의 놀이치료 과정 기록 자료와 회기 안에서의 치료자의 관찰 평가와 의견서, 이 외에도 심리평가나 다른 발달 평가 보고서 등도 보관할 필요가 있다. 또한 놀이치료자는 놀이치료 시간에 한 작업들을 최소한 보다 중요한 내용을 선별하여 요약하고 정리된 기록 자료를 만들어 보관해야 할 의무가 있다.

　김환과 이장호(2006)가 제시하는 면담을 통한 상담 기록의 일반적 지침은 다음과 같다.

• 정확하고 간결하게 기록한다.

- 가치판단적인 단어는 피한다.
- 지시나 해석 내용보다는 내담자의 행동이나 사건 위주로 기록한다.

여기에 놀이치료의 특성, 놀이가 나타내는 특징이 포함되어야 한다. 관찰된 아동의 놀이를 통해 아동의 발달 단계, 낯선 성인에 대한 아동의 행동, 부모와의 분리에 대한 반응, 연령과 신체 조건, 옷차림, 얼굴 표정, 아동의 전반적인 태도, 운동 능력, 소근육이나 대근육의 발달 정도, 정서 상태의 특징, 선호하는 놀잇감, 놀이 내용, 놀이 주제, 놀이에서 나타나는 정서와 욕구, 놀이도구의 조직화나 상징화의 정교한 정도 등을 관찰하고 평가하여야 한다. 이내용에 대해서는 뒤에서 자세히 다룰 것이다.

2) 축어록 작성 방법 및 예시

축어록이란 말 그대로 상담이나 심리치료 상황에서 나눈 대화의 내용을 간결하게 문자언어로 바꾸어 기록하는 것이다. 성인의 상담에서는 오디오 녹음 장치를 통해 녹음한 내용을 전사하는 기록을 말한다. 그러나 아동의 놀이치료 장면에서는 녹음만으로는 한계가 있다. 아동의 놀이 장면은 언어보다는 그들의 언어인 놀이 활동을 통해 많은 정보를 제공하고 치료자와 대화를 나누기 때문이다. 이런 이유로 비디오 녹화 장치를 사용하게 되는데, 녹화한 자료를 전사하여 기록할 경우 언어를 표기할 때는 일반 기록과 유사하게 기록하지만 특히 비언어적인 표현이나 놀이 행동들은 보다 자세히 기술하는데 괄호 안에 치료자가 본 아동의 행동 내용을 기록하면 된다.

일반적으로 치료자는 T(Therapist)로, 아동은 Ct(Client)로 표기하며 순차적으로 아라비아 숫자를 붙여서 표기한다. 아동의 행동과 치료자의 반응에 번호를 붙여서 다음 축어록 예시처럼 T1, Ct1 T2, Ct2…… 순서로 기록한다.

축어록 예시

Ct1: (씩 웃으며 들어온다.) 안녕하세요?

T1: (같이 웃으며) 어서 와.

Ct2: (놀잇감 장으로 다가가 선반을 바라보며) 오늘 뭐 가지고 놀까?……

T2: 무슨 놀이로 시작할까 생각하고 있구나.

Ct3: …….

T3: …….

참 고 문 헌 ▽

김환, 이장호(2006). 상담 면접의 기초. 서울: 학지사.

Beebe, B., & Lachman, F. (1988). The contribution of moter-infant mutual influence to the origins of self-and object representation. *Psychoanalysis Psychology, 5,* 305-357.

Chazan, S. E. (2002). *Profiles of play.* London and philadelphia: Jessica Kingsley Publishers.

Kernberg, P., Chazan, S., & Normandin, L. (1997). The Children's Play Therapy Instrument (CPTI). Description, Development and Reliability Studies. *Journal of Psychotherapy, Practices & Research, 7*(3), 196-207.

Kohut, H. (1971). *The Analysis of the Self.* New York: International University Press.

Mahler, M. (1968). *On Human Symbiosis and the Vicissitudes of Individuation.* New York: International University Press.

Mahler, M., Pine, F., & Bergman, A. (1975). *The Psychological Birth of the Human Infant.* New York: International Universities Press.

Sandler, J., & Sandler, A. M. (1978). On the development of object relationships and affects. *International Journal of Psychoanalysis, 59,* 285-296.

Slade, A. (1994). Making meaning and making believe: Their role in the clinical process. In A. Slade & D. Wolf (Eds.), *Children at Play*. New York: Oxford University Press.

Stern, D. (1985). *The International World of the Infant*. New York: Basic Books.

Winnicott, D. W. (1971). *Playing and Reality*. New York: Basic Books.

제2장

놀이치료자 윤리

책에서 배운 내용을 내담자에게 적용하다 보면 예상치 못한 다양한 상황과 딜레마를 마주하게 된다. 즉, 이론과 실제는 다르다. 그렇기에 임상 현장으로 나가기 전, 안전이 확보된 실습 상황에서 이론을 실제로 구현해 보는 연습이 필요하다. 글 속의 인물이 아닌 살아 숨 쉬는 아동을 대상으로 치료를 진행할 때 최우선으로 고려해야 하는 것은 아동의 권리 보장이다. 윤리적인 상담이란 전문가로서 반드시 준수해야 할 일과 해서는 안 되는 일을 구분하여 자신의 직무를 완수하는 것을 의미한다. 놀이치료자는 아동의 권리를 침해하지 않기 위해, 그리고 의도치 않게 발생하는 당혹스러운 상황에서 아동과 치료자 자신을 보호하기 위해 놀이치료 윤리 기준에 대해 알아야 한다. 특히 심리치료와 관련된 법률이 제정되어 있지 않은 현재의 국내 상황에서는 스스로 윤리적 판단을 내릴 수 있는 놀이치료자의 능력이 더욱 중요하다.

따라서 이 장에서는 놀이치료자의 윤리에 대해 알아볼 것이다. 특히 미성년자 내담자를 만나는 놀이치료자에게 강조되는 윤리적 실천 행동과 아동 및 청소년 상담 영역에서의 비밀보장의 원칙 그리고 기록 보관 방법에 대해 다룰 것이다. 마지막으로 초보 놀이치료자의 역량 부족과 내담자의 복지라는 윤리적 딜레마를 해결하기 위한 방안으로서 임상 실습 및 수련 과정의 중요성을 되짚어 볼 것이다.

1. 놀이치료자 윤리와 아동의 권리

1) 놀이치료자 윤리

(1) 임상 현장의 기본 행동 원칙으로서의 윤리

놀이치료자는 자신이 배운 이론과 기술을 내담자에게 적용하여 그들의 심리적 성장과 복지를 촉진하는 전문적 역할을 수행한다. 다시 말하면, 놀이치료자의 개입은 내담자와 그 가족들의 삶에 영향을 미치기에 놀이치료자는 자신의 전문적 능력과 힘을 책임감 있게 사용할 수 있어야 한다. 그러나 상담 및 놀이치료 영역은 모호하고 불확실하다. 상담자들은 모든 상황에서 정답을 알 수 없고, 어떤 선택이 최고의 결과를 낼지 보장할 수 없기에 전문가로서 판단을 내리는 데 부담을 느끼고 높은 수행 불안을 겪기도 한다(Kenneth & Malba, 2010). 이때 놀이치료자가 내담자의 성장과 복지를 촉진하면서 자신의 전문적 역할을 수행할 수 있게 하는 중요한 요소 중 하나가 윤리적 기준이다(김지안, 권경인, 2019; 유재령, 2007).

윤리(ethics)는 '올바른 행위가 무엇인가'에 관해 개인과 집단이 가지고 있는 신념이다(Corey, Corey, & Callanan, 2008). 상담자 집단의 기본적인 윤리 원칙은 상담자는 내담자를 존중하고 복지를 증진시키며, 내담자가 원하는 바를 성취할 수 있도록 도와야 한다는 것이다(최해림, 이수용, 금명자, 유영권, 안현의, 2014). 대부분의 윤리적 행동은 내담자의 권리, 적절한 상담 관계, 상담 자격 조건과 관련이 있다(최해림 외, 2014). 즉, 상담자는 내담자의 존엄성을 존중하고 그들에게 해를 가하지 않는 것을 넘어 복지를 증진하기 위한 방향으로 행동할 때 바람직하게 여겨진다. 또한 내담자와 사적 관계를 맺거나 상담 중 알게 된 내담자의 비밀을 누설하지 않고, 전문가로서 자격과 능력을 확립하고 유지하며, 청렴한 태도를 갖추도록 요구받는다.

한편, 이렇게 분명한 윤리적 기준이 존재함에도 불구하고 딜레마 상황에서는 무엇이 '윤리적 행동'인지 판단하기가 쉽지 않다. 예를 들어, 내담 아동이 학교에서 억울한 일을 겪었으나 양육자에게 알리고 싶지 않다며 비밀보장을 요구하는 상황에서 내담자의 복지와 최선의 이익을 추구하는 치료자의 행동은 무엇일까? 모든 상황에는 정답이 없을뿐더러, 동일 사안에 대해서도 개인의 시각차가 존재하기에 내담자에게 도움이 되는 선택이 무엇인가에 대한 다양한 의견이 제시될 수 있다. 이에 상담 및 놀이치료 학회에서는 전문가들의

견해, 사회적 인식, 법률 등을 토대로 '윤리강령'이라는 하나의 기준을 제시하고, 윤리위원회를 운영한다. 그러나 윤리강령 또한 상담자가 추구해야 할 가치와 방향성을 좀 더 체계화하여 제시할 뿐 여전히 모호하고 광범위하다. 이는 임상 현장에서 마주하게 되는 다양한 상황의 개별성과 특수성을 고려한 것으로, 놀이치료자는 딜레마 상황에서 스스로 판단하고 윤리적인 선택을 내릴 수 있어야 함을 의미한다. 따라서 놀이치료자는 사전에 윤리강령의 원리와 가치를 이해하여 윤리적 추론 능력과 감수성을 훈련해야 한다.

한편, 윤리는 도덕성, 전문성, 법과 혼동될 수 있다. 물론 중복되는 영역도 존재하지만 이들이 완전히 일치하는 것은 아니다. 즉, 법을 다 지킨다고 해서 윤리적이라고 볼 수는 없으며, 윤리강령에 위배되지 않지만 개인 또는 기관의 특성에 따라 비전문적이라고 보이는 행동이 있을 수 있다. 윤리는 '왜 그렇게 행동해야 하는가'와 같이 실천하도록 요구되는 행동의 이치에 대한 답을 갖게 하는 기준이다. 반면, 법은 최소한의 사회적 기준을 제시하며, 전문성은 개인 또는 기관의 규범에 따라 규정된다는 상대성을 갖는다. 〈표 2-1〉은 비전문적 행동과 비윤리적·비법적 행동의 판단 기준을 비교하여 보여 준다.

〈표 2-1〉 비전문적·비윤리적·비법적(범법) 행동의 판단 기준 비교

	비전문적 행동	비윤리적 행동	비법적(범법) 행동
판단 기준	근무 기관의 직무 규범에 어긋난 행동	조직의 윤리강령에 어긋난 행동	법령에 어긋난 행동
예시	• 상담자의 상담 시간 지각, 고지하지 않은 결석 • 너무 화려하거나 선정적인 복장	• 상담자의 일방적인 상담 종료 • 비밀 누설 • 이중 관계	• 상담자가 상담 중 알게 된 아동학대를 신고하지 않는 것

출처: 최해림 외(2014).

(2) 온라인 윤리

인터넷 기술의 발전으로 상담실 안팎의 환경이 빠르게 변화하면서, 상담자들은 온라인 활용과 관련한 새로운 윤리적 도전과 문제 상황들을 마주하고 있다(강수정, 유금란, 2018). 놀이치료자 또는 내담자가 온라인으로 서로의 개인 정보 또는 소셜미디어를 검색하거나 관련 정보 및 사진 등 자료를 게시하는 행위는 사전동의와 비밀보장의 권리를 침해하는 것이며, 소셜미디어에서 사회적 관계를 맺는 것은 다중관계에 해당한다. 따라서 놀이치료자들은 다음 권고사항을 숙지하여 온라인상에서 윤리를 위반하지 않도록 주의해야 한다.

- 상담자는 소셜미디어와 같은 매체를 통해 내담자와 사적인 관계를 맺거나 유지하지 않는다(한국상담심리학회 윤리강령, 2018).
- 상담자의 온라인 자기개방(예: 전체 공개 상태의 소셜미디어 계정을 운영하는 것)은 상담자의 사생활을 침해할 가능성이 있고, 이중 관계, 내담자의 비밀보장을 위배할 수 있으므로 개인과 직업인으로서의 온라인 공간을 별도로 관리하기를 권고한다(ACA, 2014).
- 내담자의 정보를 검색하고 싶다면, 다음 질문에 대해 숙고해 볼 것을 권한다(강수정, 유금란, 2018).
  - 내담자의 정보를 온라인으로 검색하고 싶은 이유는 무엇인가?
  - 나의 검색 행동이 상담을 이롭게 하는가, 위태롭게 하는가?
  - 검색 전에 내담자에게 사전동의를 받아야 하는가?
  - 검색한 결과를 해당 내담자와 공유해야 하는가?
  - 검색으로 발견한 내용을 상담 자료로 문서화시켜야 하는가?
  - 나의 온라인 검색 동기와 실제 검색 행동이 지니는 이로움과 위험성을 어떤 방식으로 감찰할 수 있는가?

(3) 윤리적 발달 단계

최해림 등(2014)에 따르면, 상담자의 전문성 발달과 윤리성 발달은 불가분의 관계이다. 전문성 발달의 첫 번째 단계(Rønnestad & Skovholt, 2013)에 있는 사람들은 자신의 상담 능력을 의심하고 수행 불안을 경험하며, 윤리성에 있어서도 두려움으로 인해 규정된 윤리 기준을 글자 그대로 적용하려고 하는 특성을 보인다(최해림 외, 2014). 즉, 긴장과 불안이 높아져 있는 초보 놀이치료자들은 윤리적 판단이 필요한 상황에서 다양한 관점과 상황에 대한 숙고 없이 윤리 기준을 규칙처럼 적용하게 될 가능성이 높다. 이러한 모습은 전문성이 발달하면서 윤리적 문제의 궁극적 목적을 이해하고, 이상적인 윤리와 반드시 지켜야 하는 최소한의 법적 윤리 간의 균형을 지키며 판단할 수 있는 노련함으로 바뀐다. 따라서 초보 시기에는 윤리적 판단 능력을 기르기 위해 꾸준히 노력하는 것이 필요하며, 특히 다양한 상황에서 자신의 개인적 특성과 가치관을 성찰하며 자기인식을 높이고, 수퍼바이저 또는 동료들과의 대화를 통해 윤리적 감수성을 키우려 노력할 필요가 있다. 다음에 제시된 내용은 놀이치료자들이 정답이 없는 윤리적 딜레마 상황에서 결정을 내려야 할 때 참고할 수 있는 의사 결정 단계이다.

- 1단계: 해당 문제 또는 잠재된 딜레마를 확인한다.
- 2단계: 관련된 윤리 기준, 적용할 수 있는 법문이나 규칙을 확인한다.
- 3단계: 다양한 견해를 가진 동료들로부터 자문을 받는다.
- 4단계: 가능한 대안과 다양한 결정의 결과를 열거해 본다.
- 5단계: 가장 우수할 것으로 보이는 판단을 결정하고, 그 결정에 대한 책임을 어떻게 감당할 것인지 생각한다.

2) 아동의 권리

미성년자는 정해진 연령에 이르기까지 법적 능력에 제한이 있다. 그러나 그렇다고 해서 아동의 권리까지 제한되는 것은 아니다. 아동 또한 성인과 마찬가지로 하나의 인격체로서 존엄성을 존중받을 기본적인 권리와 자신이 참여할 상담 서비스에 대한 정보를 듣고 동의하며, 비밀을 보장받을 권리를 갖는다. 한국놀이치료학회 윤리강령(2019)에서는 놀이치료자가 실천해야 할 윤리적 행동 및 태도와 아동의 권리에 대해 다음과 같이 제시한다.

① 놀이심리상담사는 연령, 성, 장애, 종교, 사회경제적 지위, 성적 선호, 문화 등을 이유로 내담 아동을 차별하거나 아동에 대한 차별에 관여해서는 안 된다.

내담 아동은 기본적으로 한 인격체로서 존엄성과 개인적 특성을 존중받을 권리를 갖는다. 이러한 권리를 보장하기 위해 놀이치료자는 아동의 문화적 · 민족적 · 사회경제적 정체성이 자신의 치료 개입 및 치료 철학에 어떻게 영향을 미치는지 알아야 한다. 놀이치료자가 자신의 고유한 가치, 태도, 신념, 행위에 대해 인식하는 것은 중요하다. 놀이치료자는 자신의 특성이 다양한 사회에서 어떻게 적용되는지를 깨닫고, 은연중에 내담 아동에게 자신의 가치를 강요하지 않도록 주의해야 한다. 또한 내담 아동의 다양한 배경을 염두에 두고 적극적으로 개입하며, 내담 아동의 문화와 문화적 정체성을 지지하고 유지하도록 적절한 노력을 해야 한다. 즉, 내담 아동의 존엄성을 존중받을 권리를 보장한다는 것은 놀이치료자가 아동의 개인적 특성을 자신의 가치관이나 신념에 따라 판단하지 않는 것이며, 이를 위해 놀이치료자는 자신의 개인적 특성이 무엇이고 그것이 놀이치료 상황에서 어떤 영향을 미치는지 객관적으로 인식하고자 노력해야 한다.

② 놀이심리상담사는 구체적인 정보에 근거한 자발적인 동의를 할 수 없는 미성
  년 아동이나 다른 내담자들과 작업하는 데 있어서 내담자의 최상의 이익을 위
  해 행동해야 한다.

  놀이치료 과정에서는 미성년자인 내담 아동의 권리를 완전히 보장할 수
  없는 상황이 발생한다. 법적 보호자의 동의가 필요한 아동 상담의 특성
  상, 내담 아동은 상담 과정에서 타인의 결정을 따라야 하는 경우가 많다.
  예를 들면, 놀이치료를 신청(또는 종결)하거나 어떤 서비스를 받을지 결
  정할 때 법적 보호자가 최종 결정을 내리게 되고, 아동의 의사와 상관없
  이 아동에 대한 정보가 공유되기도 한다. 아동의 경우 권리가 침범당하
  더라도 스스로 자신의 권리를 주장하기 어렵기에, 놀이치료자는 놀이치
  료 과정에서 아동의 권리가 침해당하지 않도록 민감하게 살필 뿐 아니라
  아동이 최선의 이익을 얻을 수 있게 적극적으로 노력해야 한다.

③ 내담 아동에게는 자신이 참여하는 치료 서비스에 대해 이해 가능한 언어로 설
  명을 듣고 정보를 얻을 권리가 있다.

  따라서 놀이치료자는 내담자가 아동인 점을 인식하고 존중하면서 '아동
  이 이해할 수 있는 용어'로 치료 서비스의 목적, 목표, 기법, 절차의 한계
  점, 잠재적 위험 요인과 장점들을 알려야 한다. 놀이치료자는 아동 및 중
  요한 성인들이 진단의 의미, 심리 검사와 보고서의 목적, 비용과 납부 방
  식을 이해하도록 돕는다. 내담 아동은 비밀보장의 권리 및 한계(꼭 필요
  한 성인들, 수퍼바이저, 치료 팀에게 치료 내용을 공개하는 것을 포함하는)에
  대한 설명을 들을 권리, 사례 기록에 대한 분명한 정보를 얻을 권리 및
  발달 수준에 적합한 치료계획 진행에 참여할 권리를 갖는다.

한편, 미성년자인 아동은 자신이 치료를 받을 것인지, 받는다면 누구에게
받을 것인지 선택할 자유를 항상 가질 수 없다. 그러므로 놀이치료자는 법적

보호자에게도 놀이치료가 무엇인지 이해할 수 있도록 설명하여 보호자가 아동의 심리치료를 시작할지, 어떤 전문가가 아동에게 최상의 도움을 제공할 수 있을지 판단할 수 있도록 조언하도록 한다. 또한 내담 아동의 선택에 수반된 제한점들을 충분히 설명해야 한다.

놀이치료 및 상담 관련 학회 윤리강령 읽어 보기

놀이치료 및 상담 관련 학회 홈페이지에 접속해 윤리강령 전문을 읽고, 가장 인상 깊었던 부분에 관해 이야기를 나눠 보자. 사전에 윤리강령을 숙지하는 것은 비윤리적 행동을 예방하기 위한 필수 과정이다.

"놀이심리상담사는 본 윤리강령 및 적용 가능한 관련 윤리강령을 숙지해야 할 의무가 있다. 윤리 기준에 대해 모르고 있었다거나 이해가 부족했다는 사실이 비윤리적 행위에 대한 면책사유가 될 수 없다."[한국놀이치료학회 윤리강령 07-1-(1)]

---

2. 비밀보장의 원칙

앞서 언급했듯, 상담 과정에서 알게 된 내담자의 비밀을 보장하는 것은 상담자 윤리의 주요 원칙이다. 그러나 아동을 대상으로 하는 놀이치료에서는 법적 보호자인 양육자가 아동의 치료에 대해 동의하고 정보에 대한 권리를 갖고 있기 때문에, 미성년자의 상담 내용을 공유해야 하는 딜레마가 발생한다. 또한 수퍼비전이나 사례 발표, 사례 회의 등 아동에 대한 정보를 타인과 공유해야 하는 상황에서도 비밀보장의 원칙은 깨질 수 있다. 따라서 놀이치료자는 비밀보장의 원칙 및 한계를 충분히 이해하고 사전에 아동과 양육자에게 설명해야 한다(이미경, 2006).

1) 비밀보장의 원칙과 한계

상담 관계의 가장 큰 특징 중 하나는 상담실에서 이루어지는 모든 활동에 대한 비밀이 보장된다는 것이다(최해림 외, 2014). 비밀보장의 원칙은 상담 중 내담자가 노출한 내담자에 관한 어떤 정보에 대해서도 비밀을 지킨다는 치료자의 윤리적인 책임을 의미한다. 한국놀이치료학회 윤리강령(2019)을 토대로 놀이치료에서의 비밀보장에 관한 내용을 살펴보면 다음과 같다.

① 놀이치료심리상담사는 사생활에 대한 아동의 권리를 존중하며 내담 아동의 최상의 이익을 추구해야 하므로, 내담 아동의 치료에 불리한 영향을 미칠 수 있는 비밀보장 정보의 불법적이고 부당한 공개를 삼간다.

놀이치료자는 사회적 위험이 있다고 판단되거나 수퍼비전, 사례 발표와 같이 내담 아동의 복지를 증진하기 위한 목적이 있는 경우를 제외하고 불필요하거나 부당하게 내담 아동의 정보를 공개해서는 안 된다. 정보를 공개할 때는 사전에 내담자 또는 법적 보호자의 동의를 구해야 하며, 공개 사례발표에 참여하여 다른 내담자의 상담 정보를 알게 된 놀이심리상담사는 해당 내용에 대해 비밀을 보장해야 한다. 비밀보장 정보의 불법적이고 부당한 공개의 예시로는 공공장소에서 사례에 대해 논의하거나, 상담자의 가족, 친구 등 개인적 관계에서 내담자의 정보를 누설하는 것, SNS에 관련 자료를 게시하는 것, 내담자의 동의 없이 학교와 같은 외부 기관과 정보를 공유하는 것 등이 있다. 또한 놀이심리상담사는 수퍼바이저, 자원봉사자를 포함한 직원들에게도 내담 아동과 부모의 사생활과 비밀이 보호되도록 주지시켜야 한다.

② 비밀보장 정보의 공개가 필요한 상황이 발생했을 때(예: 법원 및 교육기관의 요청, 서면 또는 구두 보고, 자문 등)는 의사소통 목적과 관련된 필요한 정보만

을 최소한으로 공개한다.

개인에게는 사생활(privacy)이 있고, 그것이 치료적 관계에서 드러나고 소통되었을 때 비밀보장(confidentiality)의 영역에 포함된다. 비밀보장의 권리가 있는 정보, 즉 상담자가 상담 과정에서 알게 된 정보는 법원 등에서 정보 공개를 요청한 경우에도 증언 거부권(privileged)에 의해 보호받을 수 있다.

③ 치료 관계, 자문 관계, 연구 참여자에 관한 평가 자료 등에서 얻은 정보는 학문적 목적이나 전문적 목적을 위해서만 사용한다.

더 나은 치료적 개입을 위해 동료들과 사례 회의를 하거나 자문을 구하고 연구를 진행하는 과정에서 내담자의 정보를 공유하는 경우가 있다. 이 경우, 놀이치료자는 내담자에게 정보 공개의 목적과 방법 등에 대해 안내하고 동의를 얻은 후 사례를 공유해야 한다. 정보 공유 시에는 내담자를 식별할 수 있는 개인 정보가 드러나지 않도록 철저하게 관리해야 하는데, 특히 놀이치료자는 보고서를 작성할 때 내담자의 이름과 주소 같은 기본 정보뿐 아니라 내담자를 특정할 수 있는 모든 정보를 가명으로 바꾸거나 코드화하여(예: 가명, 내담자 A, 00, XX……) 본인 외에 타인이 알 수 없도록 조치해야 하며, 코드화된 자료일지라도 학문적 목적 외에는 사용해서는 안 된다.

④ 내담자에게 비밀보장의 원칙이 갖는 한계에 대해 사전 고지한다.

놀이치료 내용을 보호하고 내담자의 비밀을 보장하는 것은 그 무엇보다도 중요한 책무이지만, 예외 상황이 없는 것은 아니다. 불가피한 상황에서나 인간적인 실수로 인해, 또는 더 나은 치료 개입을 위해 비밀보장의 원칙은 깨질 수 있다. 중요한 것은 상담 관계에 대한 내담자의 신뢰가 무너지지 않도록 사전에 이러한 부분을 충분히 설명하는 것이다. 다음은

내담자에게 사전에 고지해야 하는 비밀보장의 예외사항이다.

- 아동의 안전이 의심되는 경우 또는 법원의 정보 공개 요청이 있을 경우 놀이심리상담사는 아동의 법적 보호자로부터의 허락 없이 정보를 제공할 수 있다.
- 컴퓨터를 사용해서 자료를 보관할 때 보안을 철저히 하더라도 보호와 관리에 한계가 있을 수 있다.

2) 아동 상담에서의 비밀보장

아동 상담에서는 비밀보장의 원칙을 적용하는 데 있어 몇 가지 고려해야 할 특수한 상황이 존재한다. 가장 대표적인 상황은 법적 능력이 제한된 미성년자 아동의 비밀보장에 대한 권리와 법적 보호자의 알 권리 또는 아동에 대한 정보를 공유할 권리 간의 충돌이다. 또한 상담 과정에서 아동학대 사실을 알게 된 경우, 놀이치료자는 비밀보장의 원칙을 깨고 신고를 해야 하는 법적 의무를 갖는다. 마지막으로는 집단 놀이치료 장면에서 내담 아동들 간의 비밀을 어떻게 보장할 수 있을지에 대한 고민이 필요하다.

(1) 아동의 권리 vs 양육자의 권리

한국놀이치료학회 윤리강령(2019)에서 살펴본 바와 같이, 내담 아동은 자신이 참여하는 서비스에 대해 알 권리, 비밀을 보장받을 권리 등이 있지만 모든 것을 자신이 원하는 대로 선택할 수는 없다. 법적 보호자는 아동에게 제공되는 서비스에 대해 알 권리가 있고, 또한 아동의 정보를 놀이치료자에게 공개할 권리도 가지고 있기에 내담 아동의 비밀은 온전히 보장되기 어렵다. 이런 상황에서 놀이치료자는 상담의 주체인 내담 아동이 피동적인 존재로 남지 않도록 다음과 같은 노력을 할 수 있다.

① 놀이치료 계약을 하기 전, 내담 아동에게도 사전동의를 받는다.

사전동의는 아동의 연령, 심리적 기능 수준을 고려하여 이해할 수 있는 언어와 방법으로 진행한다. 이러한 노력을 통해 내담 아동은 상담의 주체로서 존중받는 느낌과 주도권을 경험할 수 있으며, 아동의 알 권리 또한 보장된다.

② 놀이치료에 관한 구조화를 할 때, 비밀보장의 원칙이 갖는 한계를 설명한다.

- 내담 아동에게 비밀보장의 원칙에 대해 설명하고, 공유하고 싶지 않은 내용을 선택할 수 있음을 알려 준다(예: 네가 정말 밝히고 싶지 않은 게 생기면 "이건 비밀이에요!"라고 말해 줘). 다만, 아동이 비밀을 요구한 경우라도 아동에게 위험하거나 사회적 위험이 있다면 놀이치료자가 아동의 복지를 위해 양육자에게 전달할 수 있다는 것을 알려야 한다. 그리고 이런 상황에서 놀이치료자는 아동에게 양육자에게 고지할 것임을 먼저 이야기한 후 공유해야 한다.
- 내담 아동에게 양육자 또는 중요한 성인들과 아동에 대한 정보를 공유하는 목적(예: 네가 가족들과 일주일 동안 잘 지내기 위해서 어떤 노력이 필요한지 같이 상의하기 위해서)을 설명하는 것은 아동의 불안을 감소시키는 데 도움이 된다.

③ 양육자 상담 시에는 놀이 내용을 상세히 전달하기보다 놀이 주제를 전달한다.

양육 상담에서의 일반적인 규칙은 아동의 구체적인 놀이 행동이나 내용을 노출하기보다는 놀이치료자가 관찰한 것에 대해 이야기를 나누는 것이다(Landreth, 2017). 양육자가 "오늘 뭐 하고 놀았어요?"라고 질문할 때, 놀이치료자는 함정에 빠지기 쉽다. 이런 상황에서 답을 해야 한다는 부담감을 가지고 섣불리 반응하기보다 '아이가 무엇을 했는지 궁금한 양육자의 마음'에 공감할 필요가 있다. 놀이치료자는 양육자가 무엇을 알고 싶은지, 어떤 이야기를 나누고 싶은지 되물음으로써 현재 양육자에게 필요한 정보가 무엇인지 알 수 있고, 아동의 비밀을 최대한 보장하면서 양육자에게 놀이치료 과정에서 아동이 표현하거나 경험하는 바에 대해 전달할 수 있다.

(2) 아동학대와 비밀보장

국내법에는 아동학대 신고 의무자가 직무를 수행하면서 아동학대 범죄를 알게 된 경우나 그 의심이 있는 경우에는 아동보호전문기관 또는 수사기관에 신고하여야 한다고 규정되어 있다(「아동학대처벌법」 제10조 제2항). 즉, 놀이치료자는 상담 과정에서 내담 아동의 학대 사실을 알게 되거나 의심스러운 정황을 발견했을 때 비밀보장의 원칙을 깨고 신고할 의무를 갖는다.

그러나 상담 현장에는 학대 여부가 불분명한, 일명 '회색 지대'에 놓여 있는 경우도 존재한다. 따라서 놀이치료자는 학대가 의심될 때 어떤 행동과 문제를 학대의 근거로 볼 것인지, 그리고 아동학대 신고를 했을 때 아동이 안전할지 여부를 판단해야 한다. 신고 후 아동의 안전이 보장될지 확신할 수 없는 상황, 예를 들면 학대 정황이 인정되지 않았을 때 양육자가 상담을 중단하고 아동을 가정 내에 고립시키는 상황이 발생할 가능성이 있다면 놀이치료자는 윤리적 갈등 상황에 놓일 수 있다. 이런 경우, 수퍼바이저나 기관장 또는 동료들과 함께 논의해야 한다. 또한 일방적으로 신고를 하기보다 내담 아동의 양육자와 충분히 라포를 쌓은 상태에서 신고가 고발의 의미가 아니며, 신고를 통해 아동과 양육자가 보다 안전한 상황에서 지내도록 돕기 위한 것임을 알린 후 진행하는 것이 도움이 될 수 있다.

(3) 집단 놀이치료에서의 비밀보장

여러 아동이 함께 참여하는 집단 놀이치료의 경우, 치료자는 구성원들이 다른 구성원의 사생활과 비밀을 보장할 것이라고 확신할 수 없다(Sweeny &

Homeyer, 2009). 따라서 집단 놀이치료를 시작하기 전에 집단 내에서 비밀보장을 유지하는 것의 중요성과 윤리적 책임에 관해 이야기를 나누는 것이 중요하다.

(4) 법적 보호자와 그 외의 성인들

놀이치료자는 내담 아동에 관한 정보를 공유하기 전, 양육자 상담에 참여한 보호자가 내담 아동에 대한 법적 권리를 갖고 있는지 알아야 한다. 법적 권한이 있는 보호자와 그렇지 않은 성인은 아동에 관한 권리 및 책임에 있어 차이가 있다. 예를 들어, 교육기관의 교사나 돌봄 교사, 아동에 대한 법적 권리를 갖고 있지 않은 친척이나 부모 중 한 명에게는 법적 보호자가 동의하지 않은 정보를 공개해서는 안 된다.

3) 사전동의

사전동의(informed consent)는 내담자가 놀이치료 과정에 대한 정보와 설명을 듣고 이해한 후, 스스로 참여 여부를 결정하도록 하는 과정이다. 내담자 및 법적 보호자의 동의는 '자율성' '알고 있는 상태(knowledgeable)' '유능한 상태'가 보장되었을 때 이루어져야 한다(Sweeny & Homeyer, 2009). 즉, 내담자는 타인의 강요나 영향력에 의해서가 아닌 자신이 참여할 서비스에 대한 정보를 충분히 이해하고 납득한 상태에서 자의적으로 서비스 제공에 동의할 수 있어야 한다.

한편, 아동 상담의 경우 내담자가 미성년자이기에 아동과 성인 보호자 각각에게 맞는 언어로 사전동의를 받아야 한다는 복잡한 문제가 있다. 이때 주의할 것은 사전동의 과정에서 아동을 배제하지 않으며, 아동이 이해할 수 있는 언어로 충분히 설명해야 한다는 점이다. 대부분 놀이치료 첫 회기에 아동에게 놀이치료실과 시간, 비밀보장과 한계 등을 구조화하는 시간을 갖지만, 사전동의는

초기에 단 한 번 이루어지는 이벤트로 끝나는 것이 아니다. 필요한 경우 아동
이 이해할 때까지 여러 차례에 걸쳐서 이야기할 수 있다. 예를 들어, 내담 아동
이 놀이치료실에는 아무 때나 들어가는 것이 아니라 정해진 시간에 입실하고
퇴실한다는 사실을 이해하지 못했을 때는 여러 차례에 걸쳐 이해를 도울 필요
가 있다. 사전동의서는 일반적으로 다음과 같은 내용을 포함한다.

〈표 2-2〉 양육자 대상의 사전동의서 예시

1. 기관 및 서비스의 목적
2. 비밀보장의 원칙과 예외 사항
3. 치료 시간 및 스케줄
4. 치료 방법, 목표 등
5. 양육자를 대상으로 한 놀이치료에 관한 설명
6. 일반적인 치료 기간
7. 불만을 제기하고 싶을 때의 절차에 관한 설명
8. 타 기관에 대한 안내
9. 내담자의 권리와 책임
10. 서명란(2부 작성하여 내담자에게 1부 제공)
11. 치료자에 대한 소개(훈련 배경, 수퍼바이저의 자격 등 명시)

출처: Sweeny & Homeyer (2009).

〈표 2-3〉 아동 대상의 사전동의서 예시

(아동 이름)에게

안녕?
선생님은 이곳에서 너와 함께 놀이하고 이야기를 나눌 (　　　　　) 선생님이라고 해.
선생님은 아이들의 마음에 대해 공부를 했어. 아이들은 놀이를 하거나 이야기를 하면
서 마음속 고민이나 걱정을 표현하고, 문제를 해결하면서 성장한다고 해. 그래서 선생
님은 너와 함께 놀이하면서 네 이야기를 잘 듣고, 도움이 필요하다면 도우려고 해. 여
기에 오는 동안 너는 너의 마음을 표현하면서 점점 자라날 거야. 선생님이 이야기한
내용이 무슨 말인지 이해했고, 함께 시간을 보내고 싶은 마음이 든다면 아래 칸에 네
이름을 써 줬으면 좋겠어.

"나는 선생님과 함께 특별한 놀이 시간을 보내고 싶습니다. 놀이 시간 중에 선생님과 둘만 알고 싶은 이야기가 있을 때는 선생님께 비밀이라고 말하겠습니다."

년   월   일

이 름 :   (서명)

보호자 :   (서명)

선생님 :   (서명)

3. 기록 보관

제1장에서 언급한 바와 같이 놀이치료에서 기록은 중요하다. 치료자는 전문적으로 타당하고 안전한 방식으로 정해진 기간 동안 기록을 생성하고 유지할 책임을 갖는다(홍지영, 유정이, 김진희, 2018; Sweeny & Homeyer, 2009). 즉, 놀이치료자는 무엇을 어떻게 기록할 것인지뿐 아니라 기록의 보관과 관리에 대해서도 잘 알아야 한다.

1) 수기 기록 보관하기

• 치료자의 기록은 잠재적으로 많은 이가 볼 수 있으므로, 내담자를 식별할 수 있는 언급을 피해 간결하게 작성하는 것이 좋다(Sweeny & Homeyer, 2009).

• 서류는 개폐 장치가 있는 문이 있는 공간(예: 사무실 안의 분리된 공간)의 잠금 장치가 있는 서랍과 같이 이중 보안이 가능한 곳에 보관하기를 추천한다(Sweeny & Homeyer, 2009).

• 내담자 기록의 적절한 유지 기간은 법령 및 학회의 규정을 고려해야 하지만, 아동 상담의 경우 아동이 성인이 된 해까지 보관할 것을 추천한다.

현재 국내 공공기관의 기록 보관 기간은 5년이지만, 최근 연구에서는 발달 단계를 고려하여 기간을 달리할 필요가 있다는 견해가 제기되기도 하였다(홍지영 외, 2018).

• 상담자는 기록과 자료에 대한 비밀보호가 자신의 죽음, 이직, 퇴직과 같은 경우에도 보호될 수 있도록 미리 계획을 세워야 한다(최해림 외, 2014).

• 치료자는 서류 및 기록 파일에 접근 가능한 모든 사람이 비밀보장을 적절히 다룰 수 있도록 교육할 책임이 있다(Sweeny & Homeyer, 2009).

2) 전자 기록 관련 보안 문제

• 내담 아동과 양육자에 대한 기록이 전자 정보 형태로 보존되어 제3자가 내담자의 동의 없이 접근할 수 있을 때, 놀이심리상담자는 적절한 방법 (비밀번호 설정 등)을 통해 내담자의 신상이 드러나지 않도록 조치를 취해야 한다. 또한 컴퓨터, 이메일, 팩스, 전화, 기타의 장치를 통해 내담자의 정보를 전송할 때 비밀이 유지될 수 있도록 주의를 기울여야 한다(한국놀이치료학회 윤리강령, 2019).

• 여러 사람이 볼 수 있는 컴퓨터, 카메라와 같은 하드웨어에 내담 아동의 자료가 남아 있지 않도록 안전한 보관 장치에 옮겨 저장하거나 출력한 후 원자료를 삭제한다(Stone, 2020).

• 온라인 상담 시 사용하는 프로그램에 비밀보호 기능이 없다면 내담 아동의 신분이 노출되지 않도록 치료자 또는 기관의 계정을 활용하거나 익명으로 등록한다(Stone, 2020).

4. 놀이치료자 임상 실습 및 수련 과정의 중요성

상담자의 발달은 일생에 걸쳐 느리게 그리고 불규칙적으로 이루어진다 (Rønnestad & Skovholt, 2013). 이 과정에는 대학원에서 상담 과목을 수강하고 실습을 경험하면서 상담 실무를 배우고, 수퍼비전을 통해 개인의 자질을 계발하고 상담 기술을 습득하며, 상담 과정에서 나타나는 윤리적 문제들을 다루고 성찰하는 것이 포함된다(최해림 외, 2014). 임상 실습은 초보 놀이치료자들의 이론과 실제를 통합하고 상담 실무에 능숙해짐으로써 전문성을 향상시킬 수 있도록 고안된 하나의 안전장치이다. 준비되지 않은 치료자가 내담 아동을 만나는 것은 윤리적으로 문제가 된다. 이에 각 대학 및 학회에서는 최소한의 실습 및 수퍼비전 시간을 규정하여 미숙한 초보 또는 예비 놀이치료자의 수행을 지도감독함으로써 내담자가 해를 입지 않도록 보호하고 있다.

- 놀이치료자는 전문인으로서의 능력에 대한 지속적인 자기반성과 평가를 해야 하며, 자신의 능력을 향상시키기 위해 지도감독을 받을 책임과 의무가 있다.
- 놀이치료자는 윤리적 책임이나 전문적 실무에 관한 의문점들에 대해 지식과 경험이 풍부한 전문가의 의견을 들어야 한다.

(한국놀이치료학회 윤리강령, 2019)

수퍼비전은 상담 훈련 과정에 있는 놀이치료자, 즉 수퍼바이지가 상담 전문가로 성장할 수 있도록 수퍼바이저가 상담 기술의 습득 및 향상, 치료자의 개인적 문제가 상담 과정에 미치는 영향에 대한 성찰이 이루어지도록 돕는 과정이다(최해림 외, 2014). 수퍼비전의 효과를 극대화하는 것은 수퍼바이저와의 관계이다. 수퍼바이지는 포용적인 분위기에서 자신의 부족함이나 문제

점을 노출하고 보호받을 권리가 있다. 한편, 수퍼바이저는 수퍼바이지의 놀이치료 서비스에 대한 윤리적 책임을 갖는다. 따라서 수퍼비전에서 부적절한 놀이치료 서비스가 이루어진 경우, 수퍼바이저는 수퍼바이지에게 수정을 요구할 수 있다. 수퍼바이저는 내담자가 해를 당하고 있지 않은지, 적절한 상담 이론과 기법이 적용되고 있는지 확인할 의무가 있고, 수퍼바이지는 수퍼바이저의 감독을 받아야 한다.

또한 자격증을 취득한 이후에도 놀이치료자는 지속적으로 수련을 받아야 한다. 놀이치료 및 상담 분야에서는 내담자에게 질 높은 치료를 제공하기 위해 놀이치료자가 지속적으로 자신의 전문성을 향상시켜야 할 책무가 있다고 강조한다.

- **전문성 향상**: 놀이치료자는 적절한 교육, 훈련 그리고 수퍼비전 받은 상담 경험을 쌓아 반드시 전문성을 향상해야 한다.
- **지속적인 교육과 연수**: 놀이치료자는 자신의 활동 분야에 있어서 최신의 과학적이고 전문적인 정보와 지식을 유지하기 위해 지속적인 교육과 연수의 필요성을 인식하고 참여해야 한다.
- **치료의 효과성 점검**: 놀이치료자는 전문가로서 치료 진행에 대한 효과성을 점검하기 위해 전문적으로 표준화된 평가 방식을 활용해야 하고, 진행되는 치료의 효과를 향상시키기 위해 그에 적합한 훈련, 교육, 수퍼비전을 받으며, 연구 · 실천하는 노력을 해야 한다.
- **지속적인 교육과 연구**: 놀이치료자는 새로운 연구 방법을 개발하고, 그들이 만나는 다양하고 또는 특별한 인구 집단에 대한 경향에 주목하면서, 놀이치료에서 최근 조사연구에 대한 지식을 유지하기 위해 지속적인 교육을 받는다. 놀이심리상담사는 내담자의 다양성에 대한 새로운 연구 방법 및 모형에 대한 지식을 실천하고 능력을 유지시켜야 한다.

(한국놀이치료학회 윤리강령, 2019)

　　상담자의 발달은 성장과 성숙을 향해 갈 수도 있지만, 거짓된 발달 상태를 보이거나 소진으로 인한 침체에 이를 수도 있다(Rønnestad & Skovholt, 2013). 특히 초기 수련 단계는 최적의 발달을 위한 결정적 시기로 여겨지므로(권경인, 김창대, 2007), 수퍼비전뿐 아니라 사례 회의, 교육 이수 등 다양한 수련을 통해 지속적으로 자신의 전문성을 향상시키는 태도를 체득하는 것이 중요하다.

참 고 문 헌 ▽

강수정, 유금란(2018). 상담자의 온라인 윤리: 내담자 정보 검색 및 활용과 상담자 자기개방. 한국심리학회지: 상담 및 심리치료, 30(3), 575-600.

강지령, 이종연, 유형근, 손현동(2009). 상담자 윤리. 서울: 학지사.

권경인, 김창대(2007). 한국 집단상담 대가의 특성 분석. 상담학연구, 8(3), 979-1010.

김지안, 권경인(2019). 아동상담자의 도덕적 정체성이 윤리적 실천행동에 미치는 영향: 자기통제력과 도덕적 용기의 이중매개효과. 한국놀이치료학회지, 22(4), 403-424.

유재령(2007). 아동상담자 윤리강령에 나타난 기본 윤리영역 연구. 한국놀이치료학회지(놀이치료연구), 10(1), 1-18.

이미경(2006). 놀이치료 수퍼비전. 서울: 학지사.

최혜림, 이수용, 금명자, 유영권, 안현의(2014). 전문적 상담 현장의 윤리. 한국상담심리학회. 서울: 학지사.

한국놀이치료학회 윤리강령(2019). http://www.playtherapykorea.or.kr

한국상담심리학회 윤리강령(2018). https://krcpa.or.kr

홍지영, 유정이, 김진희(2018). 청소년상담자의 상담기록 생성, 관리, 폐기에 대한 질적연구. 한국청소년연구, 29(1), 61-92.

American Counseling Association (ACA). (2014). *ACA 2014 code of ethics*. Alexandria, VA: Author.

Corey, G., Corey, M. S., & Callanan, P. (2008). 상담 및 심리치료 윤리(서경현, 정성진

공역). 서울: 시그마프레스. (원서출판 2007).

Kenneth, S. P., & Melba, J. T. V. (2010). 심리치료와 상담의 윤리학(박균열 외 공역). 서울: 철학과 현실사. (원서출판 2007).

Landreth, G. L. (2017). 놀이치료. 치료 관계의 기술 제3판(유미숙 역). 서울: 학지사. (원서출판 2012).

Rønnestad, M. H., & Skovholt, T. M. (2013). *The developing practitioner: Growth and stagnation of therapists and counselors*. New York: Routledge.

Stone. J. (2020). *Digital Play Therapy: A Clinician's Guide to Comfort and Competence—A Clinician's Guide to Comfort and Competence*. New York: Routledge.

Sweeny, D. S. & Homeyer, L. E. (2009). 집단놀이치료 핸드북(유미숙, 유재령, 우주영 공역). 서울: 시그마프레스. (원서출판 1999).

제3장

초기 면접 관찰 실습 및 분석

놀이치료자가 진정으로 심리치료다운 치료를 하기 위해서는 내담 아동과 양육자에 대해 깊이 이해하는 것이 필요하다. 놀이치료자가 내담 아동의 주관적 세계를 잘 이해할 때에야 그 내담 아동에게 가장 적합한 심리치료를 할 수 있기 때문이다. 이를 위해 놀이치료자와 내담 아동 및 양육자와의 첫 번째 만남이 되는 접수 면접은 내담 아동 문제의 원인과 발달에 대한 가설을 정리하고, 내담자 치료의 기초를 확립한다는 점에서 매우 중요하다(MacKinnon, Michels, & Buckley, 2006; O'Connor & Ammen, 2009). 그러나 아동과 청소년에게 발생하는 문제를 평가하는 것은 내담자에 대한 광범위한 정보가 통합되어야 하는 복잡한 과정이다(Leffler, Riebel, & Hughes, 2014). 일반적으로 놀이치료 현장에서는 이러한 정보를 통합하기 위해 행동관찰과 면담 방법을 활용하고 있다.

면담은 어떤 목적이나 목표를 가지고 실시되는 하나의 대화 방법이지만(Matarazzo, 1965), 언어뿐 아니라 비언어적 행동도 직접 관찰할 수 있다는 장점이 있다(Kramer, Bernstein, & Phares, 2012). 놀이치료자가 면접을 실시할 때, 양육자의 경우에는 언어적인 면담이 가능하여 이를 통해 현재 양육자가 직면하고 있는 어려움을 파악하고 분석할 수 있지만, 어린 아동의 경우에는 대화를 통해 자신의 내면을 충분히 표현하는 것이 어렵다. 내담 아동의 이러한 발달상의 한계로 놀이치료 현장에서는 놀이 면접을 활용하게 된다. 그러므로 이 장에서는 초기 면접에 해당하는 접수 면접을 실시하기 위한 준비사항 및 특징에 대해 먼저 살펴보고, 그다음 접수 면접 시 활용할 수 있는 행동관찰과 놀이 면접 및 언어 면담에 대해 살펴보고자 한다.

1. 초기 면접을 위한 준비사항

1) 아동의 발달을 통합적으로 이해하기

아동은 신체, 언어, 인지 및 사회·정서 측면에서 계속 발달해 가고 있는
존재이다. 그러므로 놀이치료자가 아동을 대상으로 면접을 하기 위해서는
무엇보다 해당 연령 시기에 이루어지는 각 영역의 발달 내용에 대해 잘 숙지
하고 있어야 한다. 다음의 예를 살펴보자.

> **예시 1**
>
> 만 2세 여아 영희는 놀이치료실에 처음 들어와서는 여기저기 둘러보느라 놀이
> 치료자의 이야기에 귀 기울이지 않고 지시 따르기가 잘 되지 않는다.

> **예시 2**
>
> 만 5세 남아 영철이는 놀이치료실에 처음 들어와서는 거의 단문으로만 말을 하
> 고, 장난감 자동차를 꺼내서 주차장에 줄을 세워 놓고 있다.

놀이치료자로서 무엇을 생각할 수 있겠는가? 놀이치료자는 첫 면접을 끝
내고 〈예시 1〉 아동에 대해서는 주의산만과 반항적인 행동을 의심할 수 있을
것이다. 〈예시 2〉 아동에 대해서는 언어 능력의 저하 또는 자폐 범주의 증상
을 의심할 수 있을 것이다. 그러나 놀이치료자는 가장 먼저 내담 아동의 연령
을 고려하고, 그다음 이 아동들의 놀이가 첫 면접 때 이루어졌다는 것을 고려
하여 종합적인 판단을 할 수 있어야 한다.

고려사항 1

내담 아동의 연령을 고려해야 한다. 만 2세 아동의 경우, 만 3세, 4세 아동에 비해 활동량이 많다.

고려사항 2

내담 아동의 기질적 특성을 고려해야 한다. 예민하고 까다로운 기질을 가지고 있을 경우, 아동은 낯설고 자신이 예상치 못한 장소에서 긴장이 증가하여 최소화된 언어 및 놀이 행동을 할 수 있다.

2) 면담 기법 익히기

일반적으로 면담의 기본 유형에는 비지시적 면담, 반구조화된 면담과 지시적 면담이 있고(Kramer et al., 2012), 면접자의 반응에 따른 범주에는 개방형 질문과 폐쇄형 질문, 명료화, 직면, 재진술, 감정의 반영 및 요약하기가 있다(Othmer & Othmer, 1994; Sommers-Flanagan & Sommers-Flanagan, 2009).

(1) 기본 유형

일반적으로 면담은 비지시적인 방식으로 시작되며, 면담이 진행되어 가면서 좀 더 구조화된다(Kramer et al., 2012). 대체로 어린 아동들은 비지시적인 질문보다는 지시적인 구조화된 간단한 질문에 더 잘 대답하는 편이다(조수철, 신민섭, 김붕년, 김재원, 2010).

① 비지시적 면담(nondirective interview): 면접자가 내담자에게 면접의 흐름을 주도하도록 하는 방법으로, 대부분 "~에 대해 좀 더 말해 주시겠어요?" "어머니의 반응이 아이에게는 어떤 영향을 미친 것 같은가요?" 등

과 같은 개방형 질문들로 이루어진다. 내담자는 자신이 중요하다고 생각한 내용이나 다양한 사실에 대해 충분히 이야기할 수 있어 자신에 대해 잘 표현할 수 있게 된다. 이를 통해 라포가 잘 형성될 수 있고, 면담자는 내담자에 대해 보다 많은 정보를 얻을 수 있다. 그러나 구체적인 정보 없이 면담이 끝날 수도 있다.

② **반구조화된 면담(semi-structured interview)**: 비지시적으로 면담을 진행하다가 면담자가 내담자에게 특정 정보에 대해 이야기하도록 구체적인 질문을 하는 방법이다. 면접자의 구체적인 질문이 많아질수록 지시적 면담이 된다.

③ **지시적 면담(directive interview)**: "아동에게 두 가지 이상의 심부름을 시키면 수행할 수 있나요?" 등과 같이 면접자가 특히 중요하다고 생각하는 문제에 대해 내담자에게 구체적으로 질문을 하여 면접자가 필요로 하는 정보를 명확하게 얻도록 하는 방법이다. 이를 통해 면접자는 내담자가 따로 말하지 않는 중요한 정보 및 진단에 필요한 정보를 얻을 수 있으나, 이 과정에서 라포 형성이 방해될 수도 있다.

(2) 면접자 반응에 따른 기법

① **개방형 질문(open-ended question)과 폐쇄형 질문(closed-ended question)**: 질문 유형은 내담자가 면접자에게 제공하는 정보에 많은 영향을 미치게 된다. 개방형 질문은 내담자의 말에 거의 영향을 주지 않는 범위 내에서 내담자가 조금 더 구체적으로 말할 수 있도록 돕는 방법이다 (Kramer et al., 2012). 폐쇄형 질문은 지시적 면담에서 활용되는 질문 방법으로, 비지시적 면담 동안 다루어지지 않았던 중요한 부분에 대해 내담자로부터 빠르고 정확한 대답을 얻을 수 있다.

② **명료화(clarification)**: "그러니까 네 말은 ……란 말이지? 선생님이 이해한 것이 맞니?" 등과 같은 명료화는 면접자가 내담자의 말을 적극적으로

듣고 있으며, 이를 정확하게 이해하고 있다는 것을 보여 주는 방법이다. 조수철 등(2010)은 내담자의 말을 명료화할 수 있는 세 가지 방법을 다음과 같이 제안하였다.

–정보를 직접적으로 요구한다.

　예) "어떤 점에서 이렇게까지 화가 난 것인지 말해 줄 수 있겠니?"

–면접자가 내담자의 말을 잘 이해하지 못했을 때, 망설이지 말고 다시 질문해야 한다.

　예) "이런, 미안해. 선생님이 그 말을 잘 못 알아들었는데, 조금만 더 구체적으로 말해 줄 수 있겠니?"

–내담자의 말을 이해하고 있다는 것을 알리기 위해 내담자의 말을 짧게 요약한다.

　예) "너무 화가 나서 친구 가방을 발로 찼단 말이지."

③ 직면(confrontation): 내담자의 말에서 모순이나 부조화를 찾아냈을 때 직면을 사용할 수 있다.

　예) "친구들이 너무 싫어서 혼자 있고 싶다고 했는데, 지금은 혼자 있는 것이 싫다고 하네."

④ 재진술(paraphrasing): 면접자가 무엇인가 새로운 것을 발견한 것을 말하는 것이 아니라, 내담자의 말을 잘 경청하고 있다는 것을 내담자에게 확신시켜 줄 때 사용한다. 일반적으로 면접자는 내담자가 한 말을 유사한 말로 바꾸어 말한다.

예) 내담 아동: 엄마가 죽어 버렸으면 좋겠어요.

　면접자: 엄마가 너를 정말로 화나게 만들었나 보네.

⑤ 감정의 반영(reflection of feeling): 내담자의 정서를 반영하는 것으로, 내담자가 명확히 말로 표현하지 않은 감정이지만 면접자가 그 감정을 알고 공감한다는 것을 느끼게 한다.

예) 내담 아동: (장난감을 세게 내리치고는 약간 긴장된 얼굴로 놀이치료자를 흘

꼿 쳐다본다.)

　　　　면접자: 선생님에게 혼이 날까 봐 걱정이 되나 보네.

⑥ **요약하기**(summarizing): 단순히 내담자의 말을 재진술하는 것이 아니라, 내담자가 이야기했던 여러 가지 주제를 함께 묶어서 이야기하거나, 이전에 했던 말을 연결하거나, 반복된 주제를 확인하는 것 등이 포함된다. 이러한 포괄적이고 통합적인 반영을 통해 내담자는 자신이 잘 이해받고 있다고 느끼게 된다.

　　예) "학교에서 견디는 것이 너무 힘들고 친구들이 계속 너를 쳐다보고 너에 대해 수군대는 것처럼 느껴져서 공부에 집중하기 어렵단 말이지? 이런 너를 부모님이 이해하지 못하시는 것 같아 집에서도 계속 힘이 든다는 말이구나."

3) 놀이 평가와 주호소를 연결하기

놀이치료의 주된 대상이 되는 아동들의 연령이 만 4~9세인 점을 고려해 볼 때, 내담 아동에 대한 초기 면접은 언어보다는 놀이로 이루어지게 된다. 그러므로 놀이치료자는 무엇보다 놀이를 통해 내담 아동의 특징을 파악하고 이를 주호소와 연결하여 이해할 수 있는 능력이 필요하다.

4) 구조화된 검사 함께 진행하기

임상 장면에서 아동을 평가하기 위해서 McConaughy(2013)는 아동에 대한 직접적인 관찰뿐 아니라 부모 보고, 교사 보고, 인지 평가, 신체 평가 등의 다양한 방법을 제안하였다. 이처럼 다각적인 평가를 통해 내담 아동에 대한 정보를 수집한다면, 접수 면접 시 내담 아동, 청소년 및 양육자에 대해 이해하는 데 도움이 될 수 있으나 현재 놀이치료 장면에서 접수 면접을 할 때 제한된 시간 내에 모든 평가를 실시하기에는 어려움이 있다. 그러므로 접수 면접 시에는 면담 및 행동관찰뿐 아니라 구조화된 검사를 함께 활용하는 것이 필요하다. 현재 놀이치료 현장에서 가장 많이 활용하고 있는 구조화된 검사들은 〈표 3-1〉과 같다.

〈표 3-1〉 접수 면접 시 활용 가능한 검사

	아동 및 청소년	양육자
사회 정서	아동청소년 행동평가척도 (Child Behavior Checklist: CBCL)	부모양육스트레스 검사 (Parent Stress Index: PSI)
	기질 및 성격검사 (Junior-Temperament and Character Inventory: J-TCI)	부모양육태도 검사 (Parenting Attitude Test: PAT)
	집-나무-사람 검사 (House-Tree-Person Test) 운동성 가족화 검사 (Kinetic Family Drawing)	마샥 상호작용평가 (Marschak Interaction Method: MIM)
발달	사회성숙도검사(Social Maturity Scale: SMS)	
	단축감각프로파일(Short Sensory Profile: SSP)	-

2. 초기 면접 특징

놀이치료에서 초기 면접은 내담자가 전화, SNS 등을 통해 상담을 예약하는 순간부터 시작된다. 첫 상담이 되는 접수 면접은 아동의 문제를 해결하기 위해 아동과 양육자가 놀이치료자와 함께 만나 상호작용을 시작하는 첫 만남을 의미한다(Sherry & Harold, 2005).

1) 목표

(1) 라포 형성하기

임상가가 내담자와 처음 만나는 접수 면접 시 초반 몇 분이 중요하다 (Braaten, 2013). 이때부터 놀이치료자와 내담 아동 및 양육자 간에는 치료 관계가 형성되는데, 많은 연구에서 치료 관계는 치료 결과에 중요한 영향을 미친다는 결과를 일관되게 보고하고 있다(Orlinsky, Ronnestad, & Willutzki, 2004). 특히 놀이치료의 경우, 아동에게는 직접적인 치료 동기가 없을 뿐 아니라 양육자들은 더 이상 혼자서 자녀의 문제를 해결할 수 없다는 무력감, 불안, 저항감 등 다양한 감정을 경험한다. 그러므로 놀이치료자는 접수 면접에서 내담 아동 및 양육자와 라포를 형성하고 그들에게 상담 동기가 형성되도록 돕는 것이 필요하다.

(2) 아동과 양육자로부터 주호소 문제 관련 정보 수집하기

놀이치료자는 아동과 양육자와의 접수 면접을 통해 아동의 발달사부터 현재 아동의 기능 수준에 이르기까지 주호소와 관련된 정보를 수집한다. 아동과 양육자에 대한 정보는 접수 면접지를 통해 얻을 수 있고, 면담을 통해 주호소 문제와 관련된 추가적인 정보를 얻을 수 있다.

(3) 아동의 주호소 문제의 원인에 대한 1차 가설 및 치료계획 수립하기

놀이치료자는 접수 면접 시 수집된 정보를 통해 내담 아동의 주호소 문제의 원인에 대해 종합적인 판단을 하고 이를 기반으로 1차 가설 및 치료계획을 수립한다(제7장 참조).

2) 접수 면접 시 고려사항

접수 면접을 할 때, 놀이치료자는 내담 아동의 발달 연령을 기반으로 하여 다음과 같은 점들을 고려해야 한다. 여기에 제시된 내용은 조수철 등(2010)에서 제시한 내용에 저자의 임상적 경험을 포함한 것이다.

(1) 유아기

① 아기 취급을 하지 말아야 한다. 일반적으로 초보 놀이치료자들의 경우 유아기의 아동들을 연령보다 어리게 대우하는 경우가 종종 발생한다. 이런 태도는 내담 아동을 편안하게 하는 것이 아니라 오히려 내담 아동에게 퇴행을 자극하거나 존중받지 못하는 느낌을 줄 수 있다.

② 내담 아동의 문제를 파악할 때, 애착 문제뿐 아니라 발달의 전 영역을 유기적으로 연결하는 종합적인 시각을 가져야 한다. 만 3세 여아가 놀이치료실에 처음 들어와서 아기 인형을 계속 울게 만들어 놓고는 치료실 구석에 처박아 놓고 설거지를 하는 놀이를 한다면, 놀이치료자로서 가장 먼저 무엇을 생각할 수 있겠는가? 아마도 놀이치료자는 양육자가 방임하고 있는 것은 아닌지, 불안정 애착을 형성한 것은 아닌지 의심하게 될 가능성이 높다. 그러나 이 아동의 경우 기질적으로 매우 까다롭고 예민하여 양육자가 양육과 훈육을 하는 데 지치고 무력감을 느껴서 놀이치료실에 내방한 사례였다. 놀이치료자가 종합적인 시각이 아닌 단편적인 측면만으로 내담 아동의 문제를 이해한다면 양육자의 양육 태도만 문제시하는 등의 실수를 할 수 있다.

③ 질문은 최소한으로 하고, 짧고 구체적으로 해야 한다.

④ 처음 질문은 "몇 살이니?" "무슨 놀이를 할 때 재미있니?" 등과 같이 일반적이고 아동이 쉽게 대답할 수 있는 것으로 하는 것이 필요하다.

⑤ 아동이 대답할 때까지 기다려 준다.

⑥ 아동이 이해할 수 있는 단어를 사용해야 한다.

⑦ 질문을 연속적으로 하지 않는다.

⑧ 과도한 친절보다는 진정한 태도가 더 중요하다.

(2) 학령기

① 처음에는 아동에게 익숙하고 일상적인 이야기로 시작하는 것이 좋다.

② 공감적인 태도로 경청해야 한다.

③ 개방형 질문을 사용하라.

④ 몇 가지 질문을 동시에 하지 않아야 한다.

⑤ 눈 맞춤을 너무 지속적으로 하지 않는다.

⑥ 질문을 오해하거나 대답을 하지 않으면 질문을 단순화하고 다시 설명해 준다.

(3) 청소년기

① 존중하는 태도를 보이라. 성인의 기준으로 판단하는 것이 아니라 청소년의 관점을 이해하려는 태도를 보여야 한다.

② 청소년 내담자의 생각과 감정에 대해 이야기하도록 요청하고 적극적으로 경청해야 한다.

③ 청소년 자신의 의견과 생각이 중요하다는 것을 강조하라. 청소년기의 내담자에게 내방 이유를 물을 때 "엄마에게 물어보세요."라고 대답하는 경우가 종종 있다. 이때 놀이치료자는 청소년 내담자 자신의 생각이 중요하다는 것을 알리는 것이 필요하다.

④ 비밀 유지의 한계에 대해 명확히 설명한다. 내담 청소년과 이야기를 나누는 것은 양육자 및 다른 사람에게 알리지 않는다는 기본 원칙을 설명하지만, 내담 청소년의 안전 및 보호와 관련된 사항은 알릴 수 있다는 것도 설명해야 한다.

⑤ 문제를 해결하는 데 있어서 가능한 대안적인 방법에 대해 질문하라.
⑥ 자살 위험의 표식을 찾으라.

3) 서면 동의 받기

각 상담 센터마다 상담 절차에 차이가 있을 수 있으나, 첫 면담 후 비밀 보장 및 추후 상담 과정에 대한 서약서를 받는 것이 필요하다.

3. 초기 면접 내용

내담자는 자신이 언어적 · 비언어적으로 표현했던 심리적 어려움을 임상가가 정확하게 이해하고 있을 때 면담에 대해 더욱 긍정적으로 평가한다 (DiMatteo & Taranta, 1976). 그러므로 초기 면접 과정에서 놀이치료자는 다양한 관점에서 내담 아동을 관찰하고 관련 정보를 수집하는 것이 필요하다. 놀이치료자가 초기 면접 과정에서 활용할 수 있는 관찰 내용과 수집해야 하는 자료를 소개하면 다음과 같다.

1) 정신상태 검사

초기 면접에서 놀이치료자는 내담 아동을 대상으로 정신상태 검사를 실시할 수 있다. 정신상태 검사(Mental Status Exam: MSE)는 DSM(Diagnosis and Statistical Manual of Mental Disorders, 정신질환의 진단 및 통계 편람) 체계 내에서 아동에 대한 광범위한 정신과적 평가를 하는 것이다. 이 검사에는 현재 증상, 발달 과정, 양육 환경과 가족 성향 등이 포함되어야 한다(조수철 외, 2010). 이 검사는 아동기에는 성인에 비해 덜 사용되지만, 아동의 일반적인 심리적

기능이 혼재된 증상을 이해하는 데는 도움이 된다(Braaten, 2013). 놀이치료
자가 아동과 청소년을 대상으로 이 검사를 실시할 때에는 반드시 전 연령대
의 정상 행동에 대한 충분한 지식을 가지고 있어야 한다(Morrison & Anders,
2001). 다음은 정신상태 검사 중 아동이나 청소년을 대상으로 한 항목에 대해
조수철 등(2010), Braaten(2013), O'Connor와 Ammen(2009)이 개관한 내용을
종합한 것이다.

(1) 외모와 행동

실제 연령에 비해 어떻게 보이는지, 영양 상태, 체중 등을 기록해야 한다.
또한 얼굴의 안색, 복장과 신체 상태 등도 잘 관찰해야 한다. 따뜻한 눈 맞춤
(eye contact)은 대인관계를 시작하는 데 기본이 되며, 이것이 없다면 심각한
관계 형성 장애를 의심할 수 있다.

(2) 각성/인지

내담 아동이 장소, 시간, 사람에 대해 정확히 알고 있는지에 대한 지남력,
무슨 일이 일어나는지에 대한 인식, 각성, 집중력 상태, 아동의 교육 및 사회
경제적인 배경에 적합한 어휘와 지식의 축적 정도를 살펴봐야 한다. 일반적
으로 아동의 지남력을 평가할 때 다음과 같은 질문이 유용하다.

- 네 이름이 무엇이니?
- 사는 곳은 어디니?
- 오늘이 며칠인지 아니?

(3) 자세/태도

아동이 상담 센터를 들어설 때부터 자세(posture)나 걸음걸이(gait) 등을 잘
살펴보아야 한다. 걸음걸이와 관련해서는 흐느적거리는지, 발을 질질 끄는

지, 발끝으로 걷는지, 흔들거리는지, 민첩하게 걷는지 등을 살펴보아야 한다. 자세와 관련해서는 똑바로 앉고 서는지, 구부정한지, 바닥에 누우려고 하는지 등 근긴장이 저하되고 둔하게 보이는지를 점검해 볼 필요가 있다. 이와 더불어 과다행동도 관찰해야 하는데, 이는 주의력 장애, 충동성과 관계가 있을 수 있다. 이와 함께 놀이치료 상황에서 아동이 적극적이고 놀이치료자에게 협조적인지 살펴보아야 한다. 순응도와 지시 이행에 어려움이 있다면 아동에게서 반항적인 모습을 고려할 수 있는데, 이때에는 이런 행동의 원인이 통제에 대한 반응, 힘겨룸 또는 무능력감 등과 관련 있는지 점검해 봐야 한다.

일반적으로 비언어적 행동은 강력한 의사소통 수단이며 유용한 면담 자료가 될 수 있다. 그러므로 면담을 하는 동안 놀이치료자는 내담 아동 및 부모의 비언어적 의사소통 방법에 주의를 기울일 필요가 있다(Kramer et al., 2012). 예를 들어, 조현병이나 심인성 문제를 가지고 있는 성인 환자들의 경우 일상의 상호작용에서 얼굴 표정에 특정 패턴이 있으며(Steimer-Krause, Krause, & Wagner, 1990), 우울증 환자의 경우 면담을 할 때 쳐다보거나, 고개를 끄떡이거나, '음'이라고 반응하는 등의 지지를 추구하는 행동을 많이 보였다(Bouhuys & Van Hoofdakker, 1993; Geerts, Bouhuys, & Van den Hoofdakker, 1996). 아동의 경우에는 긴장할 때 눈 깜빡임이 감소하고, 허공을 응시하고, 감정표현이 잘되지 않는다. 또한 불안한 아동의 경우, 양육자와 분리되는 것을 어려워하고, 놀이치료실에 입실해서도 제한된 탐색 행동을 보이는 경우가 많다. 사춘기 전기 아동들의 경우에는 원초적인 불안의 증후인 배뇨, 방귀, 배변 등을 보이기도 하고, 청소년의 경우에는 손가락 관절을 꺾어서 뚝 소리를 내기도 한다. 우울한 아동 및 청소년에게서는 슬픈 얼굴, 풀이 죽어 있는 태도, 눈물, 무력감 등의 모습이 관찰될 수 있다.

(4) 사고 과정

내담 아동에게서 사고 과정의 조직화를 관찰해야 하는데 이는 아동의 인지 체계화를 의미한다. 전반적인 사고 과정을 파악하기 위해서는 아동이 사용하는 언어 수준과 아동이 준 정보를 통해 전반적인 상태를 살펴볼 수 있다. 이와 더불어 내담 아동의 놀이 내용 및 이야기 내용을 듣고 다음과 같은 점을 고려해 보는 것이 필요하다.

① 일관성: 사고의 연합이 잘 이루어지고 생각이 옆길로 새지 않고 일관성 있게 잘 연결되는가?
② 논리: 내담 아동이 논리적 규칙을 따르고 있는지, 시간과 장소의 규칙을 따르고 있는지, 인과관계가 유지되는가? 주의 전환이 어려워서 아동의 사고가 경직되어 있는가?
③ 불안: 강박적인 생각을 이끄는 불안 때문에 사고가 경직되어 있는가?

놀이 및 이야기 내용에서 반복되는 주제가 있는지, 그 내용은 어떠한지를 살펴보고, 그 외 망상, 두려움, 강박관념 등의 문제가 관찰되는지도 살펴보아야 한다.

(5) 말하기

언어의 자발성과 말의 흐름, 어휘 사용의 풍부함, 추상적인 사고 능력, 사용하는 문법의 질, 감정과 의미를 전달하는 능력 등을 살펴봐야 한다. 또한 어조에 있어서도 언어 높낮이, 말하는 데 있어서 리듬과 음악성에 문제가 있는지, 목소리 톤의 특징을 살펴보아야 한다.

(6) 감각-운동 기능

감각기관인 오감의 반응성, 대소근육 운동 기능, 눈과 손의 협응 등의 기능을 살펴볼 수 있다.

(7) 기분

기분(mood)은 내적으로 경험하는 지속적인 감정이다. 기분은 아동이 스스로 보고하는 내용이나 또는 어떤 느낌이 드는지에 대해 질문을 함으로써 알 수 있다.

(8) 정동

정동(affect)이란 밖으로 드러나는 감정의 표현이다. 놀이치료자는 초기 면접 시 두드러지게 관찰되는 감정 상태와 내담 아동이 표현하는 주관적인 감정 상태에 대해서 기술해야 한다. 이때 감정표현의 강도나 질적인 면도 관찰할 수 있다. 초기 면접을 하는 동안 아동의 정서 반응을 관찰하여 평가할 수 있는 감정표현의 세 가지 측면은 범위, 적절성, 통제이다.

① 범위: 감정의 다양한 강도뿐 아니라 다양한 감정을 경험하고 이를 표현해 낼 수 있는 정도
② 적절성: 주어진 사건에 맞추어 감정의 강도를 적절하게 표현하는 정도
③ 통제: 자신의 감정을 다루는 아동의 능력. 타인의 욕구 충족을 방해하지 않으면서 자신의 욕구를 적절히 충족시키는 방식으로 감정을 조절하는 능력. 연령이 어릴수록 통제력이 약하다.

(9) 자율신경 징후

아동의 체중, 에너지 수준, 잠버릇에 대해 점검하는 것이 필요하다.

(10) 병식/판단

아동이 자신의 문제를 기술할 수 있는 능력, 자신의 문제에 대한 인식, 일상 활동을 수행하는 판단력 등을 평가하는 것이 필요하다. 이것은 어린 아동에게는 어렵다.

(11) 기억

정상의 지능을 가진 아동은 중요한 최근의 일들을 기억할 수 있다. 중기 및 단기 기억은 놀이치료자가 숫자를 불러 준 다음 내담 아동에게 따라 하게 하는 등의 활동을 통해 즉시 평가될 수 있다. 게임을 선택한 아동들의 경우, 놀이치료자가 설명한 새로운 게임 규칙을 그 회기뿐 아니라 다음 회기에도 잊지 않고 시행하는지도 기억력을 관찰할 수 있는 단서를 제공한다. 장기 기억을 평가하는 데 도움이 되는 질문은 다음과 같다.

- 몇 살이니?
- 어제 뭘 먹었니?
- 여기 오기 전에 무엇을 하고 있었니?

(12) 자살사고

사춘기 시기 및 그 이후 시기의 내담 아동을 면담할 때 자살사고가 있는지 확인하는 것이 필요하다.

(13) 살인사고

사춘기 시기 및 그 이후 시기의 내담 아동을 면담할 때 살인사고가 있는지 확인하는 것이 필요하다.

〈표 3-2〉에서는 접수 면접 시 정신상태 검사(MSE)를 활용하여 내담 아동의 행동 및 전반적인 발달사항을 관찰하는 영역과 그 내용을 정리하였다.

〈표 3-2〉 접수 면접 시 MSE를 활용한 내담 아동 관찰 영역 및 내용

범주	하위 범주	내용	
1. 외모와 행동	연령 및 신체적 특징	키	□작음 □보통 □큼
		몸무게	□과소 □보통 □과다
		위생	□나쁨 □보통 □좋음
		영양 상태	□부족 □보통 □우수
		기타 특이점	
	옷, 머리모양, 몸치장	□지저분함 □보통 □과다	
	시선접촉	□과소 □보통 □과다	
	근육 움직임	□근긴장도 저하 □보통 □민첩 내용 _____	
	활동 수준	□긴장 □저반응 □보통 □과다 내용 _____	
	걸음걸이	□문제 없음 □문제 있음 내용 _____	
	자세	□문제 없음 □문제 있음 내용 _____	
	상동적인 행동	□문제 없음 □문제 있음 내용 _____	
	전반적인 행동	□연령에 비해 미숙 □연령에 적절 □조숙	
2. 각성/인지	장소, 시간, 사람에 관한 지남력	□문제 있음 □적절 □ 우수	
	무슨 일이 일어나는지에 대한 인식	□문제 있음 □적절 □ 우수	
	각성, 집중력	□문제 있음 □적절 □ 우수	
	아동의 교육 및 사회경제적인 배경에 적합한 어휘와 지식의 축적	□지연 □보통 □우수	
3. 자세/태도	놀이치료자를 참여시키는 정도	□참여시키지 않음 □보통 □잘 참여시킴	
	놀이치료자와의 라포	□잘 형성되지 않음 □보통 □잘 형성됨	
	얼굴 표정과 정동	□긴장한 □눈물 맺힌 □편안한 □미소 짓는 □행복한	
	면담 시 얼굴 표정의 적절성	□감정과 표정이 거의 일치하지 않음 □보통 □감정과 표정이 거의 일치함	

4. 사고 과정	전반적인 상태	□정상 □구체적인 □혼란된 □정신병적인 내용 _____
	논의된 정보의 내용(특히 아동이 자발적으로 준 정보)	□정상 □구체적인 □혼란된 □정신병적인 내용 _____
	반복되는 주제	□없음 □있음 내용 _____
	망상, 환각, 환상, 두려움, 걱정, 공 포, 강박관념, 강박충동 등	□없음 □있음 내용 _____
5. 말하기	말의 속도	□느린 □정상 □빠른
	언어유창성	□지연 □단어 찾기 문제 □실어증 □정상 □빠름
	표현언어	□지연 □모노톤 □지연모방 □반향어 □함구증 □정상 □빠름
	수용언어	□지연 □적절 □빠른
	조음	□문제 없음 □문제 있음 내용 _____
	언어와 비언어적 의사소통 간의 관계	□비언어적 의사소통을 더 많이 사용 □적절 □언어적 의사소통을 더 많이 사용
6. 감각 – 운동 기능	감각 기능(청각, 시각, 촉각, 후각, 미각)	□둔감( ) □예민( ) □적절
	대근육 운동 기능	□협응 어려움 □수행속도 느림 □틱 □떨림 □적절 □빠름
	소근육 운동 기능	□협응 어려움 □수행속도 느림 □떨림 □적절 □빠름
	모사과제의 수행 (HTP, 이름 쓰기 등)	□지연 □적절 □빠름
7. 기분	아동의 전반적·지속적인 정서 상태	□우울 □슬픈 □불행 □분노 □기운 없는 □침울한 □불안한 □다행감 □그 외 _____
	자신의 기분과 느낌에 대한 아동의 견해	내용 _____
	기분의 변동	□거의 없음 □적절 □심함

8. 정동	관찰된 정서표현	□단조로운 □부적절한 □불안정한 □기분과 불일치하는 □억제된 □기분과 일치하는 □그 외 _____
	정서표현의 범위	□단조로움 □보통 □다양함
	정서표현의 적절성	□과소 □적절 □과다
	정서표현의 통제	□감정억제 □적절 □통제되지 않음
	말의 내용과 정동의 일치 정도	□일치함 □일치하지 않음 내용 _____
	정동의 변동	□거의 없음 □적절 □심함
9. 자율신경 징후	체중	□감소 □변화 없음 □증가
	에너지 수준	□과소 □적절 □과다
	잠버릇	□문제 있음 □적절
10. 병식/판단	병식의 수준	□지연 □적절
	문제를 기술할 수 있는 능력	□지연 □적절
	자신이 왜 면담을 하러 왔는지에 대한 아동의 인식	□적절 □문제 있음 내용 _____
	문제에 대한 자기인식	□지연 □적절
	일상활동을 수행하는 판단력	□지연 □적절 □빠름
11. 기억	전반적인 수준	□손상 □저조 □적당 □우수
	즉시, 최근, 또는 과거 기억	□손상 □저조 □적당 □우수
12. 자살사고		□없음 □있음 내용 _____
13. 살인사고		□없음 □있음 내용 _____

2) 주호소 문제 명료화하기

아동과 양육자가 직면하고 있는 현재의 문제를 적절히 이해하기 위해서는 가장 먼저 주호소 문제를 확인하고 명료화하는 작업이 필요하다. 현재의 문제들은 치료목표를 세우고 적절한 치료를 하는 데 기초가 되기 때문이다. 이를 통해 아동의 발달 기능을 최적화하고 타인의 욕구 충족을 방해하지 않으면서 아동 자신의 욕구를 충족시킬 수 있는 능력을 강화시킬 수 있다는 최종 목표에 도달할 수 있다(O'Connor & Ammen, 2009). 이를 위해서는 〈표 3-3〉과 같은 질문이 도움이 된다.

〈표 3-3〉 주호소 문제 명료화를 위한 질문

목표		구체적 질문 내용
1. 양육자의 주호소 알기		• 아동에게 걱정하시는 것을 구체적으로 말씀해 주세요. • 가장 걱정하는 것은 무엇입니까?
2. 내담 아동의 주호소 알기		• 오늘 엄마(아빠)와 여기에 왜 온 것 같니? • 너는 너의 어떤 부분이 변화되었으면 좋겠니? • 너의 어떤 점이 달라지면 더 행복해질 수 있을까? • 네가 어떻게 변화되면 더 좋아질 것이라고 생각하니? • 너를 어떻게 변화시키고 싶니?
3. 지금 내방한 이유 알기		• 왜 지금 찾아왔나요?
4. 주호소 문제 구체화하기	기간	• 이 문제는 언제부터 시작되었나요?
	빈도	• 이 문제는 얼마나 빈번히 발생하였나요?
	강도	• 이 문제가 어느 정도로 나타나나요?
	맥락	• 이 문제는 어떤 상황에서 발생하나요?
5. 주호소 문제를 해결하기 위한 양육자의 대처		• 그동안 이 문제 행동이 나타날 때 어떻게 대처하셨나요?
6. 아동의 문제가 다른 사람 및 환경에 미친 영향은 무엇인가?		• 이 문제가 양육자 및 가족들에게 어떤 영향을 주었나요?
7. 아동과 양육자의 문제 의식의 일치 정도		• 자녀는 이 문제에 대해 어느 정도 어려움을 느끼고 있나요?

3) 발달사 및 가계도 탐색

아동의 주호소를 파악한 후 이를 아동의 발달사와 통합할 때 문제 행동의 원인을 면밀히 파악하는 것이 가능하다. 그러므로 현재 아동의 생물학적 연령과 발달 연령에 기초하여 생리, 신체, 인지, 언어, 사회·정서 발달 영역의 기능 수준을 파악해야 한다. 또한 양육자와의 관계, 가족, 교육기관 관계자, 또래 관계와의 상호작용 속에서 아동의 기능 수준을 파악해야 한다.

(1) 애착 관계 탐색

초보 놀이치료자의 경우, 양육자가 접수 면접지에 기록한 내용을 기반으로 양육 태도에 대해 점검할 때 양육자에게 어떤 질문을 해야 할지 몰라 당황하는 경우가 많다. 특히, 초보 놀이치료자들은 초기 양육자-자녀의 관계에 대해 구체적으로 탐색하는 것에 실패하는 경우가 많은데, O'Connor와 Ammen(2009)은 아동과 양육자 간의 애착 관계를 탐색하는 데 도움이 되는 13개의 질문을 소개하였는데, 이를 유목화하여 정리하면 〈표 3-4〉와 같다.

〈표 3-4〉 애착 관계 탐색 질문 내용

유목	질문 내용
분리-재결합 반응	아동이 주양육자와 분리될 때 어떤 행동을 보이는가? 재결합 시에는 어떤 반응을 보이는가?
신체접촉 용이성	주양육자가 안아 줄 때 아동은 자연스럽게 안기고 이완되는가?
	아동은 어른들에게 신체적 접촉을 허락하는가?
외부 환경 수용성	아동은 자유롭게 환경을 탐색하는가? 아동은 새로운 도전과 과제를 즐기는가?
	아동은 새로운 정보를 활용할 수 있는가?
대인관계	아동은 다른 사람을 먼저 안거나 뽀뽀하는 등 자발적으로 애정을 보여 주는가?

아동은 사람들에게 일관되게 애정을 구하는가? 선택적으로 친근함을 보이는가?	
보살핌을 받기 위해 대상을 찾고자 하는가? 아니면 사람보다 사물에 더 관심을 기울이는가?	
아동은 스스로 즐거운 시간을 가질 수 있는가?	
아동은 필요할 때 다른 사람에게 도움을 요청하는가? 아동은 다른 사람이 자신에게 관심을 주는 것을 좋아하는가?	
아동은 타인의 감정을 이해하고 공감할 수 있는가?	
아동은 어른들이 인정하는 다른 아동의 행동을 모방할 수 있는가?	
아동은 어른의 지도감독 없이도 연령에 적절한 놀이를 할 수 있는가? 아동은 또래와 상호작용을 원하고 어른의 중재 없이도 또래와 잘 어울리는가?	

(2) 생후 3년까지 모자 체계 탐색

일반적으로 초기 면접 시 양육자들은 발달사 및 가족 체계에 대해 기록하는 접수 면접지를 작성하지만 그 내용으로는 내담 아동의 주호소 문제와 관련된 발달사 및 가족 체계에 대해 충분히 알기 어려울 때가 많다. O'Connor 와 Ammen(2009)이 제안한 탐색 목록을 기반으로 하여 세부 항목을 정리한 〈표 3-5〉를 참고하여 양육자와 면담을 한다면, 생후 3년까지 모자 관계에 대한 정보를 얻는 것에 도움이 될 것이다.

〈표 3-5〉 모자 체계 탐색 목록 및 세부 점검사항

목록	세부 점검사항
1. 주양육자(들)	
1) 양육참여자 (만일 여러 명이라면 참여정도에 따라 □ 안에 순서를 적으시오.)	□모 □부 □외조부모 □친조부모 □기타 _____
2) 양육 의사결정자 (순서를 □ 안에 적으시오.)	□모 □부 □외조부모 □친조부모 □기타 _____
3) 양육태도 일치도	□매우 불일치 □불일치 □어느 정도 일치 □일치

2. 출산 직후 아동에 대한 첫인상	( )
3. 생후 1년	
1) 양육자의 정서 상태	☐우울 ☐불안 ☐안정 ☐기타 _____
2) 아기 유형	☐까다로움 ☐늦게 반응 ☐순함 ☐기타 _____
3) 아동과의 관계에 대한 부모의 경험	☐많이 부정적(힘겨움, 무기력, 우울, 부담감 등) ☐어느 정도 부정적(힘겨움, 무기력, 우울, 부담감 등) ☐보통 ☐긍정적(편안함, 즐거움 등)
3) 부모에 대한 아동의 애정 반응	☐무반응 ☐많이 찾지 않음 ☐적절함 ☐과도함
4. 생후 2년 및 3년	
1) 유아의 유형	☐까다로움 ☐늦게 반응 ☐순함 ☐기타 _____
2) 양육자의 태도	☐과잉보호 ☐심리적 통제 ☐과잉통제 ☐과잉허용 ☐적절한 훈육 ☐공감적 태도
3) 아동의 양육자에 대한 태도	☐많이 부정적(눈치 보기, 힘겨루기 등) ☐어느 정도 부정적(눈치 보기, 힘겨루기 등) ☐보통 ☐어느 정도 긍정적(편안함, 즐거움 등) ☐많이 긍정적(편안함, 즐거움 등)
4) 다른 가족 구성원들과의 관계에 대해 설명하기	☐불편 ☐보통 ☐편안
5) 아동의 탐색적 행동	☐새로운 것은 거의 거부하고 하지 않으려고 함 ☐새로운 것에 익숙해지는 데 시간이 많이 소요되지만 익숙해지면 잘함 ☐보통 ☐활발 ☐산만
6) 대소변 훈련	
(1) 훈련의 강도	☐엄격 ☐보통 ☐허용
(2) 아동의 반응	☐심하게 거부 ☐거부 ☐순응

7) 분리와 재결합	
(1) 어린이집/유치원 등원 여부	□심하게 거부 □거부 □순응
(2) 분리에 대한 아동의 반응	□관심 없음 □심하게 거부 □분리 시에는 거부하지만 양육자가 떠나면 곧 적응 □몇 주 지나서는 분리에 문제 없음 □처음부터 적응
(3) 재결합에 대한 아동의 반응	□관심 없음 □화, 짜증을 냄 □처음에는 모른 척하다가 시간이 지나면 양육자에게 접근 □반갑게 맞이함
(3) 아동이 보인 부정적인 반응에 대한 부모의 반응	□모른 척함 □화를 냄 □함께 불안해짐 □마음을 공감해 줌
5. 아동-양육자 상호작용 관찰	□양육자가 주도권을 가짐 □상호 애정적 태도 □상호성 □도전 및 촉진적 태도 □훈육에 대해 아동이 순응함 □기타 _____

(3) 가족 관계 탐색

일반적으로 접수 면접지에 가족 관계를 적도록 하지만, 초기 면접을 하면서 놀이치료자는 가계도를 그리고 각 가족과 내담 아동과의 관계를 탐색하는 것이 필요하다.

(4) 또래, 타인 및 교육기관과의 관계

내담 아동이 만 3세 이후가 되면 또래 관계 및 교육기관과의 접촉이 많아진다. 놀이치료자는 내담 아동의 또래 관계의 질과 또래 관계에서 주로 어떤 역할을 하는지, 친한 친구는 얼마나 있는지 등을 탐색해야 한다. 이때 Taylor, Menarchek-Fetkovich와 Day(2000)가 놀이이력면접(The Play History Interview)에서 제안한 항목 중 다음의 항목이 도움이 될 수 있다.

① 아동이 가장 좋아하는 놀이 친구는 누구인가?

② 아동은 혼자 노는 것을 더 좋아하는가, 아니면 다른 아이와 함께 노는 것을 더 좋아하는가?

③ 아동은 다른 아이와 놀이를 잘 하는 편인가?

④ 아동은 놀이 집단에서 리더인가, 아니면 추종자인가?

⑤ 아동이 장난감을 기꺼이 다른 아이들과 공유하려고 하는가?

⑥ 다른 아동이 가지고 놀고 있는 장난감을 가지고 놀고 싶어 할 때 아동은 어떻게 하는가?

⑦ 아동이 가상 놀이를 할 때 다른 아동을 참여시키는가?

⑧ 양육자는 아동과 함께 놀 때 어떤 종류의 놀이를 하는가?

⑨ 아동은 다른 아동보다 어른들과 함께하는 놀이를 더 좋아하는가?

그다음 어떤 교육기관을 다니는지, 그곳에서 내담 아동의 적응도는 어떠한지, 내담 아동에 대한 교사들의 평가는 어떠한지 등도 내담 아동의 주호소 문제를 이해하는 데 중요한 정보가 된다.

4) 놀이 면접

어린 아동의 경우, 놀이를 통해 초기 면접을 하게 되는데, 이때 놀이 행동의 의미를 파악하고 이를 주호소 문제와 연결하는 작업이 필요하다. 일반적으로 아동중심 놀이치료 장면에서는 놀이치료자가 놀이를 제안하지 않으므로, 첫 면접 시에도 내담 아동이 스스로 놀이를 선택하게 한다. 이때 아동은 자신이 직면하고 있는 문제를 놀이를 통해 표현하게 되는데 놀이치료자는 이 중에서 의미 있게 파악해야 하는 놀이 행동의 범주를 이해하고 있어야 한다.

Ray(2016)는 아동의 놀이치료 효과 검증을 위해 개인적인 수준에서 놀이치료의 진보 측정을 목적으로 열일곱 가지 놀이 행동 목록을 만들고 그 정도를 측

정하게 하는 연속체를 제시하였다. 연속체의 놀이 행동 목록은 다음과 같다.

① 공격적/공격적 행동 없음
② 자기주도적 놀이/놀이를 시작할 때 치료자에게 의존함
③ 낮은 에너지/높은 에너지
④ 지속적인 놀이 행동/지속적인 놀이를 하지 못하고 놀이 장면을 이어 가지 못함
⑤ 파괴적/건설적
⑥ 헝클어 놓음/정돈됨
⑦ 말이 많음/말이 없음
⑧ 제한에 적절히 반응함/제한을 어김
⑨ 놀이에 치료자를 포함함/혼자 놀이
⑩ 치료자와 언어로 대화함/말이 없거나 치료자와의 상호작용 없이 서술적으로 이야기함
⑪ 놀이에 주제가 나타나고 의미가 있어 보임
⑫ 놀이가 기계적이고 의미가 없음
⑬ 감정이 관찰되지 않음/감정의 강도가 표현됨
⑭ 긍정적인 감정(웃음, 미소, 만족함)/부정적인 감정(분노, 울음, 슬픔)
⑮ 연령에 적합한 놀이/퇴행적인 놀이
⑯ 숙련 놀이/숙련 놀이가 없음
⑰ 좌절을 견디기 어려움/높은 수준의 좌절 견디기
⑱ 놀이가 어려울 때도 계속 시도함/놀이가 어려워질 때 포기함

이 연속체 평가 항목은 더 좋은 행동이나 나쁜 행동이라는 가치 기준이 없고, 치료 과정 속에서 아동의 진전된 방향을 관찰하기 위해 고안된 것이다.

5) 초기 면접 시 관찰해야 할 항목

앞서 살펴본 내용을 중심으로 입실 전, 입실 후, 퇴실 후, 면접 종료 후에 놀이치료자가 관찰하여 확인할 사항은 〈표 3-6〉과 같다. 초보 놀이치료자들의 경우, 놀이치료 초기 면접을 진행한 다음 각 놀이 행동의 관찰 내용을 바탕으로 양육자와 면담을 하면서 필요한 정보를 얻는 것에 많은 어려움을 느끼곤 한다. 그러므로 이 양식에서는 놀이치료실 입실 전·후에 놀이치료자가 내담 아동에게 특정 사항을 관찰한 다음 이와 관련하여 양육자에게 확인해야 할 내용을 함께 소개한다.

〈표 3-6〉 초기 면접 시 관찰 항목 및 확인사항

상황	유목	세부 관찰 항목	정도	양육자 면담 시 확인사항
입실 전	양육 상태	옷차림	□나쁨 □보통 □좋음	방임, 주의산만, 기질
		위생 상태	□나쁨 □보통 □좋음	방임
		발육 상태	□나쁨 □보통 □좋음	방임, 기질
	신체 발달	걸음걸이	□부적절 □적절	발달, 감각통합 문제
	사회 정서	근긴장도	□긴장 □보통 □편안	기질
		얼굴표정	□긴장 □보통 □편안	기질
		시선처리	□나쁨 □보통 □좋음	기질, 발달
		양육자와 분리 시 태도	□어려움 □보통 □편안	기질, 애착
입실 후	사회 정서	치료실 입실 시 태도	□어려움 □보통 □편안	기질, 주의산만
		놀이치료실에 적응하는 정도	□끝까지 긴장함	기질 점검
			□중간 정도에 편안해짐	기질 점검
			□처음에는 긴장했으나 곧 편안해짐	
			□처음부터 편안함	

	놀이치료자와 친밀해지는 정도	□끝까지 긴장함	기질 및 애착 점검
		□중간 정도에야 친밀감 표현	기질 및 애착 점검
		□처음에는 긴장했으나 곧 친밀감 표현	
		□처음부터 친밀감 표현	
	시선처리	□나쁨 □보통 □좋음	기질, 감각통합 문제
(놀이 태도)	놀잇감 탐색 정도	□전혀 하지 않음 □오래 걸림 □산만 □적절	기질, 인지능력, 주의산만
	상징놀이	□나타나지 않음	기질, 인지 수준 고려
		□단순한 수준	기질, 인지 수준 고려
		□스토리 있음	주호소 문제와 연결해서 고려
	정서	□부정적 □보통 □긍정적	
	놀이치료자를 참여시키는 정도	□혼자 놀이 □적절히 참여시킴 □적극적으로 참여시킴	기질, 애착
	독립성	□의존적 □보통 □좋음	
	좌절인내력	□부족 □보통 □좋음	
	숙달동기	□부족 □보통 □좋음	
	문제해결 능력	□부족 □보통 □좋음	
	놀이치료실에서의 전반적인 활동량	□과소 □적절 □과다	기질, 주의산만, 불안 등
	놀이치료실에서의 전반적인 정서표현	□과소 □적절 □과다	기질, 주의산만, 불안 등
	제한설정 시 태도	□수용 □위축 □반복	양육 태도, 조절 능력

(그림 검사 태도)	그림검사 시 태도	□소소하게 지시사항 어김 □너무 많은 시간이 소요됨 □질문 시 그림을 덧붙여 그리거나, 대답 내용이 산만해짐 □필압이 강함 □성의 없이 금방 그림 □그림의 질이 떨어짐	주의산만, 반항장애, 불안 등, 눈-손 협응 능력
발달	수용언어 발달 정도	□지연 □보통 □좋음	가정에서의 수용언어 수준 점검, 인지능력 점검
	표현언어 발달 정도	□지연 □보통 □좋음	가정에서의 표현언어 수준 점검, 조음문제 점검
	의사소통 내용	□부적절 □적절 □좋음	인지능력 점검, 주의력 점검, 양육 태도(언어자극)
	말의 속도	□느림 □적절 □빠름	
	말더듬	□나타남 □나타나지 않음	긴장 및 불안 정도 점검
	놀잇감 선택 시 태도	□어려움 □보통 □편안	기질, 인지 능력, 양육 태도
	놀잇감 사용 종류	(　　　　　　　　)	
	놀잇감 사용 적절성	□우수 □적절 □부적절	집착하는 특정 장난감 유무, 연령에 적절한 장난감 선택
	소근육 사용 정도 (힘)	□과소 □적절 □과다	
	소근육 사용 정도 (정교함)	□지연 □보통 □좋음	
	대근육 사용 정도	□지연 □보통 □좋음	
	자세유지	□늘어짐 □긴장 □적절	감각통합

퇴실 후	사회 정서	퇴실 시 태도	☐ 계속 거부하고 퇴실 지연 ☐ 거부하다가 곧 수용 ☐ 미리 종료시간 확인하고 먼저 나가려고 싶어 함 ☐ 수용하고 곧 퇴실	기질, 조절 능력(전환), 양육 태도
		퇴실 후 양육자와의 만남	☐ 무관심 ☐ 보통 ☐ 반김	기질, 애착
		내담 아동 퇴실 시 양육자 태도	☐ 무관심 ☐ 보통 ☐ 반김	양육 태도
면접 종료 후	놀이 치료 자의 느낌	내담 아동에 대한 놀이치료자의 느낌		
		양육자에 대한 놀이치료자의 느낌		

초기 면접 시 놀이치료자는 내담 아동과 양육자의 첫인상을 잘 기록해 놓아야 한다. 이때 다음과 같은 질문은 첫인상을 파악하는 데 도움이 된다(조수철 외, 2010).

- 아동이나 가족에 대한 첫인상은 어떠한가?
- 아동에게 뭔가 이상한 점이 있는가?
- 아동에게 호감이 가는가?
- 불안 또는 위험스러운 느낌은 없는가?

4. 보고서 작성

초기 면접 후 모든 정보를 종합하여 초기 면접 보고서를 작성할 수 있다. 보고서는 이후 사례개념화를 작성하는 데 기초 자료로 활용될 수 있다. 보고서 양식은 [그림 3-1]과 같다.

사례관찰 보고서

내담 아동 성별		내담 아동 연령	

주호소

평가 영역	
인상	
언어 및 인지	
정서	
행동	
사회성	
촉발원인	
유지원인	

종합소견

[그림 3-1] 사례관찰 보고서 양식

참고문헌 ▽

조수철, 신민섭, 김붕년, 김재원(2010). 아동 · 청소년 임상 면담. 서울: 학지사.

Bouhuys, A. L., & Van Hoofdakker, R. (1993). A longitudinal study of interaction patterns of a psychiatrist and severely depressed patients based on observed behaviour: An ethological approach of interpersonal theories of depression. *Journal of Affective Disorder, 27*, 79-88.

Braaten, E. (2013). 아동 · 청소년 임상가를 위한 보고서 작성 핸드북(이은정, 정철호, 이종한 공역). 서울: 시그마프레스. (원서출판 2007).

DiMatteo, M. R., & Taranta, A. (1976). Nonverbal communication andphysician-patient rapport: An empirical study. *Professional Psychology, 10*, 540-547.

Geerts, E., Bouhuys, N., & Van den Hoofdakker, R. (1996). Nonverbal attunement between depressed patients and an interviewer predicts subsequent improvement. *Journal of Affective Disorders, 40*, 15-21.

Kramer, G. P., Bernstein, D. A., & Phares, B. V. (2012). 임상심리학의 이해(황순택, 강대갑, 권지은 공역). 서울: 학지사. (원서출판 2009).

Leffler, J. M., Riebel, J., & Hughes, H. M. (2014). A review of child and adolescent diagnostic interviews for clinical practitioners. *Assessment, 22*(6), 690-703.

MacKinnon R. A., Michels, R., & Buckley, P. J. (2006). *The psychiatric interview in clinical practice* (2nd ed.). Washington, DC: American Psychiatric Press, Inc.

Matarazzo, J. D. (1965). Psychotherapeutic Processes. *Annual Review of Psychology, 16*, 181-224.

McConaughy, S. H. (2013). *Clinical Interviews for Children and Adolescents, Second Edition: Assessment to Intervention*. NY: The Guilford Press.

Morrison, J., & Anders, T. F. (2001). *Interviewing children and adolescents* (rev. ed.). New York: Guilford Press.

O'Connor, K. J., & Ammen, S. (2009). 놀이치료 치료계획 및 중재(송영혜, 김은경, 김귀남 공역). 서울: 시그마프레스. (원서출판 1997).

Orlinsky, D. E., Ronnestad, M. H., & Willutzki, U. (2004). Fifty years of psychotherapy process-outcome research: Continuity and change. In M. J. Lambert (Ed.), *Bergin and Garfield's handbook of psychotherapy and behaviour change* (5th ed., pp. 307-389). New York: Wiley.

Othmer, E. O., & Othmer, S. C. (1994). *The clinical interviewing using DSM-IV: Vol. 1. Fundamentals.* Washington, DC: American Psychiatric Press.

Ray, D. C. (2016). 고급 놀이치료-아동상담 임상을 위한 필수조건, 지식 그리고 기술(이은아김, 민성원 공역). 서울: 시그마프레스. (원서출판 2011).

Sherry, C., & Harold, H. (2005). *Counseling Strategies and Interventions.* New York: Pearson.

Sommers-Flanagan, J., & Sommers-Flanagan, R. (2009). *Clinical interviewing* (4th ed.). Hoboken, NJ: Wiley.

Steimer-Krause, E., Krause, R., & Wagner, G. (1990). Interaction regulations used by schizophrenic and psychosomatic patients. Studies on facial behaviour in dyadic interactions. *Psychiatry, 53*, 209-228.

Taylor, K. M., Menarchek-Fetkovich, M., & Day, C. (2000). The play history interview. In K. Gitlin-Weiner, A. Sandgrund, & C. Schaefer (Eds.), *Play diagnosis and assessment* (2nd ed.). NY: John Willey & Sons.

제4장

놀이 평가

심리치료 영역에는 내담 아동의 기능 수준을 파악하기 위한 다양한 평가 방법이 존재한다. 평가 방법은 한국판 아동용 웩슬러 지능검사 제4판 (K-WISC-IV)과 같이 매우 구조화된 표준화 검사에서부터 아동의 놀이를 관찰하여 평가하는 것처럼 구조화가 낮은 수준에 이르기까지 다양하다(Fasulo, Shukla, & Bennett, 2017). 그중 놀이 평가는 언어로 실시하는 표준화 검사의 한계를 보완할 수 있는 접근으로 주목받아 왔다. 놀이 평가는 아동에게 익숙한 활동인 놀이를 통해 실시하기 때문에 스트레스가 적고, 자연스럽게 드러나는 아동의 기능 수준을 관찰할 수 있으며, 언어를 사용하기 어려운 아동에게도 활용 가능하다는 이점이 있다(Gitlin-Weiner, Sandgrund, & Schaefer, 2004). 놀이 평가는 아동의 놀이 행동과 주제, 전략에 대한 분석을 통해 질적인 자료를 제공함으로써 아동의 발달 수준과 심리 상태를 이해할 수 있도록 돕는다.

이 장에서는 놀이 평가를 실시하고 분석하며 보고서를 작성하는 일련의 과정에 필요한 내용을 다룬다. 먼저 놀이 평가가 무엇이며, 임상 현장에서 어떤 유용성이 있는지 살펴볼 것이다. 그다음으로는 놀이 평가를 위해 놀이치료자가 알아야 할 기본적인 지식들을 소개한다. 아동의 발달을 평가하려면 먼저 전형적인 발달을 이해하고 있어야 한다. 이 책에서는 Piaget와 Gesell의 발달 모델에 따른 아동의 놀이 및 행동 변화를 다룬 후, 놀이 상황에서 관찰될 수 있는 비적응적인 방어 전략을 살펴봄으로써 놀이치료자들이 아동의 발달과 놀이를 이해할 수 있도록 하였다. 마지막으로는 놀이 평가 양식을 제시하고 각 영역별로 기술해야 할 내용에 대해 기재하였다.

1. 놀이 평가의 정의

놀이 평가는 아동에게 가장 자연스럽고 편안한 언어인 놀이를 통해 아동의 현재 발달 및 기능 수준을 이해하는 방법이다. 놀이는 세상에 대한 아동의 정신적 표상을 드러낼 뿐 아니라, 아동이 자연스러운 방법으로 세상에 대한 지식을 습득하고 수정할 수 있도록 돕기 때문에(Gitlin-Weiner et al., 2004) 아동 심리 평가 및 치료의 도구로 활용되어왔다. 놀이 평가는 특히 추상적 사고가 충분히 발달하지 않아 자신의 감정과 심리적 어려움을 의식화하여 언어로 표현하는 데 한계가 있는 학령 전기 아동들의 기능을 관찰하는 데 유용하다(이영애, 2019). 놀이에서 관찰 가능한 특성으로는 자아 발달, 인지 양식, 적응성, 언어 기능, 정서 및 행동 반응성, 사회성, 도덕성, 지적 능력, 대처 양식, 문제해결 능력, 주변 세계에 대한 지각 등이 알려져 있다(Gitlin-Weiner et al., 2004). 이와 같이 아동의 놀이 행동과 패턴은 아동의 내면세계에 대한 정보뿐 아니라 언어, 인지, 정서, 사회성과 같은 다양한 측면의 발달 수준에 관한 구체적인 정보를 제공한다는 점(이영애, 2019)에서 아동 평가 도구로서의 가치가 있다.

놀이 평가는 다른 구조화된 표준화 검사에서 드러나지 않는 의미 있는 자료를 제공한다. 가장 큰 이점은 부족한 언어 능력으로 인한 어려움을 상쇄한다는 것이다(Gitlin-Weiner et al., 2004). 놀이 평가는 질의응답 방식으로 진행하는 표준화 검사에 부담을 느끼거나, 나이가 어려서 표준화 검사에 참여하기 어려운 경우에도 실시할 수 있다. 두 번째로 놀이 평가에서 사용하는 놀이라는 흥미롭고 익숙한 방식은 아동이 안전하다고 느끼는 상황에서 자신의 다양한 특성을 충분히 드러낼 수 있게 한다. 또한 놀이 평가는 다른 자료들을 통해 얻은 결과의 타당성을 높이고 확장하는 데 기여한다(Gitlin-Weiner et al., 2004). 표준화 검사에서의 수행은 아동이 보유한 지식을 부분적으로만 보여 줄 뿐 아니라 현실에서 아동이 정보를 어떻게 통합하고 활용하는지까지 보여 주기가 어렵다. 또한 부모나 교사와 같이 아동의 실제 생활을 잘 아는 타인에 의한 보고는 개인의 시선에 따라 부정확할 수 있다는 한계가 있다. 반면, 훈련받은 평가자가 있는 상황에서 이루어지는 놀이는 아동의 의사소통 능력과

보유한 정보 및 지식을 실생활에서 어떻게 활용하는지에 대한 통찰을 제공하기 때문에, 놀이 평가를 통해 얻은 정보를 통해 다른 자료들로부터 얻은 결과를 보완 또는 반박하거나 정교화할 수 있다(Gitlin-Weiner et al., 2004).

　평가 도구로서 놀이의 유용성이 주목받으면서 임상 현장에서는 놀이를 활용하여 아동의 발달 수준과 심리적 상태를 이해하고, 아동의 대인 관계를 평가하기도 한다. 이러한 놀이 평가는 아동을 진단하고 분류하기 위한 것이 아니며, 아동의 대처 양식, 강점 및 약점, 심리 내적 과정과 지각, 대인관계 능력 등을 확인하는 데 중점을 둔다(O'Connor & Ammen, 2009). 또한 놀이치료 장면에서 아동들은 자신의 어려움과 관련된 특징적인 놀이 패턴과 놀이 구성을 보이는 경향이 있기 때문에(Halfon, 2017; Russ & Niec, 2011), 놀이치료자는 놀이치료 초기 단계에 관찰되는 놀이 행동 및 내용을 평가함으로써 아동에 관한 유용한 정보를 얻고 이를 토대로 치료계획을 세우게 된다.

　이 장에서 놀이치료 회기 내에서 관찰되는 아동의 놀이에 대한 평가를 다룬다. 이러한 평가 방식은 아동의 발달에 대한 질적 정보를 습득하기에 유익하지만, 평가자는 동시에 여러 영역을 관찰하여 아동을 종합적으로 이해해야 하는 어려움을 겪을 수 있다. 평가 시 관찰해야 하는 놀이가 무엇이고 이를 어떻게 측정할지에 관한 기준이 없으면, 평가자는 우왕좌왕하게 되고 아동의 단편적인 행동에만 초점을 두어 문제를 과대평가 또는 과잉일반화하는 실수를 하기 쉽다(Gitlin-Weiner et al., 2004). 평가의 기준을 설정하기 위해 놀이치료자는 가장 먼저 발달 및 기능 수준의 기준이 되는 전형적인 아동의 놀이 발달에 대해 알고 있어야 한다. 다음 절에서는 놀이 평가를 위해 놀이치료자가 숙지해야 하는 기본 지식과 놀이 평가 시 참고할 수 있는 척도들을 소개한다.

2. 놀이 평가를 위한 기본 지식

놀이치료자가 아동의 놀이를 평가하기 위해서는 먼저 현재 아동에게 발달 적으로 적절한 행동이 무엇인지에 관해 전체적으로 조망할 수 있어야 한다 (O'Connor & Ammen, 2009). 전형적인 발달을 보이는 아동의 놀이가 어떤 흐 름을 보이는지 알고 있으면 비전형적인 놀이 행동과 내용을 구별할 수 있다. 이에 놀이 평가를 위한 기본 지식으로 Piaget와 Gesell의 발달 모델과 아동 발 달에 따른 놀이의 변화를 소개하고, 아동의 놀이에서 관찰되는 적응적 · 비적 응적 전략의 특징(Chazan, 2012)을 기술한다.

1) 전형적인 아동의 발달과 놀이

놀이는 아동의 발달을 반영한다. 일례로 생후 2년간 영아의 놀이를 살펴보 면, 출생 1개월경의 어린 아기들은 빨기, 잡기와 같은 행동이 가능해지면서 부터 자신의 신체를 가지고 놀기 시작한다. 시간이 흘러 손과 눈의 협응이 발 달하면 아기는 종이를 구기거나 탁자를 두드리는 등의 단순 행동을 반복하는 놀이를 한다. 18개월경 이루어지는 인지 발달은 상징 놀이를 가능하게 한다. 이처럼 아동의 놀이는 발달 수준에 따라 달라지는 특성이 있기에 아동의 실 제 발달 수준을 반영할 수 있다.

(1) Piaget의 발달 단계와 아동 놀이의 변화

Piaget는 아동의 발달 단계를 4단계로 나누어 제시하면서, 아동들은 각기 다른 속도로 각 단계를 통과하지만 동일한 순서를 거친다고 주장했다. 즉, 단 계별로 제시된 나이는 절대적이지 않으며 개인차가 있다. 이 자료를 통해 놀 이치료자는 평가하고자 하는 아동이 어느 발달 단계에 해당하는 놀이 형태를 보이는지, 그리고 그 놀이가 실제 연령과 일치하는지, 더 나아가 발달을 촉진하기 위해 어떤 접근이 필요한지에 대한 정보를 얻을 수 있을 것이다.

① 감각운동기(출생~2세): 〈표 4-1〉에서 볼 수 있듯이 아동의 운동 및 인지 능력의 발달은 놀이의 변화를 가져온다. 출생 3~6개월에 눈과 손의 협응능력이 발달하면 영아는 손가락 빨기처럼 자신의 신체를 가지고 놀기 시작한다. 또한 6~12개월에는 대근육과 소근육이 발달하면서 영아의 이동 범위가 넓어지고 사물을 다루는 능력이 향상된다. 이러한 변화는 대물 놀이, 즉 장난감과 사물을 가지고 노는 놀이를 가능하게 한다. 이 연령의 아기들은 물건을 집어넣었다 빼거나 쌓고, 통 안에 넣어서 흔드는 것과 같이 노는 것을 좋아한다. 이 시기는 Piaget의 발달 단계 중 감각운동기에 해당하는 연령으로, 감각 경험이 아동의 발달을 촉진하기 때문에 감각적 자극을 얻을 수 있는 놀잇감과 그것을 토대로 상호작용하는 경험을 제공하는 것이 중요하다.

〈표 4-1〉 아동의 발달에 따라 나타나는 놀이의 형태

단계	연령	발달	놀이
감각 운동기	3~6 개월	시·지각 협응 능력의 발달로 물건을 잡거나, 입으로 가져가 빨 수 있음	자신의 신체를 가지고 놀다가, 점점 자신의 행동이 외부 세계에 미치는 효과에 흥미 보임
	6~12 개월	기기, 걷기, 손가락으로 물건 집기 같은 운동 기술 발달	장난감 가지고 놀기 시작
	10~12 개월	대상영속성 발달	숨기고 찾는 놀이, 까꿍 놀이
	12개월~	정신적 표상 능력 발달	상징 놀이가 나타나기 시작하고, 시간이 지날수록 정교해짐

전조작기	2세	언어가 발달하며 의사소통이 점차 정교해짐	타인과의 협력, 즉 사회적 놀이가 이루어짐
	3~6세	상상력이 풍부해지며 환상, 비현실적 공포 증가	가상 놀이의 황금기
구체적 조작기	7~11세	체계적·논리적인 사고 체계 발달	보다 실제적이고 규칙이 있으며, 순서를 요구하는 놀이 선호
형식적 조작기	11세~	추상적 사고, 자아 정체감, 소속감의 욕구 발달	비구조적 활동을 선호하며, 놀이에 정체감 문제를 해결하려는 시도가 반영됨

참고: Hughes (2016).

한편, 10~12개월경 아동은 대상영속성의 개념을 습득한다. 대상영속성이란 사물이나 사람이 내 눈에 보이지 않아도 독립적으로 존재하고 있음을 이해하는 것으로(Rovert, 2016), 1세 미만의 아기들은 장난감을 수건으로 덮으면 사라졌다고 생각하지만, 대상영속성을 습득한 후에는 눈에 보이지 않더라도 사물이 존재한다는 것을 알기 때문에 수건을 치워 장난감을 찾는다. 따라서 이 시기에는 숨기고 찾기, 까꿍 놀이와 같이 대상이 사라졌다가 나타나는 놀이를 재미있어 하며 반복한다. 또한 12~13개월에는 상징 놀이가 나타난다. 이는 자신이 경험한 것을 내적으로 떠올리는 표상 능력의 발달을 반영하는 것으로, 이 시기 아동은 언어를 사용하고 가상 놀이를 시작한다. 즉, 상징의 사용은 아동의 발달이 새로운 수준에 도달했음을 보여 준다.

② 전조작기(2~7세): 아동이 사고하는 방법을 배우면서 발달 단계의 질이 달라진다. 전조작기의 특징은 비체계적이고 비논리적인 사고이며, 아동의 놀이는 '상징'을 사용하면서 새로운 형태로 변화한다. 상징은 눈에 보이지 않는 추상적인 개념을 말이나 행동처럼 구체적인 것으로 대체하여 표현하는 능력을 필요로 하며(Hughes, 2006), 아동의 인지 발달을 반

영한다. 즉, 2세 아동은 특정 사물이나 사람을 어떤 단어로 표현할 수 있는지 알고 사용하며 빈 접시 위에 음식이 담겨 있는 척할 수 있다.

전조작기 아동의 놀이에서 가장 눈여겨볼 것은 상징 놀이이다. 상징 놀이(symbolic play) 또는 가상 놀이(pretend play)는 12~13개월경 나타나서 6세에 이르기까지 여러 차원에 걸쳐 발달한다. 따라서 상징 놀이의 발달을 이해하는 것은 아동의 발달 수준을 평가하는 데 유용한 정보를 제공한다. 〈표 4-2〉는 상징 놀이의 중요한 세 요소인 탈중심화, 탈맥락화, 통합에 대해 보여 준다(Hughes, 2006).

〈표 4-2〉 상징 놀이의 주요 요소

탈중심화	• 1단계: 초기의 가상놀이는 12개월경 나타나며, 자신을 중심에 두고 구성된다(Piaget, 1962). 이 시기의 아동은 실제 욕구와 상관없는 행동을 하며 일상에서 익숙한 먹고 마시는 것과 같은 행동을 흉내 낸다. 　-예: 실제로 자지 않으면서 자는 것처럼 행동하고 배고프지 않은데도 먹는 시늉을 한다. • 2단계: 정상 발달 과정에서는 시간이 지나면 자신에게서 다른 것으로 중심을 옮기는 모습, 즉 탈중심화가 관찰된다. 탈중심화는 처음 가상 놀이가 나타난 후 몇 달이 지나서 이루어지기 시작하는데, 이는 아동이 직접 흉내를 내지 않고 곰 인형 같은 다른 사물이 가장 행동을 하도록 주도하는 모습으로 나타난다. 　-예: 인형 앞에 빈 접시를 두고 그들이 음식을 먹는 놀이를 하게 한다.
탈맥락화	한 가지 사물을 다른 것으로 대치하여 사용하는 것을 말한다(Fenson, 1986). 　-예: 손수건을 이불이라고 하면서 자러 가는 시늉을 하거나, 레고 조각을 자동차라고 하면서 놀이함
통합	통합은 아동의 성장에 따라 놀이가 특정 형태로 조직화되는 것을 의미한다. • 1단계: 생후 2년 동안 아동의 놀이는 '조각조각'인 특성이 있는데, 이는 한 행동과 다음 행동 간 연결고리가 없이 이어지는 모습에 대한 표현이다. 　-예: 아동은 블록을 쌓은 후 동물 인형 놀이를 한다. • 2단계: 1세 반이 넘으면 아동은 블록 탑을 쌓은 후 여러 동물 인형이 그 위에서 뛰어내리는 놀이를 할 수 있고, 2세 즈음에는 각기 다른 주제의 놀이

> 2개를 통합하는 복잡한 놀이를 한다.
> −예: 탑에서 뛰어내린 후 터널을 기어가는 놀이
> • 3단계: 2세경에 둘 이상의 놀이를 연결하는 통합이 나타나는 것은 중요한
> 발달적 요소로, 언어 발달에서 두 단어 이상의 복합적인 문장을 사용하기
> 시작하는 것과도 연관성이 있다(Fenson, 1986).

이경숙(2020)은 '탈중심화'에 관해 영아의 가상 놀이가 영아 자신을 향한 (self-as-agent) 가상 행동에서 시작하여 점차 엄마, 인형 등의 다른 대상을 향한(other-as-agent) 가상 놀이로 진행되는 것이라고 설명하였다. 또한 '탈맥락화'는 놀이 도구와 주제 측면에서 실물을 이용한 친숙한 사물이나 주제에서 점차 관련이 적은 사물로 대치하다가 상상의 사물을 이용한 환상적 주제의 가상 놀이로 발달해 나가는 것이며, '통합'은 가상 행동이 단일 가상 행동에서 점차 행동을 연결하는 복합 행동으로 연결되는 것이라고 하였다. 한편, Westby(1991)는 상징 놀이를 통해 아동의 표상 수준을 평가할 수 있는 세 가지 요소를 다음과 같이 제시하였다.

• 탈맥락화: 이는 실제 사물보다 작거나 다른 놀잇감 혹은 놀잇감이 전혀 없는 상황에서도 놀이할 수 있는 능력을 의미한다. Westby(1991)는 5세경 아동의 놀이는 완전히 탈맥락화되어 놀잇감이 거의 또는 전혀 없어도 놀이가 가능할 것이라고 보았다. 즉, 전형적인 발달을 보이는 5세 아동은 음식 모형이 없어도 먹는 시늉을 하며 놀이를 할 수 있다.
• 놀이 주제: 놀이치료자는 일상생활에서의 주제에서 완전히 창조된 상황으로의 전환이 가능한지를 통해 아동의 표상 수준을 평가할 수 있다. 상징 놀이가 16~19개월경 시작되어 6세까지 발달한다는 점을 고려할 때, 6세 이후의 아동이 놀이에서 직접 경험하거나 관찰하지 않은 사건을 포함하지 못한다면, 즉 상상 놀이를 하지 못하는 것은 전형적인 발달에서 벗어났을 가능성을 시사한다.

- 놀이 주제의 조직화: 이는 앞서 언급한 '통합'과 유사한 개념으로 제한된 상징 활동에서 연속적으로 체계화된 상징 놀이로의 전환 여부는 평가의 척도가 될 수 있다.

전조작기 아동은 상징 놀이 외에도 다양한 놀이를 한다. 2세경에는 대근육 기술이 발달하면서 걷거나 뛰고 계단을 오르내리는 등의 움직임이 많아지며, 신체적 성취에 큰 자부심을 느낀다. Erikson의 발달 모델에 따르면 이 시기는 자신의 신체를 통제하고 스스로 할 수 있다는 것을 보여 주는 게 중요한 과업 이기에 고집 부리기, 떼쓰기로 자신의 독립성을 주장하는 행동이 많아진다. 이 연령에 좋은 놀잇감은 아동의 발달상 욕구를 충족시켜 줄 수 있는 것이다 (예: 밀고 다닐 수 있는 수레나 유모차, 쌓을 수 있는 블록, 점토 등).

3세경에는 상상력이 풍부해지면서 가상 놀이가 활발해진다. 이 시기에 아 동은 어른의 행동을 흉내 내고 역할 놀이 하는 것을 즐기며, 환상이 많아지면 서 어두움이나 괴물에 관한 비현실적 공포를 보이기도 한다. 또한 함께 놀면 서 자연스럽게 사회적 상호작용이 늘어나는데, 사회적 관계에서 자신의 기술 을 표현하고 싶어 하는 경향이 있다. 따라서 이 시기에는 상상 놀이를 할 수 있는 다양한 소품이나 놀잇감을 제공하고, 무언가를 완성하여 성취감을 경험 할 수 있는 미술 재료나 놀잇감을 주는 것이 좋다. 4세에는 이전보다 사회성 과 운동 기술이 향상되기 때문에, 이러한 발달상 변화를 반영한 놀이를 선호 한다. 특히 소근육이 정교해지면서 그림 그리기, 색칠하기, 가위질과 같은 활 동을 즐긴다. 이 시기에는 원래의 쓰임보다 확장 또는 변형이 가능한 놀잇감 을 제공하는 것이 좋다. 5세 또한 4세와 비슷하게 소근육 활동을 좋아하지만, 보다 정확하고 사실적인 것을 선호하는 경향이 있다. 이 시기에는 성인과 함 께 작업할 수 있도록 적절한 설명서가 들어 있는 기술 지향적 놀잇감을 제공 할 필요가 있다.

사회적 놀이의 분류

사회적 놀이의 가장 첫 단계는 '혼자 놀이'이다. 1~2세 아동의 50% 정도는 다른 아이들과 함께 있더라도 자기 세계에서 혼자 놀고, 2세경에는 다른 아이들을 그저 바라보고 초대를 받아도 적극적으로 참여하지 않는 '방관자 놀이' 형태를 보이기도 한다. 또한 모든 연령에서 '병행 놀이'가 관찰된다. 이는 같은 시간, 장소에서 같은 활동을 하면서도 각자 따로 노는 것으로, 아이들은 비슷한 놀잇감을 가지고 각자 분리된 놀이를 한다. 3~4세 아동에게서는 각자의 놀이를 한다는 점에서 병행 놀이와 비슷하지만 또래의 활동에 관심 보이기, 공유하기, 순서 지키기, 대화와 같은 교류가 발생하는 '연합 놀이'가 나타난다. 사회적 성숙의 가장 높은 단계는 '협동 놀이'이다. 협동 놀이는 2명 이상의 아동이 공동 목표를 가지고 각자에게 주어진 역할을 수행해야만 하는 놀이 활동을 할 때 나타난다.

출처: Hughes (2006).

③ **구체적 조작기(7~11세):** Piaget에 따르면, 학령기에 접어들면서 아동의 사고 체계는 한 번 더 질적으로 변화한다. 구체적 조작기에 아동은 조작이 가능한 구체적인 사물과 행위에 한해 논리적이고 체계적인 사고를 한다. 이러한 인지 발달은 아동의 놀이에도 변화를 가져오는데, 이 시기의 아동은 전조작기의 아동보다 실제적인 것을 더 선호하고 규칙과 순서에 기초한 놀이를 추구한다(예: 술래잡기, 공기 놀이, 보드게임, 조립 등). 이러한 변화에 따라 학령기 아동의 놀이에서는 상징 놀이가 감소[1]하고, 규칙이 있는 게임 놀이가 증가한다. 또한 또래와의 놀이가 중요해진다. 또래 집단은 아동의 중요한 사회화 매개체이며, 아동은 또래 집단에 소

---

1) 학령기에도 가상 놀이는 나타나지만, 협동적이고 성숙한 규칙을 지닌다는 특징이 있다. 예를 들어, 학령기 아동의 가상 놀이에서는 각자 역할을 정하고 놀이에서의 행동 규칙이나 변화를 공유하며 협상한다. (예: 내가 이번에 언니를 하고, 다음번엔 네가 해. 여기 들어갈 때는 점프하면서 가기로 하자.)

속되고자 하는 욕구를 갖는다. 따라서 이 시기 아동의 놀이에 그들의 사회화 경험이 포함되어 있지 않거나 사회화 과정을 증진하려고 하지 않는다면 주의 깊게 살펴볼 필요가 있다. 학령기 아동들은 논리적인 분류와 범주로 세상을 볼 수 있게 되면서 인형, 카드 등을 수집하는 놀이를 즐기게 된다. 이들은 특정 물건을 그냥 모으는 놀이를 하기도 하지만, 또래들과 이를 공유하거나 교환하면서 함께 놀기도 한다.

④ 형식적 조작기(11세~): 형식적 조작기에는 존재하는 세계를 초월한 추상적인 사고가 가능해지면서 추상적 추론, 사고력, 개념화 능력이 발달하기 시작한다. 즉, 청소년들은 정치나 종교와 같은 추상적 개념에 대한 사고뿐 아니라 복잡한 정서에 대한 인지와 이해가 이루어지며, 죄의식, 분노와 같이 관계적 패턴과 관련된 복잡한 감정도 경험하게 된다. 이러한 사고의 발달은 영화 보기, 이성과 데이트, 독서와 같은 비구조적인 활동에 대한 선호로 이어진다. 특히 청소년들은 자기 자신을 타인의 관점에서 볼 수 있게 되면서 관계 속에서 자기를 알아 가고자 하는 욕구가 증가하여 또래 집단과 어울리고 싶어 하는데, 이들은 규칙이 있는 게임을 선호하던 구체적 조작기의 놀이에 비해 구조와 형태가 없는(예: 그냥 같이 있거나 돌아다니는) 다양한 활동을 하며 시간을 보내는 경향이 있다. 이들의 놀이는 '자신의 정체감 문제를 해결하려는 시도'라는 맥락에서 볼 필요가 있다. 또한 청소년의 추상적 사고 능력과 동기는 어느 날 갑자기 생기는 능력이 아니라 서서히 발달하는 기술이므로, 추상적 기술을 발달시킬 수 있는 환경을 제공하는 것이 중요하다(Ray, 2016).

(2) Gesell의 성숙 발달 모델

Gesell은 관찰을 통해 아동의 발달이 균형과 불균형의 순환적 패턴을 보이며 성숙해져 간다는 것을 발견하였다(Ray, 2016). 이 순환은 아동이 내면이나 외부 환경에서 별다른 어려움을 겪지 않는 '균형'의 기간을 보낸 후, 불안해하고 문제를 겪으며 환경과 상충하게 되는 '불균형'의 단계를 거쳐 다시 균형의 기간으로 돌아오는 것으로 이루어져 있다(Ilg, Ames & Baker, 1981). 〈표 4-3〉은 Gesell의 발달 주기를 요약하여 보여 준다.

〈표 4-3〉 Gesell의 발달 주기

연령			단계	개요
2	5	10	순조로움, 통합적	내면의 자아와 외부 환경 간 어려움 없음
2.5	5.5~6	11	단절된	마음이 동요하고 불안함. 자아와 환경 상충
3	6.5	12	균형 잡힌, 안정된	내면의 자아와 외부 환경 간 어려움 없음
3.5	7	13	내심화	외부 세계를 소화하고자 내면으로 들어감. 민감하고 지나치게 위축된 모습 보임
4	8	14	활기찬, 의욕적, 자신감 있는	외향적 행동 나타나고 때때로 위험 행동을 함
4.5	9	15	내심화-외심화, 신경증적	근심 많고 덜 외향적. 이 단계에 대해 알려진 것이 별로 없음
5	10	16	순조로움, 통합적	내면의 자아와 외부 환경 간 어려움 없음

출처: Ray (2016).

Gesell은 아동의 변화가 2세부터 16세에 이르기까지 6개월~1년 단위로 균형과 불균형을 반복하며 이루어진다고 보았다. 아동은 외부 세계와 접촉하면서 자신이 얻은 정보와 경험들을 종합하고 소화하는 시간을 필요로 하며 이를 소화하는, 즉 내심화(inwardize)하는 시간을 갖는다. 이 과정이 마무리되면 아동은 다시 외부 세계와 활발하게 상호작용하며 자신을 확장하고, 일정 시기가 지나면 다시 균형 상태로 들어가 휴식하는 패턴을 반복하면서 성장한다. 한편, 각 단계에 따라 관찰되는 아동의 행동 및 성격의 경향성이 다르다. 내심화 단계에 있는 아동은 민감하고 까다로우며, 지나치게 위축되고 비관적인 모습을 보이는 등 부정적인 에너지를 표출하는 경향이 있고, 그다음 단계의 아동은 외향적이고 역동적인 모습을 보이거나 때때로 위험한 행동을 하기도 한다.

　Gesell의 성숙 발달 모델은 성인의 시각으로 볼 때 부정적으로 평가되는 아동의 행동이 발달 과정에서 나타나는 정상적인 것임을 알려 준다. 놀이치료자는 Gesell의 발달 주기를 고려하여 아동의 놀이 행동과 내용이 갖는 의미를 보다 정확히 평가할 수 있을 것이다. 또한 〈표 4-4〉를 토대로 양육자에게 아동이 현재 어느 단계에 있고, 앞으로 어느 단계로 나아가게 되는지에 관한 정보를 제공할 수 있다. 아동과 갈등 상태에 있는 양육자는 문제라고 생각되는 행동에 초점이 맞춰져 있어 자신의 자녀에게 특별한 문제가 있는지 걱정할 때가 많다. 이때 아동의 행동이 전형적으로 관찰되는 것이며 발달하기 위한 과정에서 나타나는 것임을 알려 주는 것은 양육자로 하여금 희망을 가지고 아동을 인내할 수 있게 돕는다(Ray, 2016).

〈표 4-4〉 연령별로 관찰되는 발달 특성

연령	상태	개요
2	균형	• 운동 기술과 언어 능력이 발달하며 자신감 경험 • 요구가 줄어들고 좌절 인내력이 생기며 사랑스럽고 다정한 경향
2.5	불균형	• 아동이 하고 싶은 행동과 양육자의 바람이 대립하는 시기 • 이 연령의 아동은 고집이 세고 융통성이 없으며 지배적이고 요구 많음 • 극단적인 감정을 표출하고 대안을 선택하지 않으려 함
3	균형	• 운동 기능과 어휘력이 향상되고 협조적인 태도 보임 • 사회적 관심이 나타나고 타인과 공유하는 모습이 관찰됨
3.5	불균형	• 운동, 언어, 관계적 측면에서 도전을 경험 • 자주 울고 칭얼거리며, 양육자의 관심을 독차지하고 싶어 함
4		• 분노발작이 나타나고, 반항적인 태도 보임 • 상상력이 매우 풍부해짐
4.5	균형	• 실재가 아닌 것에서 실재인 것을 분리하는 작업을 하는 시기 • 인지와 운동 기술이 빠르게 발달 • 토론을 즐기고 세부적인 사항을 알고 싶어 함

5		• 안정적이고 차분하며 친절함 • 양육자와의 관계가 중요한 시기
5.5~6	불균형	• 난폭하고 감정적이며 융통성이 없고 요구 많음 • 기운이 넘치고 새로운 경험을 추구하며 원하는 것을 얻기 위해 거짓말이나 훔치는 행동을 하기도 함
7	내심화	• 차분하고 위축된 모습. 기분 변화가 심하고 혼자 있기를 좋아함 • 세상이 자신을 공격한다고 느끼기도 하고, 외부 세계를 탐색하는 데 몰두함
8	외심화	• 세상과 접촉하기 위해 밖으로 나옴 • 과도하게 에너지 넘치고 활동적 • 타인과의 관계를 원하지만 예민하거나 자기비판적인 모습을 보이기도 함
9	내심화– 외심화	• 독립적으로 행동하나 걱정이나 불평이 많음 • 친구가 주된 관심사가 됨
10	균형	• 융통성과 수용성 보임 • 착한 일을 하고 싶어 하고 권위에 순종적
11	불균형	• 기분 변화가 심하고 자기에게 몰두하는 경향 • 규칙에 도전하고 언쟁하기를 즐기지만, 스스로 결정하는 데 어려움을 겪기도 함 • 점점 다양한 관점으로 볼 수 있게 됨
12	균형	• 자기인식, 통찰, 공감이 가능해짐 • 성인의 성격이 나타나기 시작하고 또래로부터 인정받는 것이 중요해짐

출처: Ray (2016).

2) 아동의 놀이에서 나타나는 적응적 · 비적응적 전략

놀이의 독특한 의미를 이해하기 위해서는 놀이의 내용과 형식뿐 아니라 그에 수반되는 언어와 눈으로 볼 수 있는 감정들을 신중하게 관찰해야 한다(Erikson, 1950). Erikson은 아이들의 놀이를 Freud의 꿈에 비유하면서, 놀이는 아이들의 무의식에 이루는 지름길이라고 하였다(Gitlin-Weiner et al.,

2004). 놀이를 하면서 아이들의 검열 기능은 이완되고 상상력이 자유롭게 발휘되지만, 놀이가 일상에서 겪은 불안했던 사건에 가까워지면 불편함을 느끼고 놀이를 중단하기도 한다. 이러한 놀이 붕괴는 아동의 정서적 욕구와 기능 수준에서 핵심적인 문제를 진단하는 표시가 될 수 있다(Gitlin-Weiner et al., 2004).

Kernberg, Chazan과 Normandin(1998)은 개별 놀이치료 상황에서 나타나는 아동의 놀이 활동을 조사하여 CPTI(The Children's Play Therapy Instrument)를 개발하였다. 이 도구는 놀이에서 아동이 사용하는 적응적인 전략과 비적응적인 전략을 제시한다. 이를 활용하여 놀이치료자는 아동의 놀이에서 나타나는 전략을 분석함으로써 아동의 감정과 대처를 살펴볼 수 있고, 아동의 적응도를 평가하거나 놀이치료 과정에서의 변화를 측정할 수 있다.

(1) 적응적 전략

다음은 놀이 활동에서 적응적인 대처 및 방어 전략을 사용하는 아동들의 놀이 형태를 아홉 가지로 정리하여 제시한 것이다. 적응적 전략은 놀이치료가 진행되는 과정에서 점차 증가할 수 있다.

〈표 4-5〉 아동의 놀이에서 관찰되는 적응적 전략

전략	내용
적응	주어진 상황에 효과적으로 적응하는 놀이 활동이 표현됨
예측	놀이 활동에 미래에 대한 계획이 반영됨
문제해결	놀이 속에서 시행착오가 나타나거나 모호한 것을 명확하게 하려는 체계적 노력이 나타남
억제	놀이에서 갈등이나 스트레스에 관한 생각이나 말을 의도적으로 회피하는 모습이 나타남
승화	사회적으로 수용 가능하고 창조적인 방식으로 충동이나 소원을 충족하는 활동이 나타남

이타심	놀이에서 타인의 욕구를 사회적으로 수용 가능한 방식으로 만족시키려 함
소속	놀이 활동 또는 공동의 목표를 공유하면서 집단에 속하는 놀이를 함
동일시	다른 사람이나 등장인물과 유사하거나 동일시하는 놀이가 나타남
유머	부조화, 과장, 예상치 못한 사건 등으로 웃게 되는 유쾌한 놀이가 나타남

출처: Chazan (2012).

(2) 비적응적 전략

아동은 놀이를 통해 자신이 해결할 수 없는 문제를 풀어내지만, 비적응적
인 방어 전략 때문에 놀이 역량이 제한되기도 한다. 여기에서는 갈등을 표현
하는 아동, 경직되고 대립된 놀이를 하는 아동, 극도로 불안하고 고립된 놀이
를 하는 아동들에게서 관찰한 비적응적 전략들을 소개한다.

① 갈등을 표현하는 놀이를 하는 아동: 갈등을 놀이로 표현하는 아동들도 적
    응적인 전략을 포함하여 다양한 전략을 사용한다. 그러나 이들은 창조
    성이 자연스럽게 흘러가도록 두기보다 그것과 반대되는 방향의 놀이
    행동을 하는 것처럼 보인다(Chazan, 2012). 놀이 활동을 통해 아동의 정
    서 세계에 참여하는 놀이치료자는 아동이 사용하는 전략을 인식하고
    이해함으로써 방어 안에 담긴 메시지를 발견할 수 있다.

〈표 4-6〉 갈등을 표현하는 놀이를 하는 아동의 비적응적 전략

전략	내용
주지화	놀이에서 정서적인 의미를 사실적 · 객관적 · 중립적으로 다루는 모습이 나타남 -"나는 내가 겪은 경험을 나의 생각으로 바꾸고 있다."
합리화	아동이 받아들일 수는 있지만 잘못된 논리로 치료자에게 놀이에 관해 설명함 -"나는 걱정을 피하기 위해 다른 이유를 댈 것이다."

고립	위협적인 정서로부터 사고를 분리하여, 놀이 속에서 아주 냉담한 모습이 나타남 –"나는 그것에 대해 생각할 수 있으나 느낄 수는 없다."
수행과 취소	놀이 활동을 수행(Doing)한 후, 취소하거나 중립적인 태도를 취함(Undoing) –"나는 그것을 놓았고, 그다음에 그것을 치웠다."
부정	위협적인 감정이나 행동이 가지고 있는 가치, 의미, 중요성을 폐기해 버림 –"나는 그것이 대단했다는 것을 안다. 그러나 나하고는 상관이 없다."
반동 형성	억압된 생각과 감정이 반대되는 표현으로 나타남 –"나는 발생한 일 중에서 오직 즐거운 부분만 경험할 것이다."
억압	아동은 인식하지 못하는 주제로 즐겁게 놀이하고, 이는 관찰자의 추론을 통해 발견됨 –"나는 보지 않는다. 나는 그것을 이해하지도 깨닫지도 않는다."
투사	아동이 거부하는 사람 또는 표상에 대한 특징, 느낌, 소망, 생각을 다른 사람이나 물건으로 옮김 –"나는 나의 것을 밖으로 드러내어 다른 사람이나 물건에 주입하고 있다."
함입	놀이 활동에서 한 등장인물 또는 대상이 자신의 고유한 특성을 외부로부터 가져와 자기 내면을 바꾸어 놓음 –"나는 이것을 곧이곧대로 듣고, 나 자신 안으로 받아들인다."
퇴행	놀이 활동에서 아동이나 등장인물이 좀 더 어린 아동의 행동양식이나 표현으로 되돌아감 –"나는 시간을 거꾸로 거슬러 가고 있다."
신체화	놀이 활동에서 아동이나 한 등장인물의 신체적 증상만 생각하고 있음 –"내 몸이 나에게 호소한다."
자기 자신을 공격	아동 또는 등장인물 1명이 다른 누군가가 다치지 않도록 하기 위해 받아들여질 수 없는 충동(공격성)을 자신에게로 향하게 바꿈 –"나는 나 자신을 때리고 있다."
회피	두려운 대상, 상황이 자신을 위협한다고 느끼며 (순식간에) 피함 –"나는 위험에서 도망치고, 심지어 그것을 보지도 않을 것이다."

출처: Chazan (2012).

② 경직되고 대립된 놀이를 하는 아동: 경직되고 대립된 놀이는 '제한'이라는 공통점이 있고, 놀이에서 갑작스러운 변화나 중단이 나타난다. 이런 놀이는 아동이 받은 위협적인 스트레스에 대처하지 못한 실패를 반영하는데, 위협의 정도가 높아지면 아동은 불안을 느끼는 영역에 대해 문을 닫아 버린다. 이는 아동이 통제력을 잃고 자신의 충동을 행동으로 나타내거나(acting out), 놀이를 중단하고 밖으로 나가 버리는 행동으로 나타날 수 있다. 이들의 놀이에서는 일반적으로 관찰되는 놀이 흐름의 규칙성이나 조절, 점진적인 변화가 결여되어 있다. 놀이 활동은 피상적이며, 아동의 상상은 간접적이고 요약된 형태로 묘사될 수 있다. 또한 대립된 놀이 활동은 항상 경직되어 있고 상반되는 것으로 분리되어 엄격하게 통제되며, 적대적 관계 또는 갈등의 한쪽 측면만을 드러내는 시나리오로 표현되기도 한다. 이들의 비적응적 전략은 위협적인 생각, 감정, 상호작용으로부터 자신을 방어하는 것에 집중되어 있다.

〈표 4-7〉 경직되고 대립된 놀이를 하는 아동의 비적응적 전략

전략	내용
부정	아동은 트라우마 경험, 고통스러운 감정, 외부 세계의 한 면인 현실에 대한 인정을 거부함 -"나는 (고통스러운) 경험을 차단하고, 나 스스로를 고립시키고 있다. 나는 그것이 발생하지 않았거나 존재하지 않는다고 믿는다."
분열	위협적인 속성에 대해 자신 또는 다른 사람의 한 측면으로 인식하지 않음 -"'나' 또는 '다른' 사람의 두 가지 상반되는 측면이 분리되고 연결되지 않는다."
투사적 동일시	자신 또는 타인의 부정적이고 공격적인 부분을 위협적으로 느끼고 타인에게로 외현화시킴. 아동은 보복에 대한 두려움 때문에 타인을 통제하여 공격으로부터 자신을 지키고자 방어함 -"속성(또는 경험)은 나의 밖에 있다. 나는 그것을 아주 가까운 거리에서 적극적으로 품고 있으므로 그것은 나에게로 되돌아오지 않는다."

일차적 이상화	사람이나 물체가 한 가지 또는 여러 특성 때문에 다른 것 이상으로 존중받음 -"너(나)는 완벽하고 순수하고, 강력하다. 너(나)와 함께 있으면 나는 너와 　(너는 나와) 같아질 수 있다."
일차적 평가 절하	자기 자신이나 다른 사람을 완전히 평가절하함 -"당신은(나는) 쓸모없어."
전능한 통제	아동은 자신이 특별해지길 바라고, 최고로 강력해져서 강압적으로 외부 세 계를 통제하려고 함 -"나는 모든 사람들을 내 통제 아래 두어야 한다."
공격자 동일시	아동은 다른 사람을 공격하고 강요하는 '나쁜 사람'과 자신을 동일시함. 즉, 강 자의 역할을 하면서 약하고 상처 입기 쉬운 것에 대한 불안을 진정시킴 -"나는 크고 강하다. 그래서 내가 원하는 대로 할 수 있다."

출처: Chazan (2012).

③ 극도로 불안하고 고립된 놀이를 하는 아동: 이러한 아동이 경험하는 불안
의 정도는 자기 자신을 압도할 만큼 위협적이다. 이들은 다른 사람들이
자신을 위협하는 것처럼 피하고 주변 환경으로부터 고립되어 있으며,
오로지 자신의 내면세계에만 머무는 것처럼 보인다. 아동의 의사소통
이나 놀이 방법은 원시적이고 정서표현이 충분히 발달하지 않은 탓에
특이하고 종종 이해하기 어렵다. 일반적으로 자폐증 범주에 있는 아동
들이 대부분 이렇게 극도로 불안하고 고립된 방법으로만 놀이를 하는
경향이 있다. 이들은 안전감을 얻기 위해 즉각적인 감각운동 경험에 의
존한다. 생명이 없는 사물, 물건의 한 부분에서의 구체적인 감각 경험이
그들의 관심사가 된다. 아동 놀이에서는 정서와 상징이 드러나지 않고,
사회적 상호작용에 대한 자발성과 즐거움이 부족하여 경직된 짧은 상
호작용이 반복된다.

〈표 4-8〉 극도로 불안하고 고립된 놀이를 하는 아동의 비적응적 전략

전략	내용
탈분화	몇 개의 항목들이 정체성을 잃고 뒤섞여 있고 순서와 질서가 없는 상태 -"모든 것이 함께 섞여 있다. 이것들은 모두 똑같다."
억제	사고, 정서, 행동에 있어서 극단적인 고집과 집요한 반복, 경직된 반복이 나타남. 세 가지 특성이 모두 나타나야 하며, 자기 또는 타자에 대한 아동의 편협한 지각이 관찰됨 -"그것은 하나의 영역에만 있어야 한다. 그것은 똑같은 이야기로 국한되어야만 한다."
비활성화	살아 있는 대상이 생명이 없는 상태가 됨 -"그것은 정지되어 있고 아무것도 하지 않고 있다."
분산	자기 또는 타자의 위험한 면들이 조각으로 부서지고 흩뿌려짐 -"그것은 조각으로 부서지고 주위에 뿌려져서 더 이상 위험하지 않을 것이다."
해체	사람 또는 놀잇감은 연결되지 않은 부분으로 축소됨 -"그것은 연결되어 있지 않고, (몸 또는 주제의) 부분은 더 이상 서로에게 묶여 있지 않다."
자폐적인 보호	놀이 활동을 통해 아동은 자기가 주변 환경과 치료자로부터 고립되어 있음을 전달. 놀이 활동은 전부를 에워싸고 있고, 보호하는 장벽이 됨 -"나는 그것을 벽으로 두른 내면에 보관하고 있다."
융합	자기와 타자 사이, 내부와 외부 세계 사이의 경계는 연속적인 단일 상태로 흐릿하게 됨 -"나는(그것은) 무한함 속에서 모든 것을 잃었다. 모든 것이 전부 혼합되었다."
동결	자기와 타자의 기능이 살아남기 위해 멈춰짐 -"나의 공포를 조절하기 위해 나는 모든 것을 멈추고 그대로 그것을 유지한다."
건강 염려증	위험한 생각과 충동을 신체 기관을 통해 경험함. 타인을 통해 느끼는 현재의 공포가 자신의 일부분에 대한 공포로 변형되면서 신체 부위가 아픈 것으로 경험됨 -"공포가 다시 나타나서, 나를 다치게 한다."
정서의 역전화	적절한 감정은 그것의 반대 감정으로, 종종 기괴하고 부적절한 반대 감정으로 대체됨 -"나는 무서운데, 그것이 나를 웃게 만든다. 그것은 유쾌하다."

출처: Chazan (2012).

3) CPTI 프로파일의 활용

놀이치료 과정에서 놀이치료자는 내담 아동의 전략을 측정하고 분석하여 아동의 변화를 [그림 4-1]과 같이 시각화할 수 있다.

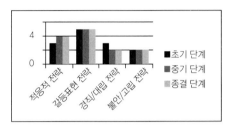 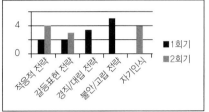

[그림 4-1] CPTI 프로파일 활용 예시

3. 놀이 평가 보고서 작성

놀이 평가로부터 추론한 최종적인 결론의 정확성은 평가자의 기술에 상당히 의존한다(Gitlin-Weiner et al., 2004). 놀이 평가 보고서에서는 초기 수집 자료와 각 평가 영역을 통합하여 아동의 발달에 대한 전체적인 지도를 제시해야 한다. 평가자는 가장 먼저 모든 정보를 정리하여 발달적 맥락에서 아동이 어느 위치에 있는지 파악하고, 아동의 현재 기능 수준에 대한 전반적인 인상을 기록한 후 행동, 인지, 정서, 사회성과 같이 소속된 기관 또는 학회에서 요구하는 양식에 맞게 평가 보고서를 작성한다. 평가 영역 및 양식은 놀이치료자의 필요에 따라 새롭게 개발 또는 변형할 수 있다. 또한 상황에 따라 일회성으로 놀이 평가가 진행되기도 하지만, 놀이치료 상황에서는 1~4회기 놀이치료 단계를 요약하기도 한다. 이 책에서는 〈표 4-9〉에 하나의 보고서 양식을 예시로 제시하고, 영역별 작성 방법을 기술한다.

〈표 4-9〉 놀이 평가 양식

아동명:	성별:	연령:	만 세 개월 □ 미취학
			□ 취학(학년)
평가자:		평가일:	년 월 일

1. 첫인상 및 태도

 평가자의 눈으로 확인할 수 있는 외적 특성을 묘사하듯 기술한다. 아동의 신체 성숙도 (예: 키, 체격)과 신체 특징(예: 피부색, 머리 모양 등), 표정과 인상, 옷차림, 위생 상태 또는 계절에 맞는 옷을 입었는지 등. 이때 '아동이 실제 연령보다 어려 보이거나 나이 들어 보이는지, 시간과 장소에 따라 발달의 기능 수준이 달라지는지'에 대해 관찰하는 것은 유용하다(Gitlin-Weiner et al., 2004). 놀이치료자는 이를 통해 타인에게 아동이 어떻게 인식될지, 그리고 아동이 사회적 상황에서 어떤 반응을 보일지 알 수 있다.

또한 기관에 방문해서 평가 전까지 아동이 어떤 행동을 했는지, 보호자와 분리 시 어떤 태도를 보였는지, 평가자를 처음 마주했을 때 반응은 어땠는지 기술한다. 아동의 발달 수준이 다양한 대인 관계에서 일관적인지 확인하는 것은 아동이 자신의 욕구를 충족시키기 위해 사용하는 전략을 이해할 수 있게 한다.

2. 행동 및 활동

아동의 행동 범위와 크기, 활동량, 탐색 수준, 조작 및 협응 능력, 충동성, 주의력, 공격 행동, 기타 행동 특성에 관해 기술한다.

3. 언어

두 가지 측면의 언어 사용에 관해 기술한다.
1) 언어표현: 발화량과 발화 수준, 조음 명료도, 말더듬 유무, 목소리 톤,
2) 언어 이해: 지시 따르기, 질문의 이해, 반향어 유무

4. 인지

아동의 지능, 현실 검증력(사고력 미숙, 왜곡, 비현실성), 인지 및 대처 양식, 주의집중력에 대해 기술한다. 앞서 언급한 Piaget의 발달 단계와 연결하여 아동의 인지 기능을 설명할 수도 있다(예: 아동은 학령기 아동이나 인지 기능이 전조작기 수준으로, 논리적이고 체계적으로 자신의 경험을 구조화하고 행동을 계획하는 데 어려움이 있을 것으로 보임).

5. 정서와 감정

놀이 상황에서 관찰되는 감정의 다양성과 유형(기쁨, 즐거움, 불안, 우울, 분노, 적개심), 정서(놀이 주제를 통해 볼 수 있는 아동이 주로 경험하고 있는 감정)를 기술한다. 또한 아동의 연령을 고려하여 자신의 정서 경험을 언어로 전달할 수 있는지 살펴볼 필요가 있다. 다음의 질문은 네 가지 범주의 감정(불안 관련 정서, 우울 감정, 화난 감정 및 공격적인 감정, 긍정적인 감정)을 관찰할 때 유용하다(Gitlin-Weiner et al., 2004).

- 내담 아동은 이 모든 감정을 느낄 수 있는가?
- 어떤 유형의 감정이 우세한가?
- 불쾌한 감정들 중 아동이 가장 혐오적으로 경험하는 것은 무엇인가?
- 아동의 정서적 균형이 유쾌한 혹은 불쾌한 쪽으로 치우치고 있는가?
- 아동은 감정의 범주 안에서 어느 정도의 강렬함을 경험하는가? 극치의 즐거움뿐 아니라 사소한 기쁨도 경험할 수 있는가?
- 아동은 정서를 유발한 상황에 맞게 정서의 강도를 조율할 수 있는가?(지나친 반응, 과소반응은 자신의 욕구를 일관되고 적절하게 충족시킬 수 없음)

6. 사회성

평가자에 대한 아동의 태도, 눈 맞춤 정도, 상호작용 및 친밀감에 대한 욕구, 언어적-비언어적 상호작용의 양상 및 수준, 수용 정도, 의존 정도, 자기표현 및 주장의 양상 및 수준, 제한에 대한 수용, 경쟁적 태도 등에 대해 기술한다.

7. 놀이 내용

아동이 선택한 놀이, 놀이 행동과 주제를 기술한다. 또한 놀이 시의 주도성, 놀이 맥락의 변화, 놀이 단절, 놀이를 종료하고 퇴실 시의 태도를 기재할 수 있다. 나이가 있는 아동의 경우 짧은 면담을 병행할 수도 있다. '세 가지 소원' '변하고 싶은 동물'과 같은 질문을 활용하거나 주호소 문제와 관련하여 이야기를 나눌 수도 있다.

참 고 문 헌 ▽

곽금주, 김민화, 한은주 (2004). 영아-어머니의 상호작용 방식과 영아기 사회적 의사소통능력. 유아교육지, 25(5), 111-128.

이경숙(2020). 장난감을 이용한 가상놀이에서 18개월 영아와 어머니의 놀이행동. 숙명여자대학교 대학원 박사학위논문.

이영애(2019). 놀이치료 다영역 평가척도(MSSPT)의 개발 및 타당화 연구. 한국놀이치료학회지, 22(1), 123-150.

Chazan, S. E. (2012). 놀이 프로파일(유미숙, 이영애, 윤소영 공역). 서울: 시그마프레스. (원서출판 2002).

Erikson, E. H. (1950). Growth and crises of the "healthy personality." In M. J. E. Senn (Ed.), *Symposium on the healthy personality* (pp. 91-146). Josiah Macy, Jr. Foundation.

Fasulo, A., Shukla, J., & Bennett, S. (2017). Find the hidden object. Understanding play in psychological assessments. *Frontiers in Psychology, 24*, 1-12.

Fenson, L. (1986). The developmental progression of play. In A. W. Gottfred & C. C. Brown (Eds.), *Play interactions: The contrigution of play materials and parental involvement to children's development.* Laxington, MA: Heath.

Gitlin-Weiner, K. G., Sandgrund, A., & Schaefer, C. (2004). 놀이 진단 및 평가 제2판(송영혜 외 공역). 서울: 시그마프레스. (원서출판 2000).

Halfon, S. (2017). Play profile constructions: An empirical assessment of children's play in psychodynamic play therapy. *Journal of Infant, Child, and Adolescent Psychotherapy, 16*(3), 219-233.

Hughes, F. P. (2006). 놀이와 아동발달(김광웅, 유미숙, 박영애, 유가효, 최영희, 방은령 공역). 서울: 시그마프레스. (원서출판 1999).

Ilg, F., Ames, L., & Baker, S. (1981). *Child behavior: The classic child care manual from the Gesell Institute of Human Development.* New York: HarperPerennial.

Kernberg, P., Chazan, S., & Normadin, L. (1998). The Children's Play Therapy Instrument(CPTI) Description, Development and Reliability Studies. *Journal of Psychotherapy, Practice & Research, 7*(3), 196-207.

O'Connor, K. J., & Ammen, S. (2009). 놀이치료 치료계획 및 중재(송영혜, 김은경, 김귀남 역). 서울: 시그마프레스. (원서출판 1997).

Piaget, J. (1962). *Play, dreams, and imitation in childhood.* New York: Norton.

Ray, D. C. (2016). 고급 놀이치료(이은아김, 민성원 공역). 서울: 시그마프레스. (원서출판 2011).

Rovert, K. (2016). **아동과 발달**(권민균, 김정민, 최형성 공역). 서울: 시그마프레스 (원 서출판 2015).

Russ, S. W., & Niec, L. N. (Eds.). (2011). *Play in clinical practice: Evidence-based approaches*. New York, NY: Guilford Press.

Smith, D. T. (2000). *Parent-child interaction play assessment*. In K. Gitlin-Weiner, A. Sandgrund & C. Schaefer (Eds.), Play diagnosis and assessment (pp. 228-261). John Wiley & Sons, Inc.

Westby, C. E. (1991). *A scale for assessing children's pretend play*. In C. E. Schafer, K. Gitlin, & A. Sandgrund (Eds.), *Play diagnosis and assessment*. New York: John Wiley.

제5장

아동-양육자 상호작용 평가

양육자는 아동의 발달에 있어 중요한 대상이다. 특히 아동과 양육자의 관계는 아동의 초기 사회·정서 발달의 핵심으로 알려져 있다(Rosen, 2018). 아동은 양육자와의 관계적 맥락에서 정서에 대한 이해와 정서 조절 기술을 습득하고(Laible & Thompson, 2007), 사회적 기술을 배운다(Rosen, Adamson, & Bakeman, 1992). 출생 직후 혹은 태내에서부터 시작되는 아동과 양육자 간의 상호작용은 아동-양육자 관계의 질을 결정한다(Gitlin-Weiner, Sandgrund, & Schaefer, 2004). 따라서 놀이치료자는 이들 간의 상호작용을 관찰함으로써 아동-양육자 사이에 형성된 관계가 아동의 발달에 어떻게 작용해 왔는지, 현재 아동의 정서·행동상의 어려움과 어떤 관련성이 있는지에 관한 유용한 정보를 얻을 수 있다.

이 장에서는 먼저 일반적으로 관찰되는 아동-양육자의 놀이에 대해 살펴볼 것이다. 제4장의 놀이 평가에서 전형적인 아동의 발달과 놀이의 흐름에 대해 배운 것과 같은 이유로, 아동-양육자의 상호작용을 관찰할 때도 일반적으로 관찰되는 놀이의 형태와 내용이 기준이 된다. 또한 아동-양육자 상호작용 관찰 시 눈여겨볼 부분으로 양육자의 놀이 행동 및 태도와 상호 주의하기 능력에 관해 기술한다. 그리고 임상 현장에서 상호작용 평가를 활용할 때 참고할 수 있도록 자유 놀이 상황에서의 평가 방법과 구조화된 관찰평가 방법인 MIM을 소개한다.

1. 아동-양육자 놀이의 일반적인 내용

생애 초기부터 나타나는 아동과 양육자 간의 놀이는 무언의 응시로 시작되어 상호작용의 강도나 속도에 변화를 주면서 유지되고, 유아의 주의집중이 떨어지면서 끝나게 되는 사회적 상호작용이다(Stern, 1977). 아동-양육자

놀이는 자연스럽게 나타나는 행동으로, 아동과 양육자의 놀이에서 일반적으로 관찰되는 형태와 내용에 대해 아는 것은 놀이치료자가 평가 기준 및 치료 계획을 세울 때 도움이 된다. 놀이치료자는 해당 내용을 바탕으로 아동의 양육사(養育史)를 탐색하거나, 아동-양육자의 관계를 증진하기 위해 혹은 아동의 발달을 촉진하기 위해 어떤 상호작용이 필요한지 판단할 수 있다. 여기에서는 일반적인 아동-양육자 관계에서 나타나는 놀이와 상호작용 방식과 평가 시 관찰해야 할 영역인 양육자의 놀이 행동 및 태도, 상호 주의하기 능력에 대해 기술한다.

1) 일반적인 아동-양육자 상호작용

아동-양육자 놀이는 태내에서부터 나타날 수 있다. 어머니는 배를 쓰다듬거나 리듬감 있게 두드리면서, 목소리를 들려주면서 교감하기도 한다(Courtney, 2020). 출생 후에는 양육자의 주도로 상호작용이 시작되고, 아동이 성장함에 따라 만 1세 이후부터는 점차 아동의 주도가 증가한다(곽금주, 김민화, 한은주, 2004; Fiese, 1990). 따라서 아동-양육자 간 상호작용을 평가할 때 양육자가 아동의 발달 수준과 욕구에 따라 양육 행동을 적절히 조율해 왔는지, 양육자에 대한 아동의 반응과 주도성은 어땠는지 탐색하는 것은 의미 있는 통찰을 제공한다.

아동-양육자의 놀이는 단순한 신체 놀이에서 시작하여 함께 장난감을 가지고 노는 대물 놀이로 발전하고, 아동의 인지가 발달하면서 가상 놀이 단계에 이르게 된다. 〈표 5-1〉은 생후 1년 동안 어머니와 유아에게서 관찰되는 놀이의 유형을 보여 준다.

〈표 5-1〉 생후 1년간 관찰되는 어머니-유아 놀이의 유형

연령	놀이 유형	정의
1~6개월	이야기해 줘	어머니는 유아의 발성을 이끌어 내려 한다. 어머니는 단어를 말하고 유아가 따라서 소리를 낸다.
	다가가서 잡기	어머니가 우스꽝스러운 얼굴을 하고 아기의 얼굴 가까이에 갖다 대거나 신체 접촉을 한다.
	손가락으로 걷기	유아의 몸 위를 손가락으로 거미처럼 걸어 다닌다.
	이렇게 커!	유아의 팔을 위로 뻗어 올리면서 "이렇게 커!"라고 말하고 더 크게 보이게 만든다.
	쎄쎄쎄	유아의 손을 잡고 '쎄쎄쎄'를 반복한다.
	까꿍	어머니나 아기의 얼굴을 숨겼다가 다시 나타난다.
3~8개월	간질이기 게임	유아의 몸을 간질이거나 가볍게 자극한다.
	신체 움직이기	유아의 몸을 어머니의 머리 위로 들어 올리거나, 팔다리를 움직이고, 박수 치기, '빠이빠이' 하며 손 흔들기 등
	시연하기	쎄쎄쎄, 까꿍, 박수치기와 같은 움직임을 유아에게 보여 준다.
	말타기	어머니의 무릎이나 발 위에 유아를 앉혀 놓고 튀어 오르게 한다.
	공놀이	일정한 방식으로 공을 주고받는다.
7~13개월	거친 신체 놀이	유아를 공중으로 들어 올리거나 흔들거나 빙글빙글 돌린다.
	물건으로 자극하기	유아의 피부를 물건으로 자극하거나, 물건이 다가오는 놀이를 한다.
	독자적인 장난감 놀이	유아와 어머니는 물건을 공유하거나 협조하지 않고 혼자 놀이한다.
	협조적인 장난감 놀이	유아와 어머니는 같은 물건을 만지고 교환한다.
	탑	한 사람은 블록으로 탑을 쌓고, 다른 사람은 무너뜨린다.
	지적하고 이름 말하기	한 사람이 "이게 뭐지?" 하고 묻고 다른 사람은 답한다(또는 물건을 가리킨 다음에 기대를 가지고 상대방을 본다).
	읽기	같이 책을 읽거나 그림을 가리킨다(어머니는 소리 내어 읽거나 그림을 설명한다).
	역할게임	술래잡기와 같이 분명한 역할을 가진 게임을 한다.
	가상놀이	장난감이 실제인 것처럼 행동하며 놀이한다.

출처: Gitlin-Weiner et al. (2004).

한편, 모든 놀이가 아동-양육자 관계의 질과 관련이 있는 것은 아니다. 아동-양육자 간 상호작용의 질을 평가하기에 특히 유용한 놀이는 사회적 가상 놀이이다(Gitlin-Weiner et al., 2004). 가상 놀이는 아동의 표상 능력의 발달에 있어 중요한 활동으로, 양육자의 참여에 따라 아동의 가상 행동의 양(Spencer & Meadow-Orlans, 1996), 빈도 및 시간과 다양성(김훈지, 김명순, 2019; Bornstein, Hynes, Legler, O'Reilly, & Painter, 1997; Lillard et al., 2013)은 영향을 받는다. 즉, 영아에게 놀이 기회를 만들어 주기, 놀이를 소개하거나 시범을 보이기, 놀이 확장하기와 같이 어머니가 놀아 주는 방식은 영아의 가상놀이 발달을 촉진한다(이경숙, 2020). 또한 가상 놀이 시간 및 수준은 애착에 따라 달라지는 경향이 있다. 20개월 유아를 대상으로 한 Bornstein 등(1997)의 연구에서는 안정 애착 아동이 불안정 애착 아동보다 가상 놀이에 더 많은 시간을 보내고, 더 높은 수준으로 오랫동안 놀이하는 것이 관찰되었다. 이를 고려할 때, 아동-양육자 간 가상 놀이는 아동의 인지 발달 수준을 이해하는 데 도움이 될 뿐 아니라 아동의 발달을 촉진하는 양육자의 양육 행동, 그리고 아동-양육자의 의사소통 패턴을 관찰하기에 적합하다. 따라서 놀이치료자는 가상 놀이 상황에서 관찰되는 아동과 양육자 간 상호작용의 질을 평가하여 아동에게 어떤 양육 환경이 제공되고 있는지 살피고, 필요하다면 양육자에게 상호작용을 가르칠 수 있을 것이다. 한편, 아동-양육자 상호작용 관찰 시에는 양육자의 양육 행동 외에도 아동과 양육자의 상호 주의하기 능력에 대해 살펴볼 필요가 있다(Gitlin-Weiner et al., 2004).

2) 양육자의 놀이 행동 및 태도

일반적으로 연령이 어릴수록 양육자는 아동의 관심과 주의를 끌며 놀이가 활성화될 수 있도록 돕고, 아동이 나이가 들면 양육자는 점차 아동이 놀이나 활동을 주도해 보도록 지지하고 발판을 제공한다(이영신, 2017; Fiese, 1990).

어린 아동과의 상호작용에서는 양육자가 장난감 조작 방법을 알려 주는 것과 같은 실질적인 도움을 주고, 사물에 이름을 붙이고 설명하며, 먼저 가상 행동을 보이거나 제시하면서 놀이 활동을 촉진할 수 있다. 중요한 건 양육자의 유연성과 민감성이다. 발달 과정에 있는 아동은 계속해서 변화하기에 상호작용 방식 또한 아동의 발달에 맞춰 조율되어야 한다. 예를 들어, 만 1세 미만의 영아와 놀이할 때 양육자는 사물의 이름을 알려 주거나 놀이를 소개하는 놀이 행동을 할 수 있지만, 가상 놀이를 하는 만 2세 미만의 영아에게는 다른 접근이 필요하다. 양육자는 언어 사용이 원활하지 않은 영아가 무엇을 보고 있고 어떤 반응을 보이는지 비언어적 신호를 관찰하여 영아의 욕구에 맞는 반응을 해 줌으로써 가상 놀이의 발달을 지원하는 것이 좋다(이경숙, 2020; 이영신, 2017). 더 높은 차원의 자극을 원하는 영아에게 단순하게 명명하는 놀이를 하거나, 영아가 이해할 수 없는 수준의 자극을 제공하는 것은 놀이 발달에 도움이 되지 않는다(이경숙, 2020).

아동이 나이가 들어 가면 양육자는 아동의 주도성을 끌어내기 위해 새로운 시도를 해야 한다. 양육자는 기존의 놀이를 변화시켜 아동의 흥미를 끌어올리거나, 좀 더 수동적인 태도를 취하면서 상호작용을 해 주는 놀이 상대가 되어 주고, 아동이 제안하는 새로운 놀이를 수용하고 격려하는 모습을 보일 수도 있다. 반면, 놀이하는 아동의 관심을 돌리거나, 선택을 제한하고 놀이를 방해하는 것, 즉 아동의 주도를 존중하지 않는 태도는 아동의 발달에 도움이 되지 않는다. 관찰 상황에서 놀이치료자는 아동-양육자 관계의 일부만을 보지만, 그 모습은 그들의 관계를 압축적으로 보여 주는 것일 수 있다. 애착이론에서는 영·유아기 동안 부모가 자녀의 신호에 민감하고 반응적으로 대해 줄 때, 아이는 '자신의 욕구가 부모에 의해서 충족될 것'이라고 기대하는 인지-정서 작동 모델을 발달시킨다고 설명한다(두정일, 2014). 놀이 상황에서 표현되는 아동의 관심, 욕구, 비언어적 신호에 대한 양육자의 민감성은 이들의 관계 특성 및 질을 이해하는 단서가 된다.

〈표 5-2〉 아동의 놀이 행동에 대한 양육자의 반응

부호화	정의
장난감에 대해 이야기함	장난감을 설명하거나 놀이 방법을 보여 주고, 장난감을 가지고 노는 아동 행동의 결과에 대해 이야기함
놀이를 도와줌	유아가 장난감을 가지고 놀도록 손을 이끌거나 장난감을 움직여 관심 끌기
놀이를 제안함	장난감으로 놀이 활동을 하기 위해 유아에게 제안
놀이를 보여 줌	장난감을 가지고 노는 활동을 유아에게 보여 줌
아동의 주의를 분산시킴	아동이 놀고 있는 장난감이 아닌 다른 것으로 관심을 돌림
놀이를 방해함	장난감을 가져가거나, 유아를 들어 올려 유아가 하고 있는 놀이를 방해함

출처: Gitlin-Weiner et al. (2004).

3) 상호 주의하기 능력

아동-양육자 간 상호작용의 질은 단지 양육자의 민감성으로만 결정되지 않는다. 양육자의 놀이 행동은 아동의 반응에 영향을 받는다(이경숙, 2020). '상호 주의하기(joint attention)'는 영아가 흥미 있는 대상이나 사건에 관한 경험을 공유하기 위해 타인에게 눈 맞추기와 같은 행동을 사용하는 능력으로, 사회적 상호작용을 위해서는 이 능력이 전제되어야 한다(김민화, 곽금주, 2004). 아동-양육자 간 상호작용의 첫 번째 단계는 관심 또는 대상의 공유이다. 관심의 공유는 아동과 양육자가 같은 활동을 하거나 같은 대상을 쳐다볼 때 또는 한 사람이 놀고 있는 상대방을 지켜볼 때 일어나는 것으로(Gitlin-Weiner et al., 2004), 이때 놀이치료자는 아동과 양육자 각자의 '반응성'과 '주도성'을 관찰할 필요가 있다. 이는 '주의 따르기'와 '주의 전환'이라는 용어로 설명되기도 하는데(김민화, 곽금주, 2004), 먼저 '주의 따르기'는 반응성에 해당하는 것으로, 상대방이 초점을 두고 있는 사물이나 사건에 대한 주의적 단서를 따라가는 능력을 의미한다. 아동 또는 양육자는 상대방이 관심 있어 하는 것 혹은 주의를 끌고자 하는 시도에 반응하며 주의를 집중할 수 있어야 한다. 또한 '주의 전환'은 상대방의 주의를 한 사물에서 다른 사물로 옮기기 위해 직접적인 상호작용을 주도하는 것이다. 즉, 상대방의 주의를 끌기 위해 아동 또는 양육자가 어떻게 상호작용을 시도하는지를 의미한다. 놀이치료자는 아동 또는 양육자가 함께 있는 상황에서 장난감이나 놀이 상대를 쳐다보고 집중하는지, 장난감이나 관심사를 어떻게 공유하고 같이 활동하는지 혹은 하지 않는지 살펴볼 수 있다. 또한 아동이 양육자에게 장난감을 주는지 혹은 보여 주기만 하는지, 양육자가 건네주는 장난감에 대해 어떻게 반응하는지(예: 받음, 무시함, 반응함, 되돌려 줌, 뺏어 감 등)를 통해서도 정보를 얻을 수 있다.

〈표 5-3〉 관심 공유의 측정

부호화	정의
참여하지 않기	아동은 눈으로 탐색하기는 하지만 특정 활동에 참여하거나 사람과 교류하지 않음
방관하기	아동은 다른 사람의 활동을 관찰하기만 하고 참여하지 않음
사람	사람과 함께 하는 놀이에만 참여함
대상	가까이에 있는 장난감만 가지고 놀이함
수동적 공유	아동은 양육자와 같이 놀지만, 양육자의 존재나 참여를 인식하지 못하는 것처럼 보임
조화로운 공유	아동은 양육자, 양육자가 가지고 있는 사물 모두에게 관심을 보이고 참여함

출처: Gitlin-Weiner et al. (2004).

2. 자유 놀이 상황에서의 아동-양육자 상호작용 평가

아동과 양육자의 상호작용을 평가하는 방법은 구조화된 실험실 상황에서부터 가정에서의 자유 놀이 관찰까지 다양하다. 자유 놀이 관찰은 자연스러운 맥락에서 아동과 양육자의 놀이 행동을 관찰하기 위해 과제나 지시를 최소화한 상황에서 이루어진다. 놀이치료자는 양육자 또는 아동에게 "우리는 당신의 아이가 장난감을 어떻게 가지고 노는지 보려고 해요. 아이와 자유롭게 놀거나, 집에서 하는 것처럼 무엇이든 해 보세요." 혹은 "집에서 노는 것처럼 놀아 보세요."라고 이야기하며 관찰을 시작한다.

관찰은 아동이 불안해하지 않도록 가능한 한 가정과 유사하게 꾸며진 공간에서 이루어지는 것이 좋으며, 가정에서 사용하는 놀잇감을 쓰기보다 표준화된 장난감 세트를 제공하여 장난감 때문에 아동과 양육자의 놀이가 영향받는 일이 생기지 않도록 해야 한다(Gitlin-Weiner et al., 2004). 장난감은 일반적으로 탐색 놀이부터 정교한 가상 놀이까지 다양한 놀이 행동을 이끌어 낼 수 있도록 구성되지만, 관찰하고자 하는 목적에 따라 달라질 수 있다. 예를 들어, 유아와 양육자가 함께 놀이하는 사회적 놀이를 관찰하고자 한다면 공, 블록, 인형, 책과 같은 장난감을 제공하고, 성인의 도움이 필요한 복잡한 장난감을 제공함으로써 유아가 성인에게 도움을 요청하고(Matas, Arend, & Sroufe, 1978) 문제해결을 위한 도구로 이용하는지(Mosier & Rogoff, 1994)를 볼 수도 있다.

아동-양육자 간 상호작용 평가 시 고려할 사항 중 하나는 자신이 관찰된다는 것을 알고 있는 피험자가 자기의식적 비표상 행동(self-conscious unrepresentative behavior)을 보일 수 있다는 점이다(Gitlin-Weiner et al., 2004). 특히 성인 양육자는 관찰에 대한 부담으로 평소와 다르게 행동할 수 있기 때문에 다음과 같이 접근하는 게 도움이 된다.

- 양육자에게 시간적 여유를 제공한다. 관찰 상황에 적응하도록 놀이 행동을 기록하지 않는 5분 또는 그 이상의 시간적 여유를 제공하면, 양육자들은 대부분 몇 분 내에 관찰되고 있다는 사실을 잊게 된다.
- 양육자에게 우리는 양육자가 아동과 '어떻게 노는지'에 관심이 있으며,

노는 데 '옳은' 방법이 있는 것은 아니라는 점을 이야기한다.
- 관찰자가 양육자와 아동의 눈에 띄지 않도록 주의한다. 관찰자는 관찰 거울을 사용하거나 비디오카메라를 설치할 수 있고, 같은 방에 있어야 하는 경우 양육자 및 아동과 눈 맞춤, 대화를 최소화해야 한다.

자유 놀이를 관찰할 때는 사전에 어떤 행동을 측정할지, 관찰 내용을 어떻게 기록할지 결정해야 한다. 아동과 양육자의 놀이 행동은 녹화 또는 녹음을 통해 언어로 서술되거나 관찰자의 설명, 부호화 작업을 통해 기록될 수 있다. 신뢰성 있는 측정을 위해서는 관찰할 행동을 정확하게 정의하고(Hawkins, 1982), 이를 효과적으로 기록할 수 있는 부호화 도식을 개발하는 것이 좋다 (Reid, 1982). 〈표 5-4〉에 제시된 것처럼 관찰하고자 하는 놀이 행동을 정의하고 유형을 분류한 후, 각 유형별로 간단한 부호를 부여하면 관찰 내용을 기록하기에 용이하다. 이와 같이 놀이치료자는 관찰하고자 하는 목적에 따라

〈표 5-4〉 놀이 관찰 부호화 예시

놀이 행동 유형		조작적 정의
어머니 주도 행동	㉠ 소개	영아가 장난감으로 놀이하지 않을 때 (영아의 시야 내로) 새로운 장난감을 보여 주거나 내미는 행동(예: 보여 주기, 이름 대기, 작동해 주기 등)
	㉡ 개입	영아가 다른 장난감에 관심을 표현하거나 이미 놀이를 진행 중인데 이와 관련 없는 다른 장난감을 영아에게 제공하는 행동
	㉢ 확장	영아가 진행 중인 놀이를 이용하여 다음 가상 행동을 연결하며 주제를 확장하는 행동(예: 누워 있는 인형에 수건을 덮어 재운다, 냄비를 섞는 영아에게 저녁 식사를 준비하자고 주제를 확장)
영아 주도 행동	㉣ 소극 관심	영아가 장난감을 응시만 하기, 억양이나 행동으로 요청 없이 장난감을 쥐고 만지작거리기만 하는 행동
	㉤ 적극 관심	장난감에 관심 보이며(5초 이상 탐색, 조작) 어머니에게 음성, 언어, 행동 등(보여 주기, 가리키기 등)으로 관심을 표현하는 행동

출처: 이경숙(2020).

아동과 양육자의 특성을 고려한 관찰의 초점을 정하고, 개별적인 관찰 기록지를 개발할 수 있다.

3. MIM

MIM(Marschak Interaction Method, 구조화된 관찰평가)은 Marianne Marschak에 의해 개발된 두 사람 사이의 상호작용을 평가하는 도구로, 부모-자녀 관계뿐 아니라 대리양육자, 교사와 아동의 관계 등 성인 양육자와 아동 간 관계의 질과 특성을 평가하기에 적합하다. 이는 구조화된 관찰법으로 구조, 양육, 개입, 도전이라는 네 가지 차원의 행동 범위를 끌어내기 위한 다양한 과제로 구성되어 있다. MIM은 양육자의 능력뿐 아니라 아동의 반응 능력을 평가하며, 관계에서의 문제 영역을 살펴보는 것 외에 양육자와 성인 모두의 강점을 관찰할 기회를 제공한다(Gitlin-Weiner et al., 2004). 놀이치료자들은 MIM을 활용하여 양육자와 아동 또는 가족의 관계 강화를 위한 치료 계획을 세우는 데 가치 있는 정보를 얻을 수 있다. 여기에서는 MIM의 특성과 시행 및 분석 방법을 알아볼 것이다.

1) MIM 특성

MIM은 양육자와 아동 각각에 대해 구조, 양육, 개입, 도전이라는 네 가지 차원을 평가한다. 이들 차원은 양육자가 아동과 애착 형성을 촉진할 수 있는지, 환경에 민감하게 반응할 수 있는지, 아동에게 목적이 있는 행동을 가르칠 수 있는지, 아동이 경험하는 긴장 또는 스트레스를 극복하는 데 도움을 주는지를 관찰하기 위해 개발되었다(Gitlin-Weiner et al., 2004). 각각의 과제들은 양육자와 아동이 적절한 경계선을 유지하면서 수행하는지(자율성 vs 친밀성,

독립성 vs 공생 관계), 그리고 어린 행동과 좀 더 성숙한 행동에서 경험하는 편안함의 정도를 평가하게 한다(Gitlin-Weiner et al., 2004).

〈표 5-5〉는 각각의 영역이 평가하고자 하는 바를 보여 준다. 각 평가 영역이 갖는 의미는 다음과 같다. 먼저, '구조'는 다른 모든 차원의 기초를 형성하는 요소이다. 적절한 구조화가 전하는 메시지는 '안전'이다. 양육자는 경계를 설정하고, 아동이 자신이 살고 있는 세계를 이해할 수 있도록 돕는다. 이를 통해 아동은 안전감을 느끼며 세상을 배울 수 있다. 구조 차원의 과제는 책임을 맡고, 제한을 설정하고, 아동에게 질서 있고 이해 가능한 안정적인 환경을 제공하는 양육자의 능력과 이러한 구조를 수용하려는 아동의 경향성을 평가하기 위해 고안되었다. 두 번째 요소인 '개입(몰입)'은 아동의 발달 수준과 정서 상태에 적절하게 상호작용하여 아동이 활동에 몰입할 수 있게 하는 양육자의 능력을 평가한다. 개입 과제는 단절 또는 고립된 상태에 있는 아동을 끌어내어 즐거운 상호작용을 유도하는 양육의 능력과 정서적으로 조화를 이루는 아동의 반응을 평가하기 위한 것이다. 예를 들어, 양육자에게는 아동이 과제에 몰입할 수 있도록 흥미와 자극을 제공하거나, 위로가 필요한 아동을 진정시켜 다시 과제에 몰입하게 하는 능력이 요구된다.

〈표 5-5〉 MIM 평가 영역

영역	양육자	아동
구조	아동의 안전을 위해 적절한 환경을 제공하고 제한을 설정하는가?	양육자가 제공하는 놀이규칙을 잘 받아들이는가?
개입	아동의 욕구에 민감하고 적절한 방법으로 상호작용하는가?	양육자와 함께 활동에 참여하는가?
양육	아동의 필요를 충족시키고 적절한 돌봄과 양육을 제공하는가?	양육자가 제공하는 양육을 편안해하고 잘 받아들이는가?
도전	아동의 발달에 적합한 수준에서 도전과 격려를 주고 있는가?	양육자의 도전에 무관심하거나 지나치게 경쟁적이지 않고 적절히 반응하는가?

출처: 김수정(2018).

세 번째로, '양육'은 아동에게 편안하고 반응적인 돌봄을 제공하는 양육자
의 능력을 평가한다. 양육 과제는 발달 수준과 상황에 맞게 아동의 욕구에
반응하는 양육자의 능력과 더불어 아동의 긴장, 스트레스를 인식하고 다루
는 민감성을 평가하도록 설계되어 있다. 또한 양육을 받아들이고 안정을 얻
기 위해 아동이 어떤 시도를 하는지, 적절한 자기돌봄 또는 자기조절 능력이
있는지에 대한 관찰도 가능하다. 마지막으로, '도전'은 아동의 발달을 자극하
고, 격려하고, 적절한 기대를 설정하며 아동의 성취에 즐거움을 주는 활동으
로 구성되어 있다. 양육자는 아동이 앞으로 나아가고 좀 더 독립적인 수행을
할 수 있게 격려하도록 기대되며, 도전에 반응하는 아동의 능력 또한 평가할
수 있다.

2) MIM 실시 단계

(1) MIM 준비하기

평가자는 초기 면접에서 얻은 정보를 바탕으로 내담자 가족의 구체적인 정
보를 유도할 수 있도록 MIM 과제를 선택해야 한다. 과제 목록[1]은 구조화되
어 있으므로 평가자는 아동의 연령 및 주호소 문제를 고려하여 네 가지 차원
이 모두 포함된 8~10개의 과제를 선택한다. 단, 부모–자녀에게 MIM을 실시
할 때 어머니와 아버지에게 똑같은 과제를 주지 않도록 주의한다. 또한 구조,
양육 놀이는 첫 활동으로 부담스러울 수 있으므로 피하고, 먹여 주기 활동은
가장 마지막에 넣는 것이 일반적이다(김수정, 2018).

---

1) MIM 과제 목록은 'Booth & Jernberg (2011). **치료놀이**(윤미원, 김윤경, 신현정 공역). 서울: 학지사'
  를 참고할 것.

〈표 5-6〉 3세 이상의 아동과 양육자에게 실시하는 MIM 과제 예시

1. 봉투에서 동물 인형을 하나씩 나누어 갖고 놀이하세요. (개입)

2. 아이가 모르는 무언가를 가르쳐 주세요. (도전)

3. 서로에게 로션을 발라 주세요. (양육)

4. 두 사람에게 익숙한 게임/놀이를 해 보세요. (개입)

5. 성인이 아이에게 아이가 어린 아기였던 시절의 이야기를 해 주세요. (양육)

6. 서로에게 모자를 씌워 주세요. (개입)

7. 성인은 아동을 남겨 두고 1분 동안 방을 떠나세요. (양육)

8. 성인과 아동이 각자 종이, 연필을 나눠 가진 후, 성인이 그린 그림을 아동이 그대로 따라 그리도록 하세요. (구조, 도전)

9. 성인과 아동이 서로 먹여 주세요. (양육)

(2) MIM 실시하기

전형적으로 MIM은 초기 면접 후, 아동과 각각의 부모를 대상으로 수행한다. 보통 30~45분이 소요되며, 모-아, 부-아 MIM을 각각 다른 날에 실시하는 것이 좋으나 상황의 여의치 않으면 약간의 쉬는 시간을 두고 하루에 할 수도 있다(Gitlin-Weiner et al., 2004). MIM은 상호작용을 분석하고 해석 상담에서 활용하기 위해 내담자의 동의하에 녹화한다. 평가자는 평가실 구석이나 일방경 뒤 등 눈에 띄지 않는 곳에서 관찰하는 것이 좋다.

MIM을 할 때는 테이프로 표시하거나, 방석 위에 아동을 앉히는 방법을 통해 양육자와 아동의 영역을 구분하고 시작한다. MIM 도구는 지시문이 적힌 종이와 활동에 필요한 물품을 각각의 봉투에 담고, 봉투 앞면에 진행 순서를 적어서 제공한다. MIM 도구를 양육자 쪽에 두고 "이 카드에는 아이와 함께 할 활동이 적혀 있습니다. 맨 앞의 카드부터 하나씩 실시하시면 되고, 활동 전 카드 내용을 소리 내어 읽으신 후 시작하세요."라고 안내한다. MIM 실시가 끝난 후, 평가자는 다음과 같은 질문을 함으로써 추가 정보를 수집한다.

• 가정에서 관찰되는 아동의 문제 행동이 나타난 활동이 있었나요?

• 양육자가 가장 좋았던/어려웠던(싫었던) 활동은 어떤 것이었나요? 왜 그런가요?

• 아이가 가장 좋아했던/어려워했던(싫어했던) 활동은 무엇인가요? 왜 그럴까요?

(3) MIM 기록 및 해석

평가자는 녹화 영상을 통해 아동−양육자 간 상호작용을 분석한다. 분석 내용은 MIM 활동 기록지를 사용하여 비언어, 언어, 가설, 피드백 내용 순으로 기록한다(김수정, 2018).

〈표 5-7〉 MIM 기호 체계

>	바라보다	∧	올려다보다	>←	~ 향해 이동하다
·>	응시하다	∨	내려다보다	⟷	~ 떠나 이동하다
BC	신체 접촉	BC+	긍정적 접촉	∪	미소
BCi	신체 접촉 시도	BC−	부정적 접촉	∩	찡그림
BCr	신체 접촉에 반응	⊙	거울을 보다		

출처: 김수정(2018).

〈표 5-8〉 MIM 활동기록지 작성 예시

양육자				아동			
피드백	가설	언어	비언어	비언어	언어	가설	피드백
그림을 그리는 데 집중해서 아이의 표정을 알아차리지 못함	양육자는 아동의 욕구나 정서적 상태보다 과업을 수행에 몰입하는 경향이 있음	"엄마가 그린 그림을 따라 그려 봐."	>∪	>∩	−		아동은 자신의 감정이나 의견을 언어로 표현하지 않음. 성인이 민감하게 반응하고 언어화해 줄 필요 있음

출처: 김수정(2018).

(4) MIM 결과 분석

MIM 결과의 경우 일반 영역과 활동 영역의 두 부분을 중심으로 아동-양육자 관계를 분석한다(김수정, 2018). 일반 영역은 지지, 회피, 행동, 느낌으로 구분된다. '지지'는 양육자 역할의 긍정적 측면을 파악하는 것이다. 평가자는 양육자의 강점을 찾아 해석 상담 시 전달한다. '회피'는 아동의 반응에 대한 것으로, 관찰된 장면 중 아동이 양육자의 노력을 회피하는 모습이 있었다면 이에 대해 이야기한다. '행동'은 주목할 만한 아동의 행동에 관해 이야기하는 것으로, 평가자는 "아이가 항상 이런 행동을 하나요?"라고 질문하며 평소에도 자주 보이는 행동인지 질문한다. 또한 이에 대한 양육자의 느낌에 대해서도 이야기를 나눈다. 활동 영역에 대한 분석은 〈표 5-9〉에 제시된 것과 같은 기준을 토대로 이루어질 수 있다.

〈표 5-9〉 활동 영역 평가 기준

영역	평가 기준	도움이 필요한 경우
구조	• 양육자는 아동의 발달 수준에 적절하고 명확한 구조화를 제공하는가? • 아동은 성인의 구조화를 잘 받아들이는가?	• 양육자가 또래나 아동의 역할을 하는 경우 • 제한 설정을 하지 못하는 양육자 • 아동에게 권위를 넘겨 주는 경우 • 지나치게 엄격한 양육자 • 무질서한 상호작용을 하는 양육자 • 반항적이고 자기 방식을 고집하는 아동
개입	• 양육자는 적절한 방법으로 아동의 관심을 끌어낼 수 있는가? • 양육자는 과제 실행을 위해 아동을 즐겁게 참여시킬 수 있는가? • 양육자는 아동의 정서 상태에 대해 공감적 인식과 반응을 보이는가? • 양육자와 아동은 정서적으로 조화를 이루고 있는가?	• 정서에 무관심하고 무감각한 양육자 • 아동을 혼자 두는 것에 불안을 느끼는 양육자 • 아동 스스로 할 수 있는 과제를 대신 해 주는 양육자 • 지나치게 과제지향적인 양육자 • 지나치게 진지하고 심각하게 과제를 수행하는 아동

양육	• 양육자의 신체 접촉, 먹여 주기 등의 양육 행동이 편안한가? • 양육자는 아동의 스트레스를 인식하고 진정시키는 능력을 가지고 있는가? • 아동은 양육자의 양육을 받아들이는가? • 양육자의 도움으로 아동은 다시 진정되는가?	• 지나치게 엄격한 양육자 • 긴장이나 고통에 대한 인식이 둔감한 양육자 • 서로에게 무관심한 아동과 양육자 • 분리불안이 심한 양육자 • 무기력하고 두려움이 많은 양육자
도전	• 양육자는 아동의 발달 수준을 인식하고, 약간 노력하면 아동이 습득할 수 있을 정도의 과제를 설정해 줄 수 있는가? • 양육자는 아동의 노력에 긍정적인 반응을 해 주는가? • 양육자와 아동은 성취에 대한 즐거움을 함께 나누는가?	• 자녀에 대한 기대수준이 너무 높은 양육자 • 지나치게 경쟁적인 양육자 • 아동의 성취에 대해 긍정적인 반응을 보이지 않는 양육자 • 도전과 경쟁을 회피하는 아동

출처: 김수정(2018).

(5) 해석 상담

해석 상담은 MIM의 마지막 단계이다. 평가 후 양육자는 불안할 수 있으므로 가능하면 MIM 시행 후 1주일 후에 해석 상담을 실시하는 것이 좋다. 평가자는 MIM 상황에서 일어났던 상호작용에 대해 양육자와 함께 영상을 보면서 관찰할 기회를 주고, 이에 대한 평가자의 해석을 전달한다. 해석 상담에서는 현재 아동–양육자 간 상호작용의 긍정적인 측면, 강점과 창조적인 문제 해결법을 찾는 것에 집중해야 한다(Gitlin-Weiner et al., 2004). 영상의 전체를 다 보는 것은 시간상 한계도 있지만, 양육자가 자신의 모든 상호작용에 문제가 있다고 느끼고 지나친 좌절을 경험할 수 있으므로 양육자의 요청이 있는 경우가 아니라면 보여 주지 않는다. 양육자와 함께 관찰할 때, 부정적인 상호작용을 그대로 다시 보게 하는 것보다 음소거한 후 관찰하게 하는 것도 의미 있는 통찰을 얻을 수 있는 방법이다. 평가와 해석의 목적은 문제를 찾아내는 것이 아니라 아동과 가족의 관계를 증진하기 위한 것임을 기억하자.

참 고 문 헌 ▽

김민화, 곽금주(2004). 장난감 중심 상호작용 상황에서 보이는 영아−어머니의 주도성과 반응성, 한국심리학회지: 발달, 17(2), 19-36.

김수정(2018). 가족 치료놀이. 경기: 공동체.

김훈지, 김명순(2019). 만 2세 영아−어머니 놀이 상호작용에서 공동주의에 따른 영아의 상징놀이 수준과 놀이 참여도. 열린부모교육연구, 11(4), 169-186.

두정일(2014). 부모−아동 상호작용 코딩 시스템(DPICS)의 타당화 연구. 한국아동심리치료학회지, 9(2), 39-56.

이경숙(2020). 장난감을 이용한 가상놀이에서 18개월 영아와 어머니의 놀이행동. 숙명여자대학교 대학원 박사학위논문.

이영신(2017). 영아의 의사소통행동, 어머니의 빌화행동, 빌화 수반성 및 영아의 어휘력. 연세대학교 대학원 박사학위논문.

Bornstein, M. H., Hynes, O. M., Legler, J. M., O' Reilly, A. W., & Painter, K. M. (1997). Symbolic play in childhood: Interpersonal and environmental context and stability. *Infant Behavior and Development, 20*, 197-207.

Courtney, J. A. (2020). *Infant Play Therapy: Foundations, Models, Programs, and Practice*. New York: Routledge.

Fiese, B. H. (1990). Playful relationships: A contextual analysis of mother-toddler interaction and symbolic play. *Child Development, 61*(5), 1648-1656.

Gitlin-Weiner, K. G., Sandgrund, A. & Schaefer. C. (2004). 놀이 진단 및 평가 제2판 (송영혜 외 공역). 서울: 시그마프레스. (원서출판 2000).

Hawkins, R. P. (1982). Deveoloping a behavior code. In D. P. Hartmann (Ed.), Using observers to study behavior, *New directions for methodology of social and behavioral science, 14*, 21-36. San Francisco: Jossey-Bass.

Laible, D. J., & Thompson, R. A. (2007). *Early socialization:A relational perspective.* In J. Grusec & P. Hastings (Eds.), *Handbook of socialization.* New York: Guilford Press.

Lillard, A. S., Lerner, M. D., Hopskins, E. J., Dore, R. A., Smith, E. D., & Palmquist, C. M. (2013). The impact of pretend play on children's development: A review of the evidence. *Psychological Bulletin, 139*(1), 1-34.

Matas, L., Arend, R. A., & Sroufe, L. A. (1978). Contitnuity of adaptation in the second year: The relationship between quality of attachment and later competence. *Child Development, 49,* 547-556.

Mosier, C. E., & Rogoff, B. (1994). Infant's instrumental use of their mothers to achieve their goals. *Child Development, 65,* 70-79.

Reid, J. B. (1982). Obsever training in narutalistic research. In D. P. Hartmann (Ed.), Using observers to study behavior. *New directions for methodology of social and behavioral science, 14,* 21-36. San Francisco: Jossey-Bass.

Roggman, L. A., & Peery, J. C. (1988). Caregiving, emotional involvement and parent-infant play. *Early Child Development, 34,* 191-199.

Rosen, K. S. (2018). 사회 정서 발달: 애착관계와 자기의 발달(유미숙, 이영애, 박소연, 류승민, 박현아 공역). 서울: 시그마프레스. (원서출판 2016).

Rosen, W. D., Adamson, L. B., & Bakeman, R. (1992). An experimental investigation of infant social referencing: Mother's messages and gender differences. *Developmental Psychology, 14,* 111-123.

Spencer, P. E., & Meadow-Orlans, K. P. (1996). Play, language, and maternal responsiveness:A longitudinal study of deaf and hearing infants. *Child Devolopment, 67,* 3176-3191.

Stren, D. (1977). *The first relationship.* Cambridge, MA: Harvard University Press.

제6장

놀이치료에서
발달 평가

1. 놀이치료에 적용되는 발달 모델의 이론과 평가

놀이치료자가 임상에 적용할 수 있는 발달 모델은 다양하다. 여기서 많은 발달 모델을 소개하기에는 한계가 있어 놀이치료자가 놀이치료 과정에서 효과적으로 활용할 수 있는 몇 가지 발달 모델로 국한하여 소개하려고 한다. 특히 놀이치료자가 놀이치료 과정 중에 아동의 놀이를 통해 발달을 평가할 수 있고 개입하기에 실제적으로 도움이 될 대표적인 발달이론 중, 제4장에서 다룬 Gesell의 이론과 Piaget의 이론 외에 살펴볼 이론은 다음과 같다.

1) Erikson의 심리사회적 성숙이론

성숙이론에 따르면 한 개인이 각각의 발달 단계에서 다음 단계로 성숙하기 위해서는 각 단계에서 이루어야 하는 과업을 통과해야만 한다. 성숙의 단계를 거치는 것은 생물학적 연령과 관계가 있을뿐더러 생물학적 나이가 같다고 모두 같은 수준의 성숙을 나타내는 것은 아니다. 심지어 지각 능력이나 인지 수준이 뛰어나다고 하여 반드시 성숙하다고 볼 수는 없다. 성숙이론은 각 단계의 긍정적 해결이 이전 단계에 의해 좌우된다고 가정하는 특징이 있다.

Erik Erikson의 이론 모델(1963)은 임상 현장에서 발달과 관련해 매우 유용한 모델이다. 성인의 상담 장면은 물론 아동의 심리치료나 특히 놀이치료 현장에서 아동의 놀이 활동을 분석하여 아동의 성숙 수준을 평가하는 데 유익하다. Erikson은 인간의 일생을 8단계로 규정하고 각 단계를 설명하였다. 그 중 4단계는 청소년기 이전에 나타는 단계로, 놀이치료자들이 관심을 더 두어야 하는 단계이다. 각 단계에는 개인이 숙달하여야 하는 특정한 심리사회적 위기가 존재한다. 각 단계는 이전 단계에서의 위기가 해결되었다는 전제하에 발달된다고 보는데, 미해결된 과업은 미래 과업의 미해결로 연결되고 누

적되는 실패로 이어진다. 그러므로 과업의 실패가 일찍 일어날수록 그것이 누적되기 때문에 임상적으로 드러날 경향이 커진다. 인간은 각 단계로부터 심리사회적 힘을 가지게 되는데, 아동의 놀이는 심리사회적 위기에 부응하여 겪고 있는 상태를 잘 드러내 보여 준다. 놀이치료 과정에서 흔히 볼 수 있는 청소년기 이전의 4단계를 살펴보면 다음과 같다.

- 신뢰감 대 불신감(출생~2세): 삶의 첫 단계에서 영아는 대부분 어머니(양육자)와의 관계를 통해 환경이 신뢰할 만한 것인지를 배운다. 기본적인 욕구가 충족된 양육을 경험하면 신뢰가 발달한다. 그 결과 발생하는 심리사회적 힘(psychosocial strength)은 희망이다. 영아가 이 단계를 성공적으로 통과하면 새로운 발달 과업을 예상할 수 있는 희망적 감각이 생긴다. 이 단계의 실패는 일반적으로 환경에 대한 불신으로 특정 지어지고 이후 단계에서는 사회적 관계에서 위축이 나타날 것이다. Erikson이 말하는 신뢰는 Bowlby(1982)가 말하는 애착에 대한 설명과 명확한 관계가 있다. 이 단계는 영아기 초기에 발생하기 때문에 놀이치료자가 만나는 아동의 연령과는 다소 거리가 있다. 그러나 불행하게도 놀이치료자는 이 시기가 훨씬 지난 아동을 만나도 불신과 희망 결핍이 누적된 상태의 아동을 만날 수 있고, 이런 아동의 새로운 발달 과업을 돕기 위해 고군분투하게 된다.
- 자율성 대 수치심과 의심(2~3세): 이 단계의 구체적 과업은 배변 훈련이다. 신체와 충동에 대한 자기조절을 획득한 결과 유아는 보호자로부터 분리 감각을 형성한다. 만약 분리에 대한 이런 욕구가 부모의 강압적인 배변 훈련이나 다른 자율적 모험에 대해 실패하게 되는 상황은 아동에게 수치심이나 자기의심을 생기게 한다. 이 단계 동안 과도하게 통제하거나 부정적인 태도를 보이는 부모는 아동에게 의존적이거나 반항적으로 성장하게 하는 환경을 제공한 것이다. 이 단계를 성공적으로 완성한

아동은 의지력을 가지게 되고 자기주장을 발달시켜 간다. 놀이치료자가 아동의 심리치료 시에 배변 훈련 과정을 탐색하게 되는 것은 이런 이유에서 유익하다.

- **주도성 대 죄책감(3~6세):** 이 단계의 아동은 활동 자체를 위해 행동을 한다. 종종 어른의 세계와 보호자 혹은 다른 사람들의 역할을 흉내 내기도 한다. 앞의 두 단계를 성공적으로 보낸 아동은 두려움에 제한되지 않고 새로운 일을 시도하는 데 에너지를 쏟으며 다음 단계로 접근한다. 이 단계의 아동이 가진 욕구는 성취하려는 욕구보다는 단지 시도하려는 욕구이다. 이 단계에서 생겨나는 사회심리적 힘은 목적의식이다. 전형적인 놀이 행동은 공상적으로 경험하며 놀이를 통해서 새로운 역할과 행동을 시도해 보는 것이다. 이 시기에 아동의 목적은 자신의 욕구와 능력의 경계를 확인하기 위해 새로운 활동을 단순히 시작하는 것일 뿐이다. 이 단계에서 아동이 활동을 능숙하게 하고 싶은 욕구는 거의 없고 해 보고 싶은 욕구가 있을 뿐이다. 하지만 현대의 문화는 행하고 성취하고 생산하는 것과 과업을 수행해 내는 것의 중요성을 강조한다. 이것은 특히 경쟁 위주의 조직화된 운동이나 활동에 어린 아동을 참여하게 하고 훈련하는 과정에서 두드러진다. 아동을 어떤 과정에 등록시켜 놓고 정해진 수준을 요구하며 성취에 목적을 둔다면, 아동이 숙달을 이루지 못하였다는 것과 완벽에 이르기 위해서 계속 수행을 해야만 한다는 것을 상기시키게 된다. 이것은 문제가 있다. 이 시기는 성취가 목적이 아니며, 새롭고 다양한 활동을 시도해 보는 것이 발달 과업이기 때문이다. 놀이치료에서는 아동에게 상징적 수준에서 무엇이든 될 수 있고 어떤 것이든 할 수 있게 하므로 이 연령의 집단 아동에게 보다 적절한 놀이 환경을 제공하기 위해서는 놀이치료가 유익하다.

- **근면성 대 열등감(6~12세):** 이 단계의 아동은 여러 가지 다른 활동을 시도하려는 욕구에서 특정한 활동을 숙달하려는 욕구까지 발전된다. 아동은

두 가지를 연결시키려고 애쓰면서 자신의 능력과 관련 있는 욕구를 탐색한다. 아동은 자신이 잘할 수 있는 활동에 더 관심을 가지게 된다. 이 단계에 생겨나는 심리사회적 힘은 유능감이다. 그 예로, 주도성 대 죄책감 단계와 근면성 대 열등감 단계 사이에는 질적인 차이가 있다. 놀이치료자는 근면성 대 열등감 단계에 있는 아동들을 상담하게 된다. 이때에 놀이치료자는 아동이 유능한 영역을 발견할 수 있게 하고, 아동에게 숙달을 실험할 수 있는 환경을 제공함으로써 이 여정을 도울 수 있다.

2) Schepp의 성적 발달이론

발달 문헌에 있어서 가장 부족한 연구 중 하나는 아동기의 성에 관한 연구이다. 성은 인지, 자아 그리고 정체성 발달과 유사한 구조적 방식으로 발달 경로를 따르는 것으로 보인다. 그러나 성인으로서 아동기의 성을 인정하는 것을 불안해하고 아동의 성 연구를 수행하는 것에 대한 윤리적 관점 때문에 이 영역의 발달은 비교적 알려진 것이 부족하다(Weis, 1998). 놀이치료실에서 성적으로 자신을 표현하는 아동의 성적 놀이에 대해 치료자는 이해하고 있어야 한다. 여기서 성적 행동(sexual behavior)과 구별되는 성적 놀이(sex play)의 정상 발달 패턴을 분별하기 위해서 놀이치료자는 노력하여야 한다. Schepp(1986)의 삶의 단계 내에서의 성적 주제에 대한 모델을 소개하면 다음과 같다.

- 영아기(0~3세): 영아는 생식기의 발견을 즐기고 촉감을 통해 감각적인 정서를 발달시킨다. 즉, 이 시기는 성 역할 정체성 과정이 시작되는 시기이다.
- 유년기(3~10세): 아동은 자기를 만족하게 하거나 다른 사람들과의 성적 놀이도 경험할 가능성이 있다. 생식에 대한 관심이 생기고 성적 단어의

사용이 확대된다. 이 연령의 아동은 성적 역할을 포함한 성인의 성적 행동을 관찰한다. 이들은 미디어와 또래들 사이에서 언급된 성적 주제에 점점 관심을 기울인다.

• **사춘기(10~14세):** 이 단계에서 아동은 자신이 경험하고 있는 신체적 변화를 이해할 필요가 있다. 그들은 성교와 자위 행위에 대한 호기심을 갖게 되며, 월경과 사정에 대해서도 구체적으로 관심을 갖게 된다. 또한 이 시기에 전반적인 자기가치감과 관련된 신체 이미지를 발달시킨다.

이러한 발달 단계에 대한 설명이 놀이치료자에게 성적 놀이와 관련해 충분한 안내를 하지는 못한다 하더라도, 아동이 성을 전체 발달 과정에 통합시키는 성적 존재라는 것을 이해하여야 한다. 놀이치료에서 성적 놀이는 정상적 발달의 일부로 기대될 수 있으며 성숙이나 인지 발달이나 놀이와 동일하게 자연스럽게 받아들여져야 한다.

3) Loevinger의 자아발달이론

인지 및 자아 발달은 사람과 환경의 상호작용을 전제로 한다. 아동은 환경과 상호작용하는 자연스러운 능력을 가지고 태어난다. 상호작용은 아동의 환경에 대한 인식에 영향을 미치고, 또한 아동과 세상 사이의 끊임없는 상호작용으로 이어질 미래 상호작용의 질과 양에 대한 동기를 부여한다. 인지/자아발달이론의 성숙발달이론과의 큰 차이점은 인지/자아 연속체(cognitive/ego continuum)의 발달 과정 중 아동이 어느 시기든지 잠시 정지되거나 중단될 수 있다는 것이다. 또한 인지/자아발달이론에서의 기본적 가정은 각 아동은 개인적 속도에 따라 발달이 진행한다는 것이다.

Jane Loevinger(1976)의 발달이론의 핵심은 자아의 개념이다. 즉, 한 사람의 경험을 체계화하고 의미를 제공하는 내적 구조의 개념이다. 자아 발달은

감정, 사고 그리고 행동을 포함하는 한 사람의 전인적 성장을 함축하는 개념
이다. Loevinger의 이론은 사회적 및 도덕적 발달에서 잘 알려진 다른 이론
들의 측면을 포괄하고 있다. Kirshner(1988)는 Loevinger의 단계가 타인 수용
의 몰입에 있어서 욕구와 즉각적인 만족으로부터 복잡한 개인적 차이와 분리
를 인식하는 것으로 이동한다고 개념화하였다. 초기 단계는 전형적인 아동
기 발달을 묘사하지만 또한 이것은 어느 단계이건 기능하는 성인을 묘사하는
것이기도 하다. Loevinger는 단계별 해당 연령을 제시하는 것을 주저하였고,
사람들이 정해진 속도로 발달할 것이라고 기대하지 말라고 경고하였다. 그
러나 이후의 발달이론가들은 영아기와 아동기의 전형적인 발달 속도에 부합
하는 것으로 보이는 연령을 제시하였다. 영아기의 가장 초기 단계들은 놀이
치료 대상으로 부적절하기 때문에 제외하고 설명하겠다.

- **충동적(3~5세):** 초기 아동기에 있는 아동은 발달의 충동 단계에 있다. 이
  들은 신체와 감정적 충동성에 지배를 받는다. 이들은 자기중심적이고
  자신의 즉각적인 욕구에 집중하며 다른 사람의 욕구에는 거의 관심이
  없다.
- **자기보호적(6~10세):** 이 단계의 아동은 자신의 충동성을 조절하는 방법
  을 배우고 규칙의 기능을 이해하고 받아들인다. 이들에게 세상은 자신
  의 욕구를 해결하기 위한 세상이다. 이 시기에는 아동이 보상을 얻고 처
  벌을 피하기 위해 행동을 구조화한다. 이 단계의 아동이 놀이치료의 주
  요 대상이 되는데, 이들은 좋은 행동에 대한 보상을 제공하는 행동적 기
  법의 효과가 크지만 여전히 상징주의에 기반을 두고 놀이를 구성한다.
  이 단계에서는 Piaget의 전조작기와 조작기 단계들의 맥락에서 아동을
  이해하고 놀이치료를 하여야 한다. 자기보호 단계는 종종 성인 보호자
  들에게 부정적으로 인식되는데, 아동이 외현적 동기 요인으로 자신이
  원하는 것을 얻기 위한 행동에 집착하기 때문이다. 그러나 이 단계의 아

동은 규칙을 따르는 것과 어기는 것과 같은 현실적인 단계에 입문하게 된다. 이들이 외부 세계의 경험 속에서 행위의 결과를 배우게 되며, 이것은 다음 단계에서 소속감에 영향을 미치게 된다.

- 순응적(10~15세): 이 단계 아동의 특징은 집단과 개인적 행복을 목격하기 시작한다는 것이다. 이 시기의 아동은 인정된 집단에 대해 순응하며 집단의 규칙을 엄격하게 고수하는 특징이 있다. 집단 소속감을 나타내는 외적 모습에도 집착하며 모호함을 견디지 못하고 구체적으로 생각하는 경향을 보인다. 의사 결정은 집단에 유익한 것인가의 기준에 따라 이루어진다. 이 시기의 아동을 상담하거나 놀이치료를 할 때는 몇 가지 특징이 있다. 첫째, 아동은 집단적 수용에 기초한 변화에 민감하기 때문에 집단 놀이치료가 우선 선택된다. 둘째, 행동주의 효과는 멈춰지고 순응 단계에서는 일반적으로 발생하는 집단의 소속감이 아동의 외적 보상에 대한 욕구보다 클 때 더욱 그러한 경향을 보인다. 셋째, 차이를 수용하는 세심함은 거의 없다. 상담자의 다문화적 인식에 대한 영향은 제한적이다. 넷째, 이 단계의 아동은 관계에 기반을 두고 있으며, 그들이 편안하게 느끼는 곳에서 관계를 찾는다. 이 단계에 들어왔지만 소속감이 없는 아동은 정서적으로나 사회적으로 어려움을 나타내게 된다. 자기보호 단계의 경우와 마찬가지로 개인주의와 다양성을 인정하고 가치가 있다고 보는 정신건강 전문가들은 종종 순응 단계를 호의적이지 않은 시각으로 여긴다. 그러나 집단의 맥락에서 소속감과 의미를 찾는 것은 정서적 성장, 협력적인 사회 기술의 발달 그리고 다른 사람에 대한 개인의 영향을 인정하는 것이다. 이는 아동이 다음 단계를 준비하도록 기여하는데, 아동은 집단으로부터 분리되어 개인적인 경험을 탐색하기에 충분할 만큼 사회적으로 자신감과 안정감을 느끼게 된다.

- 자기인식적(15세~성인): 양심적이고 개인주의적이며 자율적이고 통합적인 성인으로 묘사될 수 있다. 아동기 후반에는 자기인식 단계의 청소년

이 집단의 기준에 충분히 미치지는 못할지라도 이런 발달이 진행되며 더 광범위한 집단의 맥락 안에서 개인화된 구조가 나타나기 시작함을 치료자는 알아야 한다. 이 시기의 개인은 집단적 욕구의 맥락 속에서 자신의 욕구를 균형 있게 유지한다. 개인이 다양한 관점을 받아들이고 그러한 관점을 존중하며 행동하므로 경험과 인지는 더욱 복잡해진다. 이 시기에 특히 주의할 점은 발달의 상위 수준일수록 삶은 복잡해지지만 그렇다고 더욱 성취되거나 적응적인 것은 아니라는 점이다.

4) Greenspan의 정서발달이론

Greenspan(1997)은 Erikson과 Piaget의 이론을 높게 평가하면서도 아동의 정서적 삶을 다소 간과하고 있다고 지적하였다. 그는 아동에게 일어나는 신체적·인지적 변화에 상응하는 정서 발달 영역을 관찰하고 분류를 시도한 학자이다. 그는 아동의 정서적 성장을 위해 자기규제, 관계, 현실과 환상, 의사소통이라는 4개 영역의 필요성을 강조하였다. 각 연령 주기에서 아동은 이정표 영역 안에서 특정한 능력을 숙달하여야 한다. 만약 어느 시점에서 아동이 이러한 능력을 건너뛴다면 그 영역의 숙달을 위해 다시 돌아가는 치료적 돌봄이 필요하다. 놀이치료자는 바로 이 역할을 숙지하여야 한다.

- 생애 첫 5년(0~5세): 자기규제의 영역에서 아동은 차분하고 조절된 상태로 있을 수 있고 충동을 제어할 수 있으며 주의를 기울이고 집중을 할 수 있다. 아동은 부모와 따뜻한 관계를 맺고 또래들과 개별적인 관계를 맺는다. 또한 집단에서도 또래나 교사와 같은 새로운 성인과 관계를 맺는다. 아동은 현실과 환상의 영역에서 상상 놀이를 즐거워하며, 놀이하면서도 현실을 인식하며 현실로부터 가상을 구분할 수 있다. 아동은 의사소통에서도 바람, 욕구, 의도를 몸짓을 통해 보여 주며 마찬가지로 타인

의 몸짓에도 직관적으로 반응을 한다. 더욱이, 두 가지 이상의 생각을 소통할 수 있는 단어와 개념을 조직할 수 있다.

- 세상은 나의 것(5~7세): 자기규제에 있어서 아동은 자기돌봄과 자기규제 기능을 수행할 수 있다. 이 시기의 과업으로는 진정하기, 씻기, 옷 입기, 집중하기 등이 포함된다. 아동은 부모와의 관계를 즐기고 안정을 느낀다. 또한 부모, 또래 그리고 나 자신에게 관심을 갖는다. 이들이 원하는 것을 얻기 위해 부모에게 싸움을 걸어 올 수도 있다. 아동은 또래들과의 관계를 형성하며 부모로부터 독립하여 놀 수 있으며, 또래들에게 자신의 주장을 할 수 있다. 이 단계의 아동은 부모와 또래들이 자기가 원하는 대로 하지 않아도 견딜 수 있다. 현실과 환상의 영역에서 아동은 기대를 충족하기 위해 노력하지만, 또한 현실에 대한 실망과 좌절을 처리하는 방법도 배운다. 아동의 정서적 영역에서 두려움, 수줍음, 걱정, 갈등이 큰 기대와 함께 공존한다. 아울러 아동은 현실이 지닌 한계의 원인을 이해하기 시작한다.

- 세상은 다른 아이들(8~10세): 이 단계에서 아동은 더 어려운 과업에 장시간 집중할 수 있는 능력을 통해 자기규제를 확립한다. 이 시기의 아동은 자기돌봄을 수행한다. 또래 관계를 살펴보면, 아동은 또래 집단에 전적으로 참여하고, 집단 내에서 자신의 역할을 인식한다. 이 시기에는 대체로 친구가 관심을 보이는 것에 자신도 관심을 쏟고 몰두한다. 그들은 또래 관계를 대처하기 위해 부모를 활용하며 부모와의 양육 관계를 유지한다. 또한 형제자매와 경쟁하는 한편, 가깝게 지낼 수도 있다. 현실과 환상의 영역에서 아동은 규칙을 따르는 것과 마찬가지로 계속해서 환상을 즐길 수 있다. 의사소통과 정서적 사고에 있어서 아동은 감정을 처리하는 것을 포함하여 생각을 의사소통할 수 있도록 조직화한다. 이들은 감정을 우선시하고 이 감정을 그룹화하여 범주화한다. 이들은 회피하거나 과잉반응을 하지 않으면서 경쟁을 경험할 수 있다. 이들은 또한 위축

되거나 공격적이지 않으면서도 실망을 경험할 수 있다.

- 내 안의 세계(11~12세): 이 단계의 아동은 새로운 '내적 척도(internal yardstick)'를 발달시킨다. 이 내적 척도는 또래 집단의 인식 대신에 계속 발달되는 특성에 의해 자아를 규정하게 해 준다. 이들은 집단과는 별개로 옳고 그름에 대해 점점 증가하는 내적 감각을 가진다. 자기규제 능력에 있어서 이들은 스스로 숙제를 할 만큼 충분히 오래 집중할 수 있고 자기돌봄을 수행할 수 있다. 관계에 있어서 이들은 한 명이나 혹은 몇몇의 친밀한 친구와 사귀기를 즐기며 집단 내에서의 자신의 위치에 덜 의존한다. 이들은 롤 모델로 부모나 다른 성인에게 관심을 갖기는 하지만 독립을 확립하는 방식으로 은밀하게 부모와 힘겨루기를 즐긴다. 의사소통과 정서적 사고에 있어서 아동은 개인적 의사소통을 관찰하고 평가할 수 있고 다른 사람을 이해하거나 공감할 수 있다. 또한 마음에 품었던 두 가지 상충되는 감정을 전달할 수 있다. 현실과 환상의 경계에서 아동은 백일몽을 즐기기도 한다. 이 시기의 아동은 맥락을 이해하므로 융통성 있는 규칙을 사용할 수 있다.

5) 인종적/문화적 정체성 발달이론

갈수록 다문화적 민감성이 증가함에 따라 다양한 문화적 인구에 관련된 발달 단계 모델이 나타난다. Sue와 Sue(2003)는 문화적 정체성이 개별적 성장 패턴을 묘사하는 인종적/문화적 정체성 발달 모델(Racial/Cultural Identity Development: R/CID)을 개발하였다. R/CID는 인종적/문화적 정체성을 정체된 것이 아니라 환경, 특히 억압적 환경과 협력하면서 시간이 지나면 개인에 의해 창출된다는 개념에 근거한 것이다. 치료자들은 R/CID가 연령에 따라 나누어지는 것은 아니며 소외된 집단의 아동은 모든 발달 과제를 이루어 가는 동안 문화적 정체성을 통합하려는 계속되는 시도가 나타난다는 점을 유념

하여야 한다. R/CID는 다음과 같은 5단계로 구성되어 있다.

- **일치**: 이 단계에서 개인은 그다지 의심하지 않고 주류 문화의 가치를 받아들이면서 주류 문화를 우월한 것으로 여긴다. 개인은 자기비하적인 사고와 관련지어 동일한 소수 문화적 집단의 다른 사람들과 거리를 두려고 할 수 있다. 다른 발달의 어려움을 통과하는 아동에게 일치 단계의 자기비하적 특징은 이미 불안정한 경로의 자아개념 발달을 증가시킨다.
- **불일치**: 개인은 주류 문화의 가치와 자아관 사이의 갈등에 직면한다. 이 단계는 현재의 경험과 대조적으로 병치되므로 그 이전의 인식과 개념을 의심하는 것이 특징이다. 개인은 주류 문화에 속한 다른 사람들에 대해 의혹을 품게 된다.
- **저항과 몰입**: 이 단계에서 개인은 주류 문화와의 모든 연합을 거부하면서 오로지 자기 자신을 소수의 집단과 동일시한다. 이 단계는 주류 문화에 대한 고조된 분노와 수치의 감정들을 특정 지어 가며 자신에 대한 인식이 증진된다.
- **자기성찰**: 이 단계에서는 집단으로부터 독립적으로 발달해야 할 필요에 기초한 자아가 출현한다. 이 단계에서 개인은 집단의 관점으로부터 개인적 관점을 구분하려고 시도한다.
- **통합적 인식**: 이 단계에서 개인은 안전과 자율성에 대한 내적 감각을 발달시킨다. 주류 문화뿐만 아니라 자신이 속한 문화에 대한 감사함을 증진시킨다. 이 단계에는 억압을 제거하려는 사회적 행동에 전념하려는 태도가 포함된다.

2. 놀이치료에서 발달 평가와 놀이치료자 역할

1) 발달이론 차트

　놀이치료를 시작하는 접수 면접 과정에서는 아동의 인지 발달, 정서 발달, 사회성 발달, 도덕성 발달 등의 전반적인 발달을 살펴볼 필요가 있다. 이것은 아동에 대한 전반적인 이해와 놀이치료의 목표를 설정하기 위해 필요한 과정으로 아동의 연령과 아동이 가지고 있는 어려움에 따라 적절한 발달 평가를 선택하게 된다.

　일반적으로 표준화된 검사를 사용하여 발달 평가를 한다. 그러나 표준화된 검사가 아니더라도 놀이치료자는 놀이치료 과정에서 아동이 보이는 놀이 행동을 통해 심리사회적 발달 수준을 유추할 수 있고 회기 내에서 보이는 아동의 놀이 내용과 수준에서 발달을 평가하고 촉진할 수 있다.

　놀이치료자는 〈표 6-1〉에 제시된 발달이론 차트의 영역 중 내담 아동의 발달에 중요하게 적용하면 좋을 이론을 선택하여 발달 수준을 평가할 필요가 있으며, 각 이론별로 평가한 후 영역별로 생활연령보다 현저하게 발달이 늦은 부분이 보완되도록 치료계획을 수정·보완해 나가며 놀이치료를 한다.

- 아동의 생물학적 나이의 발달 수준과 〈표 6-1〉에 제시된 각 수준의 이정표에 차이가 있는지, 혹은 얼마나 빠르거나 늦은지를 평가한다.
- 각 이론을 적용했을 때, 각 발달 영역별로 차이가 있는지를 평가한다. 예를 들면, Piaget의 인지 발달 수준은 동 연령 수준에 비해 빠른데, Loevinger의 자아 발달 수준이 충동적인 수준이고 Greenspan의 정서 발달 수준도 낮은 수준일 수 있다. 이럴 때는 발달의 불균형을 정확히 평가하여야 한다.

〈표 6-1〉 발달이론 차트

심리 사회적 정체성 (Erikson)	성숙 발달 (Gesell)	성적 발달 (Schepp)	인지 발달 (Piaget)	자아 발달 (Loevinger)	정서 발달 (Greenspan)	연령 (근사치)	인종/ 문화정체성 (Sue & Sue)
신뢰 대 불신	순조로운, 통합적	영아기	감각 운동기	공생적	생애 첫 5년	~2	해당 연령 없음
	단절된					2.5	
자율성 대 수치심과 의심	균형 잡힌, 안정된	유년기	전조작기	충동적		3.5	일치
	내심화					3	
주도성 대 죄책감	활기찬, 무엇이든 해 보려고 하는, 자신감 있는					4	불일치
	내심화-외심화, 신경증의					4.5	
	순조로운, 통합적			자기 보호적	세상은 나의 것	5	저항과 몰입
	단절된					5.5	
	균형 잡힌, 안정된					6	자기성찰
						6.5	
근면성 대 열등감	내심화		구체적 조작기			7	통합적 인식
	활기찬, 무엇이든 해 보려고 하는, 자신감 있는				세상은 다른 아이들	8	
	내심화-외심화, 신경증의					9	
	순조로운, 통합적	사춘기		순응적		10	
	단절된		형식적 조작기		내 안의 세계	11	
	균형 잡힌, 안정된					12	

출처: Ray (2011).

- 아동이 인지 발달에는 문제가 없어도 자아 발달과 정서 발달을 촉진해야 할 필요가 있을 때는 놀이치료자가 놀이치료에서 이 부분의 발달을 촉진할 목표를 세워야 한다. 뿐만 아니라 놀이치료 과정에서도 이 부분의 발달을 지속적으로 관찰하고 개입하며 진전 상태를 평가할 필요가 있다.
- 놀이치료의 종결 시기에는 초기에 실시한 발달 평가와 비교하여 발달의 균형을 이루었는지 점검하여야 한다. 또한 놀이치료가 종결되더라도 아동의 전인적 발달을 위해 향후 필요한 교육이나 제안을 위한 근거 자료로 영역별 발달 수준을 평가한다.

2) 발달 평가에 따른 놀이치료자의 역할

놀이치료자는 〈표 6-1〉에 제시된 항목별로 아동의 현재 발달 상태를 체크하여야 한다. 아동의 상태가 생물학적 발달 수준, 즉 생활연령과 비교하여 정상적인 발달을 보이고 있는지 평가하여 표로 작성한다. 뿐만 아니라 아동의 놀이 수준과 놀이 주제, 반복되는 정서적 특징, 치료자와의 상호작용 패턴 등을 평가하여 치료자가 이 수준의 발달을 촉진시키고 다음 발달 단계로 성장시키기 위한 치료적 반응을 선택하여 개입하고 점검하여야 한다.

아동이 보이는 수준에 따라 놀이 도구를 선별하여 준비하는 것은 아동을 위한 놀이 환경을 준비하는 것이다. 즉, 아동의 심리성적 발달 수준을 고려하여 한 단계 낮은 수준부터 현재 연령 수준의 놀잇감까지 준비된 환경 구성을 하여야 한다. 5세 아동이 심리성적 발달은 3세 수준이라면 3세 수준의 놀잇감에서부터 현재 5세의 놀잇감까지 제공하여야 한다. 놀이치료자의 반응도 중요한데, 아동의 현재의 연령과 관계없이 아동이 퇴행되거나 고착된 발달 수준을 보일 때에는 그 시기에 적절한 양육자의 역할로 놀이치료자의 반응도 달라야 한다.

놀이치료자는 아동의 각 이론별 수준에 적절한 놀이 환경을 구성하여야 하며 아동의 놀이 행동에 대해서는 적절한 치료적 반응을 하여 아동이 교정적 경험을 하게 한다. 이렇게 교정적 경험을 하는 놀이치료 시간을 통해 아동은 결핍되거나 왜곡된 발달 단계를 복구하고, 발달을 이루어 가며 전인적 발달로 향하게 된다. 바로 이러한 역할이 놀이치료자의 핵심 역할이므로 놀이를 통한 발달 평가 능력은 놀이치료자가 반드시 갖추어야 할 전문 영역의 능력이다.

참고문헌 ▽

Bowlby, J. (1982). *Attachment and loss* (Vol. 1). New York: Basic books.

Elkind, D. (2007). *The hurried child: Growing up too fast too soon* (3rd ed.). Cambridge, MA: Perseus.

Erikson, E. (1963). *Chilhood and society*. New York: Norton.

Greenspan, S. (1997). *The growth of the mind: And the endangered origins of intelligece*. Reading, MA: Perseus.

Kirshner, L. (1988). Implications of Loevinger's theory of ego development for time-limited psychotherapy. *Psychotherapy, 25*, 220-226.

Loevingers, J. (1976). *Ego Development*. San Francisco: Jossey–Bass Publishers.

Ray, D. (2011). *Advanced Play Therapy*. Routledge: Taylor & Francis Group, LLC.

Schepp, K. (1986). *Sexuality counseling: A training program*. Muncie, IN: Accelerated Development.

Sue, D., & Sue, D. (2003). *Counseling the culturally diverse: Theory and practice* (4th ed.). New York: Wiley.

Weis, D. (1998). Interpersonal heterosexual behaviors. In P. Koch & D. Weis (Eds.), *Sexuality in America: Understanding our sexual values and behavior* (pp. 91-105). New York: Continuum.

제7장

사례개념화

놀이치료를 실시하고 임상 자료를 정리할 때, 일반적으로 놀이치료자들이 가장 어려워하는 부분 중 하나가 사례개념화(case conceptualization)이다. 사례공식화(case formulation)라고 명명되기도 하는 사례개념화는 1990년대 후반부터 상담 현장에서 사용되기 시작하였다. 이 시기는 실증주의 기반의 과학적 접근을 강조하는 근거기반(evidence-based) 실천 운동이 의학에서 시작되어 간호학, 심리학 등으로 확산되던 시기이다(고기홍, 2020). 최근에는 상담 영역에서도 상담자의 사회적 책무성에 대한 요구가 증가하고 있고, 직관적인 의사 결정보다는 과학적 접근을 강조하는 '근거기반 상담' 의사 결정의 중요성이 증가하고 있다(장유진, 2021). 근거기반 상담 모델에서는 연구 결과와 전문가의 합의를 기반으로 한 임상 실제에 대한 가이드라인을 따른다(Parry, Roth, & Fonagy, 2005). 이런 흐름 속에서 심리치료 영역에서 일련의 과학적 사고 과정을 통해 보다 정확하고 객관적인 사례개념화를 수립해야 하는 것에 대한 중요성이 더욱 강조되고 있다. 특히 상담사례 개념화는 졸업 후 전문상담자의 소진과 관련이 있는 중요한 변인 중 하나(Elliott & Schrink, 2009; Prieto & Scheel, 2002)이므로 이에 대한 훈련과 교육이 필요하다.

1. 사례개념화 개념

놀이치료자는 놀이치료를 실시하면서 사례와 관련된 다양한 정보를 수집하고 이를 체계화하고 통합할 준비를 한다. 정보를 수집하고 치료계획을 세우는 전체적인 과정은 복잡한 퍼즐을 맞추는 과정과 비슷하다(O'Connor & Ammen, 2009). 그리하여 이때 진행되는 사례개념화는 놀이치료자의 상담 경력이 증가할수록 숙달된다(손은정, 이혜성, 2002; 오효정, 오은경, 김봉환, 2012; 이윤주, 김계현, 2002; Mayfield, Kardash, & Kivligham, 1999). 따라서 숙련된 놀이치료자의 경우 내담 아동과 놀이치료를 하는 동안, 내담 아동의 양육자와 상담을 하는 동안 사례개념화가 대략적으로 머릿속에 정리되기도 한다. 그러나 초보 놀이치료자의 경우 사례개념화에 대한 정의조차 내리기 어렵다 보니 이를 상담사례에 적용해 보는 것에 많은 어려움을 경험하게 된다.

특히 그동안 사례개념화에 대해서는 청소년 및 성인 내담자를 대상으로 그 개념과 구성요소를 설명하는 연구들이 어느 정도 진행되어 왔으나, 아동 내담자를 대상으로 한 연구는 부족하였다(Winters, Hanson, & Stoyanova, 2007). 그렇다 보니 놀이치료자들이 아동 내담자를 대상으로 사례개념화를 진행하는 것에 더욱 어려움이 많았다. 이에 이 장에서는 일반적인 사례개념화의 정의뿐 아니라 아동과 청소년들을 대상으로 하는 사례개념화의 정의, 특징 및 기능에 대해 살펴보고자 한다.

1) 정의

그동안 '개인의 삶의 특수성'을 포착하고 치료계획에서 의사 결정을 하기 위해 사례개념화가 제안되어 왔다(Manassis, 2014). 사례개념화는 심리치료를 실시하는 데 있어서 핵심 정보처리 기술(Mayfield et al., 1999)로 내담자의 정보를 수집, 통합, 구성 그리고 해석하는 것으로 구성된다(Liese & Esterline, 2015). 그동안 많은 학자가 사례개념화에 대해 다양한 정의를 내려 왔으나, 그것이 내담자의 주호소 문제를 지속시키는 병리와 요인들에 대해 일련의 가설을 세우고 구체적이고 개별적인 개입을 만들어 가는 과정이라는 점에는 동의하고 있다.

놀이치료 사례개념화에서는 각 아동이 경험하고 있는 어려움에는 저마다의 특별한 이유가 있다는 것을 가정한다(Manassis, 2014). 그러므로 내담 아동이 보이는 '현재의 어려움이 왜 발생했는지'에 대한 가설을 세울 때 내담 아동의 발달 맥락과 함께 취약성, 위험 요소 및 보호 요소에 대한 모든 정보를 검

〈표 7-1〉 사례개념화 정의

학자	정의
Bernard(1997)	내담자가 제공하는 정보를 이해하고, 주제를 파악하고, 중요한 정보와 그렇지 않은 정보를 구별할 수 있는 능력
Eells(2007)	내담자의 심리적 · 대인관계적 · 행동적 문제의 원인, 촉발 요인, 유지 요인에 대한 가설을 세우는 것
Winters, Hanson, & Stoyanova (2007)	내담자의 주호소 문제를 발생하게 한 복합적이고 상호 관련된 요인들을 이해하는 방법을 종합하는 통합적인 과정. 검증 가능한 설명 모델로 작용하여 개입에 대한 아이디어를 제공하고 모델에 맞지 않는 일부 내용을 제거함
Sperry & Sperry (2014)	내담자의 주호소 문제와 관련된 다양한 정보들을 수집하여 조직화하고, 이를 통해 내담자의 부적응적인 행동 패턴을 파악하여, 상담의 방향을 설정하고 성공적인 종결을 준비하기 위한 전략
이윤주(2001)	내담자의 심리적 · 대인관계적 · 행동적 문제와 장점, 이 문제와 관련된 원인 및 촉발, 유지 요인들을 정확하게 파악하고 문제 해결의 방향과 더 나아가 이에 필요한 전략 및 기법을 계획하는 것
장유진(2021)	최종 목적은 내담자의 핵심적인 심리내적 역동과 인지, 정서, 행동 패턴을 파악하는 것

토, 분류 및 요약해야 한다(Rasmussen & Storebø, 2018). 이런 사례개념화 과정은 매우 포괄적이며, 이를 통해 효과적인 치료 접근 방법을 찾기 위해서 내담 아동과 가족의 강점과 역량도 함께 고려해야 한다(Winters et al., 2007). 각 학자들에 따른 사례개념화 정의는 〈표 7-1〉과 같다.

표에 제시된 것처럼 사례개념화의 개념적 정의는 학자에 따라 다소 차이는 있지만, 이를 종합해 보면 사례개념화란 내담자의 문제에 관한 다양한 정보를 바탕으로 그 문제를 지속적으로 유지시키는 요인들을 가설적으로 검토하고 문제 해결을 위한 상담 전략들을 수립하는 일련의 과정이라고 할 수 있다(이명우, 연문희, 2004). 사례개념화의 일련의 과정은 [그림 7-1]에서 제시한 바와 같다.

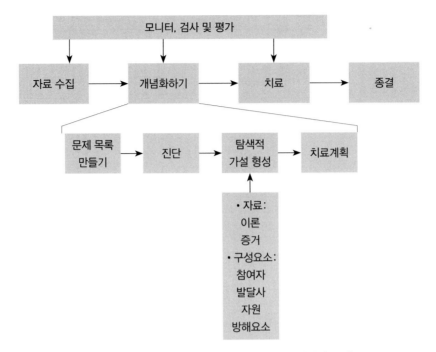

[그림 7-1] 심리치료에서 사례개념화의 일반적 모델

출처: Eells & Lombart (2011).

2) 특징

일반적으로 사례개념화에 대해서는 장기치료에만 유용하고, 정신역동치료에서만 사용하고, 반드시 모든 내용이 포함되어야 하고, 길고 상세해야 한다는 오해가 있어 왔다(Shapiro, 1989). 그러나 최근 연구들에서 제시한 사례개념화의 특징은 다음과 같이 정리해 볼 수 있다.

① 종합사고 능력이 필요하다.
② 지속적으로 수정 · 보완하는 작업이 필요하다.
③ 상담사례를 이끌어 가는 청사진이 된다. 사례개념화를 하게 되면 상담자는 목표 없이 방황하는 대신 상담 회기에 집중할 수 있게 된다(Hill, 2014).

④ 내담 아동 및 양육자의 상담 동기를 높일 수 있다.

3) 기능

이명우(2017)는 사례개념화의 기능을 다음 네 가지로 구분하여 제시하였다.

① 내담자의 문제를 진단하고 평가할 수 있다: 상담자는 사례개념화를 통해 내담자가 얼마나 심각한 문제를 가지고 있는지 파악하고 이와 관련된 다양한 요인을 탐색하여 상담 개입의 방향을 결정할 수 있다.

② 깊은 수준으로 사례를 이해하여 적절한 개입을 할 수 있도록 돕는다: 사례개념화를 통해 상담자는 사례에 대해 인지적인 수준에서만 이해하지 않고 마음 깊이 이해할 수 있게 된다. 만일 상담자가 사례개념화를 통해 내담자를 충분히 이해하게 된다면, 내담자와 언어적 상호작용을 할 때 실제적인 개입을 할 수 있게 된다.

③ 구체적인 상담 개입의 방향을 제시해 주는 좌표가 된다: 사례개념화의 궁극적인 목표는 상담 개입의 효율성을 높이는 데 있다. 적절한 사례개념화는 상담의 방향을 알려 주는 좌표 역할을 하여 상담의 효율성을 높이게 된다.

④ 상담자의 상담이론을 정교하게 만든다: 상담자는 자신의 상담이론 관점에서 내담자의 문제와 관련된 정보를 수집한 후, 왜 그런 문제를 경험하게 되었는지 이해하고 상담계획을 수립한다. 그 이후 상담 회기를 거치면서 변화가 일어나지 않는 이유를 탐색하고 이를 보완하여 다시 개입하는 과정을 거친다. 이런 일련의 과정을 통해 상담자의 상담이론이 정교해지고 이를 상담 실제와 긴밀히 연결시키는 능력이 향상된다.

4) 아동 대상 사례개념화에서 고려할 점

Manassis(2014)는 아동을 대상으로 사례개념화를 할 때 다음의 사항을 고려할 것을 제안하였다.

① 기본적으로 아동 심리 발달에 대해 잘 알고 있어야 한다: 놀이치료자가 아동 발달에 대한 모든 지식과 관련 최신 연구들을 다 학습하는 것도 좋지만, 이 분야의 연구는 매우 급진적으로 확장되므로 이를 모두 학습하는 것은 어렵다. 그러나 놀이치료자는 아동이 다양한 발달 단계에서 어떻게 생각하고 정서적으로 필요로 하는 것이 무엇인지에 대한 아동 심리 발달에 관한 기본적인 이해는 가지고 있어야 한다.

② 연령을 고려하여 정보를 수집해야 한다: 영유아기에는 가족 및 환경에 크게 의존하고 영향을 받으므로 이에 대해 초점을 맞추고 정보를 수집해야 한다. 학령기 이후에는 아동의 가족 외 환경(예: 학교, 또래 집단 등)에 대해 탐색해야 한다. 또한 자신의 문제를 스스로 정의할 수 있으므로 아동에게 직접 주호소 문제에 관한 정보를 탐색해야 한다.

③ 다양한 사람에게서 정보를 수집해야 한다: 놀이치료는 내담 아동이 아닌 양육자 또는 교사가 의뢰하므로 내담 아동은 자신이 직면한 어려움을 인식하지 못하는 경우가 많다. 그러므로 놀이치료자는 양육자뿐 아니라 교사 등과 같이 아동과 관련 있는 사람들에게서 신뢰할 만한 정보를 얻을 수 있도록 노력해야 한다.

④ 문화 차이를 고려해야 한다: 행동의 발달 규준은 문화에 따라 다를 수 있으므로 치료에 가족들의 참여도를 높여야 한다.

⑤ 이후의 발달에 미칠 영향에 대해 예측하고 이를 추가할 수 있다: 내담 아동의 주호소를 발달 맥락 속에서 이해할 때 놀이치료자는 이후에 발생할 문제를 예측할 수 있다. 그러므로 추후 다음 발달 단계를 고려하여 이에

대한 지원을 추가할 수 있다.

이에 더하여 Connor와 Fisher(1997), Winters 등(2007)은 아동 대상 사례개념화에서 다음과 같은 고려사항을 제시하였다.

① 아동은 발달 과정 중에 있다는 점을 고려해야 한다: 아동은 계속 성장·발달하고 있으므로 추후 사례개념화의 초점이 달라질 수 있다는 점을 항상 생각해야 한다.

② 아동의 발달 영역 간에 발생하는 발달 수준의 차이를 고려해야 한다: 아동의 발달 영역 간에는 발달 수준에서 차이가 있을 수 있는데, 이 점은 사례개념화에서 매우 중요한 부분이다. 개념화의 초점은 시간이 지남에 따라 아동의 성숙, 지속되거나 새로운 환경 요인, 그리고 추가된 정보에 따라 달라질 수 있다.

③ 다이론적이어야 한다: 내담 아동의 주호소 문제를 설명하기 위해 다각적인 관점과 다양한 설명이 포함되어야 한다. 이를 통해 복잡하고 다양한 문제 사례에 접근할 때 융통성을 최대화할 수 있게 된다.

④ 다요소적이고 상호작용적인 면을 고려해야 한다: 내담 아동의 문제를 개념화하기 위해서는 반드시 다요소적이고 상호작용적이어야 한다. 일반적으로 아동의 문제는 개인적 요인(내담 아동의 병리에 초점을 둔 것)과 체계 기반 요인(부모, 가족, 학교와 좀 더 큰 체계 내의 요인들에 초점을 둔 것) 등 환경 내에서 영향을 미친 모든 요소에 대한 분석을 기반으로 한다. 또한 아동의 문제 원인은 순환적이므로 가족 요인은 아동 문제의 원인이 되지만 이는 다시 가족 스트레스의 원인이 되어 결국 아동의 문제는 계속 유지되기도 한다. 그러므로 각 요인들의 상호작용 측면을 잘 살펴볼 필요가 있다.

2. 사례개념화 구성요소

사례개념화의 구성요소와 내용을 이해한다면 사례개념화 능력을 함양시키는 것에 도움이 된다. 일반적으로 숙련 상담자들은 초심 상담자들보다 더 포괄적이고, 체계적이고, 복합적이며, 구체적인 사례개념화를 수행한다(Eells & Lombart, 2003; Eells, Lombart, Kendjelic, Turner, & Lucas, 2005). 사례개념화는 크게 평가와 치료 개입으로 구성되는데(Connor & Fisher, 1997), 내담 아동을 대상으로 사례개념화를 할 때 놀이치료자는 내담 아동과 그들의 상호작용에 영향을 미치는 생물학적·심리적·사회적 그리고 영적 요소에 대한 정보를 종합해야 한다(Manassis, 2014). 이는 [그림 7-2]와 같다.

이처럼 내담 아동에 대한 사례개념화를 위해서는 다양한 정보를 종합하고 체계화하는 작업이 필요하다 보니, 사례개념화의 구성요소를 체계화하여 살

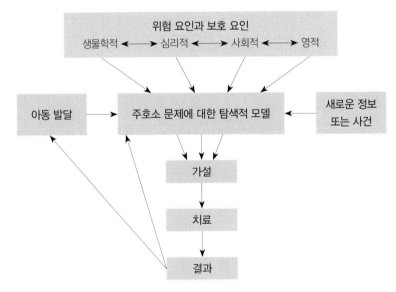

[그림 7-2] 역동적인 아동 사례 개념화

출처: Manassis (2014).

퍼보는 것이 필요하다. 이에 많은 학자는 사례개념화의 구성요소를 다음과
같이 제안하였다. Acker와 Holloway(1986)는 사례개념화에 내담자의 심리
역동, 행동 패턴 등에 대한 이론적 이해, 치료계획(단기, 장기) 수립이 포함되
어야 한다고 제안하였고, Gehart(2019)는 사례개념화의 다섯 가지 요소로 내
담자 소개, 호소 문제, 배경 정보, 강점과 다양성, 이론적 사례개념화를 제시
하였다(〈표 7-2〉 참조). 특히 Gehart는 내담자의 강점과 자원은 마지막이 아

〈표 7-2〉 Gehart가 제안한 사례개념화 구성 요소

구성요소	내용
1. 내담자 소개	내담자와 중요한 타인의 인구학적 특징을 조사하라. 예) 연령, 인종, 언어, 직업, 지위 등
2. 호소 문제	관련된 모든 집단이 어떻게 그 문제를 정의하고 있는지에 대해 구체화하라. 예) 내담자, 가족, 친구, 학교, 직장, 법적 체계, 사회 등
3. 배경 정보	촉발 사건뿐 아니라 다양한 문제와 관련된 역사적 배경을 모두 포함한 최근의 변화에 대해 요약하라.
4. 강점과 다양성	다양한 주제와 관련된 자원 및 한계와 더불어, 개인적·관계적·영적 강점에 대해 확인하라.
5. 이론적 사례개념화	내담자의 개인적이고 관계적인 역동에 대한 초기의 이론적 이해를 발전시키기 위해 다음의 항목을 사용하라. 1) 정신역동, Adler 학파 개념화: 방어기제, 대상관계 패턴, Erikson의 심리사회적 발달 단계, Adler 학파의 생활양식, 기본적 오류 등을 포함 2) 인본주의, 실존주의 개념화: 진정한 자아의 표현, 실존주의적 분석과 게슈탈트 접촉 경계 장애 3) 인지행동 개념화: 행동적 기저선(behavioral baseline), A-B-C 분석, 인지 도식 분석 4) 가족체계 개념화: 가족생활 주기 단계, 경계, 삼각관계, 위계, 상호보완적 패턴, 세대 간 패턴 5) 해결중심, 문화적 담론 개념화: 이전의 해결책, 독특한 결과, 기적질문, 지배 담론, 정체성 담론, 선호하는 담론

닌 첫 번째로 평가되어야 한다고 주장하였는데, 이를 통해 상담 관계가 강화되고 상담자는 더욱 다양하고 풍부한 전략을 활용하게 된다고 하였다. 이는 현장에서 놀이치료를 실시하고 있는 초보 놀이치료자가 꼭 기억해야 할 부분이다. 보통은 사례개념화를 할 때 놀이치료자는 내담 아동의 문제와 관련된 부정적인 요인들을 찾으려는 노력을 기울이게 되지만, 긍정적인 요인을 찾고자 하는 노력도 잊지 말아야 한다. 상담자는 무엇보다 위험 요인과 보호 요인의 역동적인 관계에서 살아남으려고 애쓰고 있는 내담자의 모습을 볼 수 있어야 한다(이명우, 2017).

숙련 놀이치료자의 경우에는 초보 놀이치료자에 비해 사례를 이해하고 정보를 통해 종합적인 판단을 하는 사례개념화에 대한 막막함은 다소 감소한다. 또한 사례개념화를 위해 내담자의 문제를 설명할 수 있는 정보를 보다 빨리 선별하고 통합할 수 있다. 이에 숙련 상담자의 경우, 사례개념화를 할 때 호소 문제를 중심으로 내담자의 핵심 욕구 및 패턴을 파악하려고 시도하고, 다면적인 평가를 실시하며, 상담자가 선호하는 이론보다는 내담자에게 적합한 이론을 선택하려는 노력을 기울였다. 또한 내담자의 자원이나 강점에 대한 관심을 가지고 지속적으로 수정을 반복하면서 주요 정보를 통합하는 과정을 거치면서 사례개념화를 실시하고 있었다(장유진, 2021). 이에 대한 구체적인 내용은 〈표 7-3〉에 제시하였다.

〈표 7-3〉 숙련 상담자들의 사례개념화 범주 및 내용

범주	내용
호소 문제를 중심으로 시작	• 현재 내담자가 겪고 있는 어려움과 스트레스원 및 상담에 오게 된 직접적인 계기에 초점을 두어 개념화 작업을 수행하는 것이 중요함
핵심 욕구 및 패턴 파악	• 결핍 또는 과잉 충족되어 있는 욕구 탐색 • 그 욕구와 관련된 행동 및 패턴 파악

문제의 발생 원인에 대한 다면적인 평가	• 내담자의 성장배경, 과거경험, 환경 체계, 상황적 요인 등을 종합적으로 탐색하면서 내담자의 문제 원인을 파악 • 단일 요인이 아닌 다양한 맥락 요인 고려 • 다면적 · 입체적으로 이해하려는 태도 필요
이론에 근거	• 내담자의 문제에 대한 일관성 있는 설명을 위해 필요 • 상담자가 선호하는 이론보다는 내담자와 내담자의 문제에 가장 적합한 이론을 선택하는 것이 필요 • 통합적이고 절충적인 관점에서 이론 선택을 하는 유연성이 필요
핵심 내러티브 탐색	• 내담자가 추구하는 삶의 의미와 가치, 정체성의 내용 등을 파악
자원이나 강점에 대한 관심	• 내담자를 현재까지 기능하게 한 자원이나 강점 탐색
역지사지의 태도 견지	• 내담자의 주관적 경험 세계 안에서 사례를 이해하는 것이 중요
반복적 수정 및 명료화	• 상담 목표와 전략 설정, 수퍼비전 과정 속에서 초기 설정한 관점이 수정될 수 있음
주요 정보의 기록 및 통합	• 상담 진행 중 중요한 정보를 지속적으로 메모하고, 이 내용을 연결시켜 하나의 지도를 완성

이에 더하여 Sperry와 Sperry(2014)는 사례개념화에 문화적 요소도 다양하게 고려해야 하고 상담 전략 및 개입이 포함되어야 함을 제안하였다. 이에 대한 내용은 〈표 7-4〉와 같다.

〈표 7-4〉 Sperry와 Sperry가 제안한 사례개념화 요소

구성요소	내용
호소문제	호소하는 문제, 촉발요인에 대한 특징적인 반응
촉발요인	패턴을 활성화하여 호소문제를 일으키는 자극
부적응적 패턴	지각, 사고, 행동의 경직되고 효과가 없는 방식
유발요인	적응 또는 부적응적 기능을 촉진하는 요인
유지요인	내담자의 패턴을 지속적으로 활성화하여 호소문제를 경험하게 하는 자극

문화적 정체성	특정 민족집단에 대한 소속감
문화: 적응과 적응 스트레스	주류 문화에 대한 적응 수준(심리사회적 어려움 등을 포함한 문화 적응 관련 스트레스)
문화적 설명	고통, 질환, 장애의 원인에 대한 신념
문화 대 성격	문화와 성격 역동 간의 상호작용 정도
적응적 패턴	지각, 사고, 행동의 유연하고 효과적인 방식
상담목표	단기-장기 상담의 성과
상담의 초점	적응적 패턴의 핵심이 되는 상담의 방향성을 제공하는 중요한 치료적 강조점
상담 전략	보다 적응적인 패턴을 달성하기 위한 실행 계획 및 방법
상담 개입	상담목표와 패턴 변화를 달성하기 위한 상담전략과 관련된 세부 변화 기법 및 책략
상담의 장애물	부적응적 패턴으로 인해 상담과정에서 예상되는 도전
문화적 상담 개입	해당 사항이 있을 경우 문화적 개입, 문화적으로 민감한 상담, 개입의 구체화
상담의 예후	상담을 하거나 하지 않을 경우, 정신건강 문제의 경과, 기간, 결과에 대한 예측

이 모든 사례개념화의 구성요소를 종합해 볼 때, 사례개념화 교육 내용의 공통 구성요소로 주호소 문제, 관련 정보 탐색(촉발 요인, 유지 요인), 상담자 관점, 상담목표와 상담 전략을 제시할 수 있다(이명우, 연문희, 2004).

3. 사례개념화 접근 방법

사례개념화를 위해서 놀이치료자는 문제의 기저에 있는 내담 아동의 심리적 역동과 행동을 이해하기 위한 상담이론을 잘 숙지해야 한다. 상담이론이란 세밀한 지도처럼 상담자가 내담자와 그들의 문제를 더 넓고 포괄적인 맥락에서 바라볼 수 있도록 돕는 특별한 관점을 제공한다(Gehart, 2019).

1) 이론적 접근에 따른 사례개념화

상담자는 내담자를 이해하기 위해 내담자의 행동을 특정 지식의 이론적 기초와 연결하게 된다(이윤주, 2016). 정신역동적 접근에서는 내담자의 문제의 원인을 내적 갈등으로 보고 이와 관련된 과거 경험을 연결시키려고 하고, 인지행동적 접근에서는 문제를 지속시키는 내담자의 역기능적 신념과 사고에 초점을 둘 것이다. 그 외 행동주의적 접근에서는 수정되어야 할 특정 행동 및 그 행동과 관련된 선행 및 후행 자극에 초점을 두고, 생리심리학적 접근에서는 생리 · 심리 · 사회문화적 측면을 모두 고려할 것이며, Adler 접근에서는 잘못된 신념과 실망감에 초점을 맞추어 사례개념화를 진행할 것이다. 각 심리이론별로 내담자 문제 이해 시 초점을 두는 부분은 〈표 7-5〉에 제시하였다.

이에 더하여, 근거기반 상담사례 개념화에서는 최신의 과학적 연구 결과, 임상적 경험, 기존의 상담이론에 대한 지식을 근거로 해서 특정 상담사례의 상담 문제, 상담 문제 원인, 상담 개입과 관련된 개념단어나 가설문장에 대해 의문, 탐구, 판단, 검증을 해 나간다(고기홍, 2020). 이를 위해 정보를 수집하고, 객관적인 의문을 제기하고, 이 의문에 대한 답을 객관적으로 탐구하고,

〈표 7-5〉 심리이론별 내담자 문제 이해 시 초점을 두는 부분

심리이론	내담자의 문제 이해 시 초점을 두는 부분
정신역동적 접근	문제의 원인이 되는 내적 갈등과 그 갈등과 연관되는 성장 배경과 과거 경험을 연결시킴
인지행동적 접근	내담자 문제와 증상을 유발 · 지속시키는 내담자의 역기능적 신념과 사고
행동주의	수정되어야 할 특정 행동, 그 행동의 학습 역사, 행동에 대한 선행 및 후속 자극을 포함한 내담자의 생활 환경
생리심리사회적 접근	생리적 · 심리적 · 사회문화적 약점에 의해 촉발되거나 악화된 문제적 상황
Adler 접근	잘못된 신념과 실망으로 촉발되거나 악화된 문제 상황

이 결과를 토대로 의문에 대한 답인 상담 문제, 상담 문제 원인, 상담 개입을 객관적으로 판단한다. 그 후 이를 토대로 상담 문제, 원인 및 개입에 대한 가설을 만들고, 그다음 가설을 객관적으로 검증하고, 마지막으로 이를 토대로 가설을 기각하거나 수용하고, 수정 및 보완을 해 나가는 과정을 거친다(고기홍, 2020). 근거기반 상담사례 개념화 과정과 내용은 〈표 7-6〉과 같다.

〈표 7-6〉 근거기반 상담사례 개념화 과정

과정	내용
정보수집	특정 상담사례에 대한 정보를 수집함
의문생성	수집된 정보를 토대로 하여 특정 상담사례의 상담문제, 원인, 개입에 대한 객관적인 의문을 생성함
답 탐구	생성된 의문의 답을 객관적으로 탐구함
가설 생성	탐구된 결과를 토대로 의문에 대한 답인 상담문제, 원인, 개입을 객관적으로 판단함. 이 판단을 토대로 상담문제 가설, 상담문제 원인 가설, 상담개입 가설을 생성함
가설 검증	생성한 가설의 진위를 객관적으로 검증함
가설 수정 및 보완	검증을 토대로 가설을 기각 및 수용하고, 수정 및 보완함

2) 통합적 관점에 따른 사례개념화

일반적으로 상담자들은 자신이 선호하는 특정한 상담이론에 입각하여 내담자에 대한 초기 평가를 진행하고 이를 바탕으로 상담계획을 수립한다(Seligman & Reichenberg, 2014). 그러나 최근 들어 상담 효과는 이론적 접근의 차이보다는 다양한 이론적 접근이 공유하는 공통 요인들(common factors)에 의해 결정된다는 연구 결과들이 보고되면서(Lambert & Ogles, 2014; Wampold, 2015), 일정 수준 이상의 상담 경력을 갖춘 상담자들은 이론적 정향에 상관없이 공통적인 임상적 판단 및 의사 결정 양상을 보인다는 점이 제시되었다(Kealy, Goodman, Rasmussen, Weideman, & Ogrodniczuk, 2017). 이에 사례개념화에서도 마찬가지로 상담자가 선호하는 이론이 아닌 내담자의 주호소를 설명할 수 있고 내담자에게 좀 더 적합한 이론적 접근을 통합하는 통합적 관점을 취하고 있다.

4. 사례개념화 방법

1) 개념도 구성하기

일반적으로 초심 심리치료자들의 경우 훈련과 경험의 부족으로 인해 심리치료를 실시하는 과정에서 압도당하기 쉽다(Stoltenberg, 2005; Stoltenberg & McNeill, 2010). 이때 상담에 대한 내용을 구조화한다면 상담이나 수퍼비전을 받는 과정에서 경험하는 불확실성을 없애고 초기 상담 훈련을 받을 때 발생하는 불안을 조절할 수 있다(Stoltenberg & McNeil, 2010). 사례개념화를 돕기 위한 상담 내용 구조화의 일환으로 Liese와 Esterline(2015)은 이윤주(2016)와 마찬가지로 상담사례 개념도(concept mapping)를 구성해 볼 것을 권하였다. 개념도란 아이디어, 개념, 또는 문제들 간의 관계를 그래픽으로 정리한 다이어그램이다.

(1) Liese와 Esterline(2015)의 상담사례 개념도

Liese와 Esterline(2015)은 상담사례 개념도를 작성하는 데 있어서 다음과 같은 4단계를 제시하였다.

① 1단계: 초기 회기에 내담자의 문제에 대해 질문을 하고 해당하는 행동, 감정, 사고를 〈표 7-7〉과 같이 작성한다.

〈표 7-7〉 공격적인 행동을 주호소로 내방한 5세 남아(예시)

주호소 문제	행동	감정	사고
공격적인 행동	원하는 것을 들어주지 않으면 바닥에 머리 찧기	분노 폭발	내 마음대로 되어야 함
감정 폭발	너무 심하게 화를 냄	분노, 불안	내 마음대로 되어야 함
고집스러움	말을 잘 듣지 않음	불안, 경직	사고가 쉽게 전환되지 않음
눈치를 많이 봄	혼이 날 때까지 계속 눈치를 살핌	불안, 위축	수용되지 못함
부모와의 갈등	부모에게 계속 혼이 남	불안, 화	사랑받지 못함

② 2단계: 상담자는 내담자의 기능에 대한 가설을 만들면서 사례개념화 과정을 시작한다. 이 단계에서는 특정 이론적 접근을 적용하지는 않는다.

- 1단계의 도표를 완성한 다음 작성한다.
- 개념도의 중앙 원 안에 내담자의 이름을 적고, 그 주변에 직사각형을 그리고 그 안에 내담자의 주호소 문제를 적는다.
- 주호소 문제 주변에 원을 그리고 그 안에 내담자의 행동, 감정 그리고 사고를 적고 주호소가 적힌 직사각형과 연결한다.
- 관계가 있는 내용들은 좀 더 가까이 연결한다.
- 수호소 문제, 행동, 감정, 사고 간의 역동을 알 수 있도록 화살표를 사용한다.

③ 3단계: 수퍼바이저와 함께 사례개념도를 점검한다. 이 단계에서는 사례개념화와 관련하여 상담자가 정기적으로 수퍼바이저에게 평가 및 피드백을 받게 된다. 이때 수퍼바이저는 '내담자의 다양한 문제는 무엇이고, 이러한 문제는 서로 어떻게 관련되어 있는가?'라는 질문을 통해 상담자가 좀 더 깊은 수준으로 사례개념화를 이해할 수 있도록 돕는다. 예를

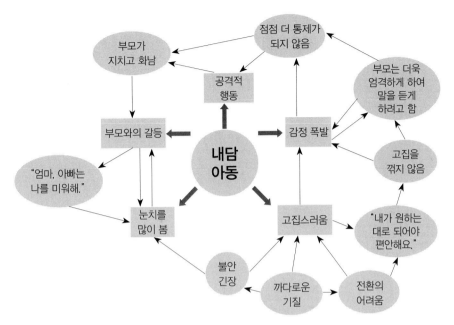

[그림 7-3] 부모와의 갈등을 주호소로 내방한 남아에 대한 개념도

들어, 내담 아동이 공격적인 행동을 하는 것은 표면적인 문제이지만, 좀
더 깊고 역동적인 차원에서 살펴보면 내담 아동의 공격적인 행동은 내
담 아동이 외부 자극에 압도되어 긴장이 높아졌지만 이를 말로 표현하
지 못하여 행동으로 표출했을 가능성도 고려해 볼 수 있다. [그림 7-3]
은 내담 아동의 공격적인 행동에 대한 가설을 Liese와 Esterline(2015)이
제안한 개념도로 작성해 본 것이다.

④ 4단계: 치료자는 내담자에게 사례개념도를 제시하고 이에 관해 함께 논
의한다. 이를 통해 다음과 같은 효과를 얻을 수 있다.

• 협력하는 분위기를 통해 치료 과정에서는 치료자와 내담자 모두 중요
하다는 메시지를 전달한다.

- 치료자가 치료 회기에 대해 잘 준비하고 있고, 내담자를 위해 최선을 다할 것이라는 것을 보여 줄 수 있다.
- 치료자는 회기에 대해 더 잘 이해할 수 있고, 내담자의 피드백을 통해 사례개념화를 더 확장시킬 수 있다.
- 치료자와 내담자는 내담자의 문제에 대해 유사한 견해를 가질 수 있다.
- 치료 동맹을 강화시킬 수 있다.
- 내담자는 치료자의 사고 과정에 대해 이해하게 되어 치료의 역동에 대해 좀 더 이해할 수 있게 된다.
- 치료자는 사고와 감정 간의 차이점과 같은 중요한 개념을 내담자에게 가르칠 수 있다.
- 내담자가 자신의 문제에 대해 더 잘 통찰할 수 있도록 돕는다.

(2) 이윤주(2016)가 제안한 개념도를 통한 사례분석

이윤주(2016)는 인과적 개념도의 표현 방식에 따라 사례개념도를 작성하는 것을 제안하였다. 이윤주(2016)는 공황장애의 어려움을 겪고 있는 대학생 내담자를 대상으로 [그림 7-4]와 같이 개념도를 제시하였다. 이를 구체적으로 살펴보면, 이 개념도에서는 주호소 문제를 중심으로 호소 문제와 문제 행동에 영향을 주는 관련 요인들의 인과관계를 작성하였고, 이를 바탕으로 한 목표 및 전략을 표현하였다. 또한 주호소 문제 및 문제와 증상을 중앙에 놓고, 발달적 역사, 개인 내적 요인, 개인 외적 요인, 대인 관계 요인, 자원 및 취약성을 화살표로 연결하여 상담사례를 종합적이고 역동적으로 이해할 수 있게 하였다. 이를 기반으로 상담 전략을 수립한 후 장단기 목표로 연결하였다.

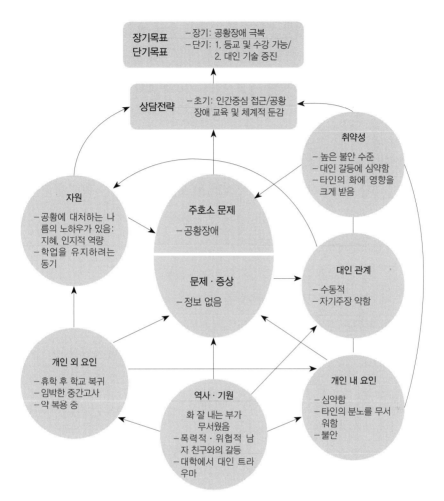

장기목표
단기목표
- 장기: 공황장애 극복
- 단기: 1. 등교 및 수강 가능/
　　　　2. 대인 기술 증진

상담전략
- 초기: 인간중심 접근/공황
　장애 교육 및 체계적 둔감

취약성
- 높은 불안 수준
- 대인 갈등에 심약함
- 타인의 화에 영향을
　크게 받음

자원
- 공황에 대처하는 나
　름의 노하우가 있음:
　지혜, 인지적 역량
- 학업을 유지하려는
　동기

주호소 문제
- 공황장애

문제·증상
- 정보 없음

대인 관계
- 수동적
- 자기주장 약함

개인 외 요인
- 휴학 후 학교 복귀
- 임박한 중간고사
- 약 복용 중

역사·기원
화 잘 내는 부가
무서웠음
- 폭력적·위협적 남
　자 친구와의 갈등
- 대학에서 대인 트라
　우마

개인 내 요인
- 심약함
- 타인의 분노를 무서
　워함
- 불안

[그림 7-4] 상담 1회기에 작성한 상담사례 개념도(예시)

출처: 이윤주(2016).

2) 상담목표 세우기

　놀이치료 수퍼비전을 실시할 때 수퍼바이지로부터 "언제 상담을 종결하나
요?"라는 질문을 종종 받곤 했다. 이때 대답은 "상담목표가 얼마나 달성되었
나요?"였다. 상담목표란 내담자가 상담에서 성취하기를 기대하는 명확한 결
과이다. 일반적으로 놀이치료에서는 내담 아동이 어린 경우 상담목표는 내

담 아동의 양육자와 협의하는데, 목표는 추후 상담 종결을 결정하는 기준이 되므로 구체적이고 명확하고 측정 가능해야 한다. 전형적인 단기목표에는 증상의 감소, 관계 기능의 향상, 기준선까지의 기능 회복이 포함된다. 장기목표에는 성격 변화를 포함한 패턴의 변화까지 포함된다(이명우, 2014).

(1) 상담목표 설정 방법

각각의 내담 아동은 모두 독특하기 때문에 목표를 작성하는 명백한 규칙이 있는 것은 아니다. 그러나 Gehart(2019)는 유용한 목표를 작성하기 위한 일반적인 지침을 다음과 같이 제시하였다.

① 1단계. 선택이론으로부터 나온 핵심 개념/평가 영역으로 시작하기: '증가'나 '감소'(또는 변화를 나타내는 유사한 동사)로 시작하는데, 무엇이 변화할 것인지에 대해 상담자가 선택한 이론의 표현을 활용하여 기술한다.

② 2단계. 증상과 연결하기: 개인적 · 관계적 역동의 변화로 인해 어떤 증상이 다루어질 것인지에 대해 기술한다.

증가시키기/감소시키기	+	이론적인 개념/평가 영역	+	감소시키기	+	증상
A 부분				B 부분		
상담자가 선택한 이론에 부합하는 치료의 분명한 초점 제공				현재의 증상이 어떻게 변화될 것인지에 대한 분명한 설명 제공		

출처: Gehart (2019).

예를 들어 설명하면 다음과 같다.

• 인지행동적 접근에서의 상담목표: 신체 이미지 왜곡을 감소시키기 위해 몸에 대한 긍정적인 자기대화를 증가시키기

- 인본주의 접근에서의 상담목표: 우울감을 감소시키기 위해 <u>양육모를 만족</u>
<u>시키기 위해 '엄마에게 맞추는' 순응</u>을 감소시키기

이 외에 상담목표 설정 시 고려해야 할 범주 및 내용은 〈표 7-8〉과 같다.

〈표 7-8〉 상담목표 설정 시 고려해야 할 범주 및 내용

범주	내용
내담자의 바람에 초점을 둔 합의된 목표 설정	• 내담자의 욕구나 바람을 명료화하는 과정을 통해 내담자 중심의 목표 설정 • 내담자가 왜 이 목표가 필요한지 충분히 이해할 수 있도록 도움 • 내담자 스스로 목표의 의미를 이해하고 목표달성에 전념하는 자세를 갖도록 해야 함
핵심 역동과 패턴 반영	• 내담자의 핵심적인 심리내적 역동과 인지, 정서, 행동 패턴의 변화가 반영되어야 함
현실적이고 실현 가능한 목표 설정	• 내담자가 실제로 달성할 수 있고 달성 여부를 명확하게 확인할 수 있는 구체적인 목표 설정 • 내담자가 관찰 가능한 수준에서의 변화를 목표에 포함시켜야 함
목표의 우선 순위 설정	• 내담자와 함께 목표의 우선순위를 정하기 • 단기목표와 장기목표를 나누기 • 목표가 서로 연결되어 있을 때에는 목표를 위계화하기
목표 점검 및 수정	• 상담의 초점이 불명확해지거나 목표와 동떨어진 주제로 진행될 때 초기 설정한 목표 재초점화하기 • 더 중요하게 다루어야 할 문제 등장 시 목표 재설정하기

(2) 아동 대상 상담목표 설정 시 유의점

놀이치료에서 아동을 대상으로 상담목표를 설정할 때 놀이치료자는 다음과 같은 점을 유의해야 한다.

- 놀이치료자의 기본 태도는 상담목표에 기술하지 않는다.

- 한 목표 문장 안에 2개 이상의 목표가 기술되지 않도록 한다.
- 문장은 최대한 간결하고 짧게 구성한다.
- 내담 아동 대상 상담목표와 내담 아동 양육자 대상 상담목표를 구분하여 작성한다.

5. 사례개념화 연습하기

1) 사례개념화를 위한 자료 정리

1. 연령 및 성별 (적절한 발달 과정)	
2. 주호소	
3. 기질적 특성	
4. 놀이에서 나타나는 특징	

5. 발달 과정 중 결핍된 부분	
6. 강점	
7. 환경적 요인	유발 원인: 지속 원인:

2) 사례개념화 진술문 작성하기

사례개념화를 작성하는 것에는 여러 가지 방법이 있으나, 다음과 같은 형태를 제안하고자 한다. 일반적으로 사례개념화는 3개의 문단으로 구성할 수 있다. 첫 문단은 내담 아동의 간단한 인적 사항과 주 증상을 정리해서 기술한다. 이때 명확히 진단명이 있거나 진단 범주에 해당된다면 이를 기술하는 것이 좋다. 그다음 문단은 내담 아동의 주증상의 촉발 및 유발 원인과 지속 원인을 ① 생물학적 · 기질적 요인, ② 주 양육자의 양육 태도, ③ 그 외 다른 환경적 요소 순으로 기술하는 것이 좋다. 두 번째 문단에서는 ①, ②, ③의 정보를 이론적 관점에서 종합하여 기술하는 것도 좋다. 마지막 문단은 내담 아동과 그 가족이 가지고 있는 강점에 대해 기술한다.

> **예시**
>
> 본 아동은 5세 남아로 주의산만을 주호소로 내방함.
>
> 이에 대한 원인을 살펴보면 다음과 같음. (① 생물학적·기질적 요인, ② 주 양육자의 양육 태도, ③ 그 외 다른 환경적 요소를 순서대로 기술하고, 이 요소들 간의 관계를 종합 기술함.)
>
> 그러나 내담 아동은 (강점), 또한 양육자인 모와 부는 (강점) 있으므로 이는 추후 치료에 도움이 될 것이라 판단됨.

3) 상담목표 세우기

상담목표의 예는 다음과 같다.

(1) 아동 대상 목표

① 자신의 감정을 행동보다는 언어로 표현하는 것을 증가시킨다.

② 충동적인 행동을 감소시킨다.

③ 반복되는 작은 성공 경험을 통해 자신감을 증가시킨다.

(2) 양육자 대상 목표

① 주의 산만한 행동 특성에 대한 지식을 증가시킨다.

② 충동적인 행동에 적절히 대처하는 방법을 알고 이를 훈육에 적용하는 횟수를 증가시킨다.

③ ACT(Acknowledgement–Communication–Target behavior) 훈육 방법을 익혀서 아동에게 적용하는 횟수를 증가시킨다.

참 고 문 헌 ▽

고기홍(2020). 상담사례 개념화와 반응분석. 서울: 학지사.

손은정, 이혜성(2002). 상담자 발달 수준별 사례 개념화의 차이: 개념도를 통한 인지 구조를 중심으로. 한국심리학회지: 상담 및 심리치료, 14(4), 829-843.

오효정, 오은경, 김봉환(2012). 상담자의 경력과 사례개념화수준 간의 관계: 인지적 지혜의 매개효과. 한국심리학회지: 상담 및 심리치료, 24(2), 255-271.

이명우(2017). 효과적인 상담을 위한 사례개념화의 실제-통합적 사례개념화 모형 (ICCM-X). 서울: 학지사.

이명우, 연문희(2004). 상담사례개념화 교육 프로그램 개발 연구. 청소년상담연구, 12(1), 143-155.

이윤주 (2001). 상담사례개념화 요소 내용 분석. 경희대학교 학생생활연구, 6, 83-101.

이윤주 (2016). 효율적인 상담사례개념화를 위한 상담사례개념도의 활용. 상담학연구: 사례 및 실제, 1(2), 53-72.

이윤주, 김계현(2002). 상담자의 사례개념화 수행능력과 상담 경력간의 관계. 한국심리학회지: 상담 및 심리치료, 14(2), 257-272.

장유진(2021). 숙련상담자들의 사례개념화 및 상담개입전략 수립에 관한 질적 연구. 교육문화연구, 27(1), 459-482.

Acker, M., & Holloway, E. L. (1986). The use of supervision matrix. An expert from supervision workshop: The matrix model. Oregon Association of Counselor Education and Supervision, Covallis, OR, Feb.

Bernard, J. M. (1997). The discrimination model. In C. E. Watkins (Ed.), *Handbook of psychotherapy supervision* (pp. 310-327). New York, NY: Wiley and Sons.

Connor, D. F., & Fisher, S. G. (1997). An interacional model of child and adolescent mental health clinical case formulation. *Clinical Child Psychology and Psychiatry, 2*(3), 353-368.

Elliott, W. N., & Schrink, J. L. (2009). Understanding the special challenges faced by the correctional counselor in the prison setting. In P. Van Voorhis, M. Braswell, & D. Lester (Eds.), *Correctional counseling and rehabilitation* (7th ed., pp. 23-40). Cincinnati, OH: Anderson Publishing.

Eells, T. D. (2007). History and current status of psychotherapy case formulation. In T. D. Eells (Ed.), *Handbook of psychotherapy case formulation* (2nd ed., pp. 3-32). New York, NY: Guilford Press.

Eells, T. D., & Lombart, K. G. (2003). Case formulation and treatment concepts among novice, experienced, and expert cognitive behavioral and psychodynamic therapists. *Psychotherapy Research, 13*(2), 187-204.

Eells, T. D., & Lombart, K. G. (2011). Theoretical and evidencebased approaches to case formulation. In P. Sturmey & M. McMurran (Eds.), *Forensic case formulation*. Chichester, UK: Wiley Blackwell.

Eells, T. D., Lombart, K. G., Kendjelic, E. M., Turner, L. C., & Lucas, C. (2005). The quality of psychotherapy case formulations: A comparison of expert, experienced, and novice cognitive-behavioral and psychodynamic therapists. *Journal of Consulting & Clinical Psychology, 73*, 579-589.

Gehart, D. R. (2019). 상담 및 심리치료 사례개념화-이론 기반의 사례개념화 훈련(이동훈 역). 서울: CENGAGE. (원서출판 2016).

Hill, C. E. (2014). *Helping skills: Facilitating exploration, insight, and action* (4th ed.). Washington, DC: American Psychological Association. http://dx.doi.org/10.1037/14345-000

Kealy, D., Goodman, G., Rasmussen, B., Weideman, R., & Ogrodniczuk, J. S. (2017). Therapists' perspectives on optimal treatment for pathological narcissism. *Personality Disorders: Theory, Research, and Treatment, 8*, 35-45.

Lambert, M. J., & Ogles, B. M. (2014). Common factors: Post hoc explanation or empirically based therapy approach? *Psychotherapy, 51*, 500-504.

Liese, B. S., & Esterline, K. M. (2015). Concept mapping: A supervision strategy for introducing case conceptualization skills to novice therapists. *Psychotherapy.* Advance online publication. http://dx.doi.org/10.1037/a0038618

Manassis, K. (2014). *Case formulation with children and adolescents.* New York, NY: The Guilford Press.

Mayfield, W. A., Kardash, C. M., & Kivlighan, D. M., Jr. (1999). Differences in experienced and novice counselors' knowledge structures about clients: Implications for case conceptualization. *Journal of Counseling Psychology, 46*(4), 504-514.

O'Connor, K. J., & Ammen, S. (2009). 놀이치료 치료계획 및 중재(송영혜, 김은경, 김귀남 공역). 서울: 시그마프레스. (원서출판 1997).

Parry, G., Roth, A. & Fonagy, P. (2005). Psychotherapy research, health policy & service provision. In A. Roth & P. Fonagy (Eds.), *What works for whom? A critical review of psychotherapy research* (2nd ed., pp. 43-65). London: The Guildford Press.

Prieto, L. R., & Scheel, K. R. (2002). Using case documentation to strengthen counselor trainees' case conceptualization skills. *Journal of Counseling & Development, 80*(1), 11-21.

Rasmussen, P. D., & Storebø, O. J. (2018). Is it time for case formulation to outweigh the classical diagnostic classification in child and adolescent psychiatry? *Scandinavian Journal of Child and Adolescent Psychiatry and Psychology, 6*(4), 150-151.

Seligman, L., & Reichenberg, L. W. (2014). S*electing effective treatments: A comprehensive systematic guide to treating mental disorders* (4th ed.). Hoboken, NJ: Wiley.

Shapiro, F. (1989). Eye movement desensitization: A new treatment for post-traumatic stress disorder. *Journal of Behavior Therapy and Experimental Psychiatry, 20*(3), 211-217.

Sperry, L., & Sperry, J. (2014). 상담실무자를 위한 사례개념화 이해와 실제(이명우 역). 서울: 학지사. (원서출판 2012).

Stoltenberg, C. D. (2005). Enhancing professional competence through developmental approaches to supervision. *American Psychologist, 60*, 857-864. http://dx.doi.org/10.1037/0003-066X.60.8.85

Stoltenberg, C. D., & McNeill, B. W. (2010). *IDM Supervision: An integrative developmental model for supervising counselors & therapists* (3rd ed.). New York, NY: Routledge.

Wampold, B. E. (2015). How important are the common factors in psychotherapy? An update. *World Psychiatry, 14,* 270–277.

Winters, N. C., Hanson, G., & Stoyanova, V. (2007). The case formulation in child and adolescent psychiatry. *Child and Adolescent Psychiatric Clinics of North America, 16,* 111–132.

제8장

아동 놀이의 구조적 분석

1. 정서적 구성요소 분석

1) 정서적 구성요소와 놀이의 발달

놀이 활동의 정서적 구성요소는 아동의 주관적 경험에 대한 핵심적인 전달 수단이 된다. 아동이 표현한 감정은 양육자와 상호작용을 하는 최초의 신호이며 웃거나 우는 표현은 유아가 전달하는 최초의 감정 신호이다. 이때에 부모는 자신의 감정 상태를 과장해서 자녀에게 보내는 신호로 반응을 한다. 이처럼 부모와 아동 사이에서 일어나는 최초의 공명을 '일차적 상호주관성(primary intersubjectivity)'이라고 부른다. 이러한 2자 관계에서의 반영적 교류는 애착 동기부여 체계(attachment motivational system)를 유발하고 (Lichtenberg, 1989) 상호보상 체계(reciprocal reward system; Emde, 1989)를 시작하게 한다.

정신분석, 신경과학, 영아 연구에서는 발달 과정을 구성하는 데 있어서 긍정적인 감정의 역할을 강조한다(Emde, 1992; Izard, 1991; Lipsett, 1976; Stern, 1990). 애착이론과 대상관계이론에서 아동이 찾고 있거나, 그들의 행동에 동기를 부여하는 것은 긴장을 감소시키기 위해서가 아니라 즐거움과 기쁨을 찾으려는 것이라고 강조하고 있다. 아동은 2자 관계 속에서 자기(self)와 사회성 발달이 촉진되고, 자극에 대한 정서 상태를 긍정적 수준으로 조절하게 된다. 양육자는 영아의 통합 능력에 기초하여 정보의 방식, 양, 적절한 시기를 조정해 가면서 영아의 정보처리를 촉진시키는 보조적 자아 역할을 한다. 이때에 부모가 해야 하는 역할은 아동에게 격렬한 정서적인 자극이 증가할 때 이를 참을 수 있게 돕고, 아동이 자신의 감정에 압도되기 전에 개입하여 위로해 주는 일이다(Krystal, 1978).

아동이 자랄수록 멀리 떨어져 있어도 자신의 부모에 대해 '사회적 참조'를 할 수 있고, 보다 빠르게 정보처리를 할 수 있으며, 필요할 때 에너지를 보급하기 위해 돌아올 수 있다(Mahler, Pine, & Bergman, 1975). 이처럼 에너지를 보급하는 활동은 물리적 환경이 풍성하게 되고 놀이 활동의 궤도가 확장되는 매우 응축된 공생적 융합 경험(symbolic merger experience)을 의미한다(Rose, 1972). 이후에 아동이 자신의 놀이 세계를 확장하고 예견된 분열과 고통에 맞닥뜨리게 되면서 효과적으로 감각을 회복하고 발달시킬 수 있게 되는데, 이것이 바로 애착 관계에 대한 재조율이다.

재조율은 아동이 즐겁고 믿을 수 있는 자신의 세계의 한 부분과 접촉을 유지하는 놀이 활동이라는 무대에서 발생한다. Winnicott(1971)은 이것이 부모의 역할로 '충분히 품어 주기(good enough holding)'라고 설명한다. 이때 아동이 내면화하는 것은 바로 관계이다. 양육 관계에서 자신의 역할과 양육자의 역할에 대한 관점은 놀이 활동에서 이 관계들이 재연된다는 것이다. 생후 2년이 되면 아동은 상징적이고 역동적인 상호작용 표상을 발달시킨다. 그런 다음 아동은 다른 사람과 실제적인 관계에서뿐만 아니라 상징적으로 상호작용을 한다(Greenberg & Mitchell, 1983). 수치심, 반항, 공격성, 굴욕, 분노를 포함하는 부정적 감정은 양육자가 아주 높은 수준의 정서적 각성에 대해 최적의 해결책을 주지 못할 때 발생한다. 이러한 부정적 감정이 억제되지 못할 때 놀이 활동은 중단될 수 있고, 정서 상태가 분열될 수 있으며, 대처 반응들은 실패하게 된다. 즉, 정서 발달은 놀이 활동의 자원이므로 아동은 양육자와의 관계에 따라 깊게 영향을 받는다. 이러한 애착 관계는 놀이라는 안전한 활동의 장소와 놀이 활동 레퍼토리를 확장하는 데 기여한다.

놀이 중단은 정서적인 조절이 손상되고 원래의 상태로 돌아갈 수 없을 때 일어난다. 정서 조절에 있어서 최적의 균형은 양육자와 아동이 모두 추구하는 것이며, 이를 통해 놀이의 활동이 단단해지고 즐거움이 확장될 수 있다.

2) 놀이치료에서 정서적 구성요소의 관찰과 분석

Chazan(2002)은 놀이치료 회기 내에서 관찰할 수 있는 정서적인 구성요소를 다음과 같이 평가하여야 한다고 설명하고 있다.

(1) 전체적인 쾌락의 어조를 평가한다

이는 아동의 놀이에서 감정의 유형과 범위를 요약하는 것이다. 아동은 놀이를 즐거운 것으로 충분히 만족스럽게 경험하면 이를 통해 다양한 정서를 표현할 수 있게 된다. 두려움이나 울음처럼 극단적이고 분명하게 나타나는 고통은 혼란 가운데 놀이를 끝내게 하거나 중단되게 한다. 쾌락의 어조는 분명한 즐거움, 즐거운 흥미, 자연스러운 흥미, 냉정함, 분명한 고통의 5단계로 평가한다.

(2) 정서의 스펙트럼을 평가한다

아동의 놀이의 감정은 즐거움에서 두려움과 압도되는 불안까지 요동친다는 점에서 정서 스펙트럼이 다양함을 볼 수 있다. 아동이 놀이에서 보이는 정서적 스펙트럼은 광범위한, 폭넓은, 중간 정도의, 제한된, 또는 억제된 수준으로 평가한다.

(3) 정서 조절과 조정을 평가한다

아동이 자신의 감정 강도가 올라가는 것에 대처하려면 그 감정에 대한 조절과 조정이 되어야 한다. 정서 조절과 조정은 매우 유연한, 다소 유연함, 중간 정도의, 다소 경직된, 또는 매우 경직된 수준으로 평가한다.

(4) 정서 상태의 변화를 평가한다

정서 상태의 변화는 항상 갑작스러운, 대체로 갑작스러운, 동요하는, 대체

로 평탄한 상태인지 또는 항상 평탄한 상태인지를 평가한다.

2. 인지적 구성요소 분석

1) 인지적 구성요소와 놀이의 발달

초기의 지각이나 행동 패턴과 정서적 경험의 일관성은 영아에게 핵심 자기감(sense of core self)이 발생하도록 응집력을 제공한다(Beebe & Stern, 1977; Lichtenberg, 1989). 영아는 지각의 기억(perceptual memory)을 사용하면서 그의 경험을 강하게 결부시킨다. Louis Sander(1975)는 타자와 자기조절은 항상 상호 연결된다는 개념을 소개하였다. 최초의 관계에서 받게 되는 양육의 질과 경험은 아동 자신에 대한 경험과 밀접한 관계가 있다. 아동이 성장하면서 사회적 상호작용은 다양해지고 표상이라는 독립된 지위를 갖게 된다. 아동은 생명이 없는 물건을 생명이 있는 사람, 살아 있는 생물과 식물이라고 다르게 표상하기도 한다. Sandler와 Rosenblatt(1962)은 이런 주관적인 세상을 '아동의 표상 세계'라고 설명하였다.

Piaget(1954)는 인지 표상의 발달 속에서 이러한 차이를 '수평적 격차(horizonal decalage)'라고 명명하였다. 발달 과정에서 영속성에 대한 감각은 사물의 주변보다 사람의 주변에서 만들어진다. 아동이 숨겨진 물건을 찾는 것(숨기고 난 다음에 찾는 것)과 관련된 연구에서 차이가 생기는 것은 엄마의 민감성에 달려 있었으며 애착과 인지 체계는 서로 긴밀하게 조율되면서 발달한다는 것을 입증하였다(Chazan, 1981). 가장 잘 조건화되고 조율된 자극이 우위를 차지하고 좀 더 일찍 발달하게 된다. 리비도적 대상영속성이란 경험에는 변화가 있더라도 정서적인 유대는 일관성이 있다. 그러므로 아동은 다양한 상황을 거치면서도 긍정적인 정서적 유대를 유지할 수 있게 된다. 이는 양육자에 대한 상징적 표상이 안정적으로 남아 있어서, 이것이 기본적 신뢰감을 형성하기 때문이다(Erikson, 1950).

　이러한 인지 구조와 정서 구조들은 아동의 역량감과 자기효능감을 고양시킨다. 탐색적이고 적극적인 시스템은 아동의 문제 해결에 대한 강한 동기부여의 근거가 된다(Lichtenberg, 1989). 생리적 욕구와 애착 욕구가 더 이상 선행될 필요가 없을 때, 아동은 스스로 탐색이 이루어질 수 있는 '열린 공간'이라는 적합한 장소를 찾게 된다(Sander, 1983). 이 순간 유아는 양육자로부터 상대적인 해방감을 경험할 수 있고 스스로를 즐겁게 할 수 있게 된다. 이 상태를 Winnicott(1958)은 "다른 사람들 앞에서 홀로 있을 수 있는 능력"이라고 불렀다. 아동은 외부 자극에 반응하면서 삶을 계속 제한시키기보다는, 자신만의 주도적이고 개인적인 생활을 발견하게 된다. Freud(1920)는 그의 손자(자신의 엄마와 애착이 매우 잘 형성되어 있다고 이야기된)가 1세 6개월이 되었을 때 작은 물건을 멀리 던졌다가 찾는 놀이를 만들어 하는 것을 관찰했다. 이 유아는 "오, 오!"라고 큰 소리로, 길게 소리를 내뱉으면서 자신의 흥미와 만족감을 표현하였다. 아동은 이 순간에 이루어진 놀이를 통해 자신이 양육자의 실재 속에서 여전히 존재하고 있다는 느낌을 유지하고 있는 것이다. 놀이를 하면서 '품어 주는 환경(holding environment)' 속에 들어가게 된다(Winnicott, 1958). 이것은 아동이 양육자의 무릎이 확장되는, '안전한 울타리' 속에서 놀이를 하고 있음을 은유적으로 표현한 것이다(Sandler, 1960). 효능감에 대한 즐거움(Lichtenberg, 1989; White, 1959)은 아동이 역량 수준이 증가하는 것을 경험하고 자신의 환경에서 새로운 사회적인 측면과 물리적인 측면에 대한 탐색이 확장되는 것을 경험할 때에 발생한다. 숙달에 대해 즐거워하고 다양하게 심사숙고하면서 새로운 인지 활동이 이루어진다.

　문제를 해결하거나 이야기할 때, 예를 들면 책상을 집이라고 하는 것처럼 아동은 개인적인 상징들을 만들거나 또는 작은 테이블을 세팅하기 위해 작은 컵을 사용하는 것처럼 합의된 방법으로 물건을 사용한다. 아동은 이미 경험

했던 정서를 생생하게 재연하기 위해 의미를 부여하면서, 놀이 활동 속에서 사용할 물건을 스스로 결정한다. 이렇게 자유를 가지고 아동은 문제를 다시 만들어 낼 수 있고, 해결책을 찾기 위해 자신만의 방법을 표현한다. 아동의 삶 속에서 상징적 사고가 나타나면서(약 18개월쯤), 아동은 다른 사람과 함께 혹은 스스로 탐색하는 즐거움을 만들어 내고 확장시키려고 노력하는데, 이를 통해 아동의 우주는 진짜로 무한해진다.

2) 놀이치료에서 인지적 구성요소의 관찰과 분석

놀이 활동에서 인지적 구성요소에는 놀이를 하는 동안 아동이 사용하고 있는 사람과 물건에 대한 표현의 형태, 정신적 이미지들 그리고 표현 형태가 포함된다. 이는 역할 표현, 표현의 안정성(사람과 물건), 놀잇감 사용 그리고 표현 스타일(사람과 물건)로 구성되어 있으며, 각 요소를 분리하여 평가한다.

아동은 놀이를 하는 동안 아마도 한 가지 역할이나 또는 다른 등장인물이 되는 것을 선택할 것이다. 역할 표현은 각기 다른 수준(복합적 2자 관계, 혼자 그리고 전조)에서 발생한다. 복합적인 역할 놀이는 역할 놀이 단계 중 가장 높은 수준이다. 세 가지 형태 중 하나를 선택할 수 있다. 즉, 협동 놀이, 감독관 놀이, 이야기하는 사람 놀이 중 하나를 선택하여 평가한다.

협동 놀이에서 아동은 또 다른 사람이나 인형을 사용하거나 작은 모형으로 몇몇의 다른 역할을 부여하며 함께 상호작용을 한다. 아동은 자신의 이야기를 말하기 위해서 다양한 가족 역할(엄마, 아빠, 아기 등), 직업에 대한 역할(의사, 교사, 소방관 등), 또는 허구의 역할을 만들어 낸다. 놀이하고 있는 동안 아동은 자신의 관점에 부모 또는 치료자뿐만 아니라 아동이 살아 있는 것처럼 움직이는 놀잇감이라는 보조 놀이자의 관점을 조화롭게 구성한다(Bretherton, 1984; Dunn & Dale, 1984).

① 감독관 놀이에서는 아동이 스스로 놀이 활동에 참여하는 것이 아니라 다른 사람, 인형들, 작은 놀잇감에게 어떻게 말하고 행동해야 하는지 지시를 내리면서 놀이 행동을 지시한다.

② 이야기하는 사람의 놀이에서 아동은 놀이 사건에 대해 이야기하면서, 자신의 놀이에 대한 내레이션을 한다.

③ 관계의 역할 놀이는 두 가지 역할에 대한 표현으로 이루어진다. 아동은 다른 사람에게 적극적인 파트너가 되기도 하고, 인형이나 놀잇감을 움직여서 놀이를 한다.

④ 혼자만의 역할 놀이는 아동이 자신을 다른 사람이 되는 것으로 완전히 변형시킬 때, 놀잇감이나 인형을 움직일 때, 그리고 등장인물을 위해 이야기를 만들며 표현한다(Piaget, 1962).

⑤ 역할 놀이에서 전조 역할은 아직 응집력 있는 정체성 속으로 통합되지 못하여 단편적이고, 조각으로, 파편화되어 존재하는 것이다. 역할 놀이에서 전조는 다음 네 가지 형태로 나타난다.

• 몸짓 또는 억양을 통해 가상으로 놀이하고 있다는 것을 보여 주며, 아동은 자신의 행동을 표현하거나 흉내를 낸다(Piaget, 1962).

• 몸짓 또는 억양을 통해 가상으로 놀이하고 있다는 것을 보여 주며, 아동은 다른 사람의 행동을 표현하거나 흉내를 낸다(Piaget, 1962).

• 아동은 자신의 가상 놀이 속에서 다른 것들(사람, 또는 물건·동물 등의 놀잇감)과 관계를 맺는데, 이때 독립성 없이 또는 상호적인 정보의 제공도 없이, 마치 그들이 자신의 생각을 연장하는 것처럼 놀이를 한다. 다른 가상의 인물은 파트너로 보이지 않고, 자신을 무엇인가를 하고 있는 것으로 묘사한다(Piaget, 1962; Nicholich, 1977).

• 아동은 다른 인형 또는 사람과 함께 동일한 형태로 놀이를 한다. 아동과 다른 사람은 서로 간에 상호작용이 없는 채로 똑같거나 유사한 활동을 한다(Nicholich, 1977).

Fein과 Apfel(1979)은 그들의 연구에서 12개월 유아 중 80%가 스스로에게 가상 수유를 하고, 31%는 엄마나 연구자들에게 우유를 먹이고, 오직 19%만이 인형에게 우유를 먹인다는 것을 발견하였다(중복표현으로 합이 100%가 넘는다). 그러므로 유아들이 상징적 도식의 수용체로서 인형을 가지고 놀이를 할 때 사람의 형상으로서 인형을 사용한다는 가설을 세울 수 있다. 사람에게 하는 행동들은 점차 인형에게 했던 행동들과는 약간씩 다른 형태를 취하게 된다. 예를 들면, 영아는 놀잇감 컵으로 차를 홀짝이며 마실 때 어른들이나 또래들이 함께 놀아 주기를 기대하기도 한다.

아동이 사람과 놀잇감들을 통해 생생하게 묘사하고 있는 표현들은 변형을 경험할 수도 있고 아닐 수도 있다. 자발적인 변형이 이루어지는 사례에서는 등장인물과 주제 안에서 일어나는 변화가 아동의 창의적인 통제하에 이루어진다. 이러한 변화는 여러 가지 변화 속에서는 유동적이지만, 역할 전환을 할 때처럼 단 한 가지의 변화만 생길 때에는 안정적으로 이루어진다. 놀이 주제 또는 역할에서의 변화가 아동의 통제 밖에서 나타났을 때는 원하지 않는 변형이 일어난다. 아동은 놀이치료실에서 한 가지 주제 또는 하나의 역할로 놀이를 하다가 변화 때문에 놀라고 충격을 받고 무서워하기도 한다. 예를 들면, 놀이에서 위험한 인물을 등장시키고, 무섭게 대응하며 공격적인 감정을 배출하는 갈등 상황을 만들 때에 이런 장면을 볼 수 있다.

3. 이야기 구성요소 분석

1) 이야기 구성요소와 놀이의 발달

놀이의 인지적이고 정서적인 형태는 줄거리라는 이야기 속에서 이루어진다. 이야기 줄거리 속에는 아동에게 중요한 사건과 관심사가 포함되어 있다.

어떤 때는 아동이 상상의 경험을 전달하고 개발한 등장인물들을 통해 이 줄거리를 상징적으로 이야기한다. 또 다른 때에는 합의된 규칙에 입각하여 건설하고 조작하는 내용이 줄거리에 담겨 있다. 각각의 경우에서 줄거리는 시간에 따라 사건을 배열한다. 그러므로 놀이 활동에서의 줄거리는 산발적으로 흩어져 있는 사건들을 통합하는 틀이 되어서 시작, 중간, 끝으로 구성하여 조직화된다. 놀이 활동의 이야기 구조는 아동과 치료자 모두의 흔적을 내포하고 있는 통합적인 활동이다.

심지어 수동적인 참여자라고 할지라도 치료자는 이야기 형성에 기여한다. 치료자는 최소한 안전이라는 배경의 전후를 제공한다. 언급했던 것과 같이, 때때로 치료자는 창시자 또는 공동 작가로서 좀 더 적극적인 역할을 해야 할 때도 있다. 치료자의 역할은 아동의 능력 수준과 개인적 욕구에 따라 결정된다. 가장 중요한 것은 놀이를 할 수 있는 아동의 역량을 지지하고 촉진하는 것이다. 그다음 치료자는 놀이 활동을 좀 더 다듬고 아동의 이야기의 발달을 격려해야 한다.

Jerome Bruner(1990)는 아동이 자신의 경험을 조직화하는 데 있어서 줄거리의 중요성에 대해 언급하였다. 그는 유아가 주고받는 행동 속에서 상호작용과 목표와 성취를 향한 행동에 민감하다는 것을 밝혀냈다. 유아들은 '모두가 버렸어.'와 같은 완성된 문장이나 '어, 오'와 같은 아직 완성되지 않는 어구 속에서 '생각지도 않은 것'을 깨닫게 된다. 이야기에 가장 우선되는 필요조건은 사람과 그들의 행동에 초점을 맞추는 것으로, 이것은 아동의 흥미와 만족에 큰 영향을 준다. 두 번째 필요조건은 주의집중과 일상적이지 않은 것에 대한 정보처리 과정이다. 대부분의 아동은 몸짓을 표현하고, 목소리를 내다가 결국에는 무엇이 다른지에 대해 이야기를 한다. 이야기의 세 번째 필요조건은 주어, 목적어, 동사 순으로 배열하는 것이다(어떤 사람이 무엇을 한다). 순차적으로 배열은 시간(그때, 나중에)을 사용하면서 연결되고 결국에는 인과관계를 사용하여 연결된다. 이야기의 네 번째 필요조건은 '목소리'와 '견해'로, 아

동 발달 과정에서 목소리 억양이 변하는 것을 통해 일찍 발견할 수 있을 것이다(Srern, 1977).

Jerome Bruner(1990)는 이야기를 위한 네 가지 선행 조건이 논리적이고 이상적인 생각보다 앞서고 아동의 초기 관심사와 줄거리에 대한 이해의 근거가 된다고 강력하게 주장을 하였다. 문화는 이러한 이야기의 전 단계를 정교하게 다듬기 위해 이미 알려진 이야기에 등장하는데, 이는 전통적인 이야기 속의 의미를 가지고 접근하여 후에 해석을 하게 하는 실마리를 제공한다.

아동이 놀이 활동에서 표현하는 자신의 이야기에 의미를 형성하기 위해 작업을 하는 동안 치료자는 아동의 협력자로서 기능한다. 치료자는 의미 있는 놀이 사건들에 집중하고, 등장인물 또는 사건의 세부사항을 상세히 살핀다. 또한 사건들 간의 관련성을 만들면서 일을 순서대로 배열하고, 혼동 또는 갈등을 명료화하며, 아동의 관점에 대해 목소리를 내게 함으로써 이야기 발달을 촉진한다. 마지막으로, 치료자는 적절할 때 아동이 깨닫지 못하고 있는 사건의 의미를 해석해 준다.

이야기를 나누는 방법을 통해 아동은 자기 자신뿐만 아니라 인간 행동의 공유되는 영역에 대해서도 깨달음을 얻게 된다(Engel, 1999). 2세 정도의 어린 연령의 아동들도 다른 사람과 의미와 계획을 나누기 위해 게임이나 대화와 같은 형식을 받아들인다(Garvey, 1977). 3세와 4세 사이의 아동이 익숙한 사건에 대해 설명하는 것을 들어 보면 아동들은 이야기를 듣는 사람들도 인간의 일상사에 대한 동일한 기본 각본을 공유하고 있다고 가정한다는 것을 알수 있다. 인간 행동에 대해 이해하는 것에는 한 사람이 어떻게 분리된 존재가되는지뿐만 아니라, 한 사람이 어떻게 다른 사람과 유사한 존재가 되는지에대한 민감성도 포함되어 있다.

Dennis Wolf, Jayne Rayne과 Jennifer Altshuler(1984)는 사회성 발달을 위해 2세에서 3세 사이에 상징 놀이가 중요하다고 강조하였다. 몸짓과 언어를 사용하면서 아동은 놀이 활동에서 사람들이 어떻게 생각하고 느끼고 행동하는지에 대해 명확하게 이해할 수 있게 된다. 성차는 4세 정도의 어린 연령에서 나타나는데, 이때가 힘에 대한 감각과 다른 사람을 이해하는 경험이 부각되는 시기이다. 여자 아동들은 등장인물이 경험하는 것을 강조하지만, 남자 아동들은 등장인물들이 무엇을 하거나 말하는지에 초점을 둔다. 그러므로 성은 사회적 지식(각본)과 상호작용하여 다룰 형태로 사회적 인식을 하게 한다. 치료자는 자신의 아동 내담자의 적응을 높이기 위해서 다른 놀이 형태 속에서 작업을 한다.

가상 놀이를 할 수 있는 역량, 인지적 성취와 이야기 만들기를 통해 의미를 만들어 낼 수 있는 역량은 역할 놀이를 포함한 게임을 만들면서, 실재하지 않는 사건을 참조하면서, 예상치 못한 결과에 초점을 맞추면서(놀라고), 부모와 아동이 함께 놀이를 하는 것을 통해서 획득된다. 이와 마찬가지로 또래, 형제, 치료자는 아동과 예상된 각본 속에서 상호작용을 하고 그 다음에 전개된 이야기에 따라서 각색한다.

2) 놀이치료에서 이야기 구성요소의 관찰과 분석

놀이 활동에서 놀이치료자가 관찰하는 이야기 구성요소는 놀이 활동의 제목, 놀이 활동의 주제, 이야기 속에서 묘사된 관계의 수준, 이야기 속에서 묘사된 관계의 질과 아동과 치료자가 사용한 언어이다.

놀이 활동의 제목은 아동이 자신의 이야기 구조를 사용하여 내용을 전달하기 위해 아동이 선택한 것이다. 놀이 활동의 주제에는 이야기의 전개를 통합하는 활동과 관계의 역동이 포함되어 있다. 때로는 제목과 주제가 얽혀 있어서 이를 분리시키기 어려울 수도 있다. 아동이 놀이를 통해 전개되는 이야기에는 자신만의 독특한 역동이 있다. 놀이 이야기에서 아동이 묘사하고 있는 관계의 형태를 살펴보면 아동에게 흥미를 불러일으키고 상상과 호기심에 의해 움직이는 관계에 대해 알 수 있다.

이야기 속에서 묘사된 관계의 수준은 자기(self), 2자 관계, 3자 관계, 오이디푸스적 관계로 평가한다. 놀이 이야기 속에서 묘사되는 관계는 단일 등장인물로 묘사될 수 있는데, 이것은 자기(self)에게 몰입되어 있다는 것을 반영하는 것이다. 2명의 등장인물이 묘사될 때, 2자 관계 수준에는 같음과 다름, 강요와 항복, 양육과 의존, 또는 한 쌍이 되는 것을 반영하는 것이다. 3자 관계 수준에서는 몇 명의 등장인물 사이에서 상호작용이 나타나는데, 각각의 사람들은 몇 가지 방법으로 다른 사람들과 관계를 맺는다. 오이디푸스적인 수준에서는 3자 관계에, 세대, 성차, 또는 상호관계에서 세 번째 사람을 배제하는 것이 포함된다. 아동의 놀이에서 아동과 부모라는 세대와 악독한 야수 등에 초점이 맞추어져 있다면 이 또한 남성적인 것에 초점이 맞추어진 오이디푸스 갈등을 나타내는 놀이로 평가할 수 있다.

이야기에 묘사된 관계의 질은 자율적인, 평행의, 의존적인, 결합하는, 악의적인, 파괴적인, 또는 전멸시키는 수준으로 평가한다. 놀이에서 묘사된 관계의 질은 상호성에서부터 파괴성까지의 연속선상에서 변동될 수 있다. 묘사된 관계는 자율적인(독립적인 관계), 평행의(관계가 유사하거나 일치함), 의존적인(한 파트너가 다른 파트너에게 의존함), 또는 결합하는(관계에서 2명의 파트너가 동일함) 것이 될 수 있다. 그 대신에 그들은 악의적 통제(한쪽 파트너가 다른 파트너를 잔인하게 통제하려고 시도하는 것), 파괴(동일시한 사람, 힘이 다른 사람을 파괴하는 것), 전멸(확인할 수 없는 감춰진 힘에 의해 파괴하는 것)이라는 역동으로 보일 것이다.

아동과 치료자가 사용하는 언어는 침묵, 모방, 말장난이나 단순한 음율, 단일 역할, 다중적 역할, 은유, 의미, 무언가 다르게 표현하는 것, 자세한 묘사 등으로 평가한다.

아동이 자신의 놀이를 설명하기 위해 언어를 사용하는 것은 소리를 내지 않는 것부터 소리를 모방하거나 단어로 표현하기, 혹은 단일의 역할이거나 또는 다양한 역할을 장황하게 말로 표현하는 것까지 다양하다. 놀이를 하는 동안 이야기는 은유를 통해서 혹은 놀이의 의미에 대해서 간접적으로 언급하면서 이루어진다. 이야기하는 것은 놀이라기보다는 다른 것에 대해 설명하는 것이다. 치료자가 사용하는 언어도 이와 같은 범주로 설명할 수 있다.

4. 발달적 구성요소 분석

1) 발달 단계와 놀이 단계

발달 궤도는 놀이 단계가 연속적으로 전개되는 것을 뜻하는 것으로, 순차적인 방법이다. 한 단계는 다른 단계의 뒤를 따르는데, 각 단계는 위계적으로 이전 단계 위에 쌓이고 이를 넘어서 확장하면서 정렬된다. 발달적인 관점에서 보면, 놀이 활동은 생활연령, 사회적 수준, 심리성적 수준 그리고 개별화 수준에 따른 복합적인 경로를 따라서 나타난다.

발달적 구성요소의 평가는 놀이 활동의 연대기적 발달 수준, 놀이 활동에서의 성 정체성, 놀이 활동에서의 사회적 수준과 치료자와의 상호작용 수준, 심리성적 수준, 분리·개별화 수준을 평가하는 것이다.

아동의 성은 놀이 활동 속에 스며들며 영향을 준다. 성 정체성은 앞에서 언급한 모든 발달 구성요소와 상호작용하면서 놀이 활동 패턴에 영향을 준다(Youngblade & Dunn, 1995). 성 정체성은 발달에 다차원적으로 영향을 주기 때문에 놀이의 발달 구성요소로 제시된다.

아동의 발달을 평가하는 중요한 영역은 아동이 자신의 생활연령에서 예상되는 수준으로 놀이를 할 수 있는지의 여부이다. Anna Freud(1965)에 따르면, 정서 문제에 대한 한 가지 지표는 자신의 생물학적 연령보다 더 어리고 싶어 하는 아동의 욕구이다. 반대로 조숙한 아동은 자신보다 나이 많은 아동에게 적합한 관심사를 추구할 것이다. 어떤 아동은 자신의 놀이 관심사 속에

가변성을 보여 주는데, 어떤 관심사는 연령 수준에 맞지만 어떤 것들은 연령에 맞지 않기도 한다. 아동의 놀이에서는 관심사에 있어서 다소간의 가변성이 예상되므로 아동이 자신의 연령에 맞는 놀이 활동에서 완전히 멀어질 때만 걱정을 해야 한다. 놀이 활동의 예상되는 연대기 수준은 다음과 같다.

(1) 출생에서 12개월까지

아동의 활동은 상호작용에 집중되는데, 예를 들어 다가가기, 가리키기, 물건 떨어뜨리기 등을 점점 더 즐긴다. 간단한 게임의 주제에는 까꿍 놀이처럼 인식과 재결합이 포함된다. 유아는 점점 탐색할 수 있고 즐거움을 느낄 수 있는 새로운 놀이를 찾는다. 점차 자신의 몸보다 사람과 사물에 흥미를 가지게 된다. 이 연령에 맞는 놀이 재료로는 다가가기, 잡기, 보기, 소리 내기를 촉진하는 놀잇감으로 모빌, 거울, 거품, 물놀이, 공 딸랑이, 구슬, 음악상자들이 도움이 된다.

(2) 1세에서 2세까지

아동은 걷기, 오르기, 흘리기, 사물의 조각을 붙였다 떼었다 하기 등으로 자신의 몸을 움직여서 즐거움을 얻고자 한다. 사물을 가리키며 이름을 붙이고 선반 위의 물건을 꺼내기 위해 엄마 손을 잡아끄는 등 자신의 욕구를 표현한다. 인형을 안아 주거나 찰싹 때리고 다시 안아 주는 등 주도성이 증가하며 놀이 활동이 길어진다. 간단한 노래 부르기와 소리나 몸짓을 따라 하거나 짝짜꿍이나 까꿍 놀이를 즐긴다. 극 놀이에서 엄마처럼 돌보는 사람의 역할로 수행이 능동적으로 바뀌면서 엄마 역할 수행 놀이가 시작된다. 몇몇 장소에 물건을 숨기고, 숨긴 장소를 회상하기 위해 기억을 사용한다.

이 연령의 놀이 재료로는 끄는 장난감, 장난감 망치, 인형, 블록, 인형 집, 큰 크레용 등이 유용하다.

(3) 2세에서 3세까지

아동의 놀이는 좀 더 상징적이고 상호적이 된다. 아동은 상상의 창조물이 되어 놀이할 수 있고, 어른의 역할을 모방하고, 자신의 욕구를 다른 곳에 투영할 수 있다. 대부분의 놀이는 아동의 실생활의 경험에서 무엇을 보고 무엇을 들었는지에 집중된다. 극 놀이는 떠나기나 숨기기 게임에서와 같이 2자 관계의 맥락 속에서 계속 발달한다. 2자 관계의 놀이에서 상대방이 되어 보기를 통해 유사성이라는 기초 위에 다른 사람을 이해하는 역량이 증가한다는 것을 알 수 있다.

좋아하는 재료로는 인형, 봉제동물, 어지를 수 있는 재료들, 찰흙, 크레용, 모양이나 크기별로 분류할 수 있는 작은 물건들이다.

(4) 3세에서 6세까지

언어가 급속히 발달하면서 놀이 주제는 확장되고 정교해진다. 특히 다양한 등장인물이 등장하고 이야기를 중심으로 순서 있게 정리된다. 아동은 자신의 놀이가 '단지 가장하고 있다는' 것을 알면서도 힘, 영웅, 우주와 우주선, 괴물, 마법사, 요정 이야기나 만화 속의 등장인물에 대한 주제에 흥미를 보인다. 2자 관계의 핵심에는 특별한 친구를 가지고, 좀 더 강력한 상대를 극복하고, 오로지 자신만이 보살핌을 받는다는 것이 포함되어 있다. 어떻게, 어떤 일이 생겼는지 설명하기 위해 새로운 단어를 사용하고 가장의 표현을 하면서 이야기 줄거리를 만들어 간다. 장난감도 놀이 주제에 대한 선호도에서 성차가 나타나기 시작한다. 남자 아동들은 장난감 병정과 같은 작은 모형들을 놀이의 중심으로 하는 놀이를 만든다.

이 연령에 적합한 놀잇감으로는 극 놀이를 위한 소도구와 의상, 칠판, 인형, 작은 모형들, 작은 동물 모형이나 운송 도구들, 찰흙, 물감, 크레용, 풀칠 도구와 가위, 단순한 보드게임 등이 있다.

(5) 7세에서 9세까지

잠복기에 들어가면서 백일몽의 형태가 은밀해지면서 가상 놀이는 뚜렷하게 감소한다. 아동은 다양한 역할과 목소리로, 다양한 면을 가지고 있는 등장인물들에 대해 설명하면서, 길고 다채로운 이야기를 만들며 놀이를 한다. 아동은 자신이 되고 싶은 인물 혹은 자신과 다른 성을 가진 사람이 되기도 하고, 규칙을 깨면서 놀이를 한다. 아동은 규칙이 존재한다는 것을 알고 그것을 깨고 싶어 하지만, 종종 자신이 이해한 대로 규칙을 해석하기도 한다. 보드게임에서 실패하였을 때에 변명을 하거나 속았다고 하거나 그 게임이 공정하지 못했다고 항의하기도 한다.

놀이 재료로는 보드게임, 경쟁 게임, 미술 재료 등이 활용되며, 탐구 놀이를 할 수 있는 도구들도 유용하다.

2) 놀이치료에서 발달적 구성요소의 관찰과 분석

아동의 놀이 활동은 연대기적 수준과 성 정체성 관련 부분을 평가한다.

Selman(1980)은 아동의 사회적 상호작용 발달을 5수준으로 나누었다. 1수준(단독 놀이, 인식하지 못함)에서 아동은 혼자 놀이를 하고 자신의 고립을 인식하지 못한다. 2수준(혼자 놀이)에서 아동은 혼자 놀고 있는 것을 인식한다. 3수준(병행 놀이)에서는 아동이 상호작용 없이 각자 옆에서 유사한 활동으로 놀이를 한다. 4수준(상호 놀이)에서는 놀이하는 사람들 사이에 주고받기를 한다. 5수준(협동 놀이)에서는 공동의 목표를 이루기 위해서 함께 노력하는 상호협동이 생긴다.

아동의 놀이 활동은 심리성적 발달 단계에 따라서도 분류한다. 놀이 활동의 구강기 요소는 다양한 감각(시각, 청각, 운동 감각)을 통해 외부의 자극을 받아들이는 것이 포함된다. 아동은 놀이 속에서 양육을 받을 수도 있고 양육을 할 수도 있다. 놀이 활동의 항문기 요소는 '보유'와 '배설'이라는 주제에 집중

되어 있다. 전자는 나쁜 것과 연합될 수 있고, 후자는 가치 있고 소중하거나 좋은 것과 연합될 수 있다. 반대의 경우 역시 진실이 될 수 있다. 이 활동의 주된 초점은 통제와 조절이다. 물을 튀기고, 어지럽히고, 풀을 바르는 것 같은 놀이 활동은 대소변을 조절하는 기본적인 신체 기능에서 나오고, 더럽히고 어지르고 싶은 욕망을 드러내고, 그다음에는 이에 대한 반동으로 깨끗하게 정리하려는 노력이 나타난다.

　놀이 활동의 남근기 요소는 주변 환경이나 다른 사람에게 질투하거나 밀어내는 특징을 보인다. 이 놀이 활동은 항상 총 쏘기, 포위를 뚫고 들어가는 것으로 표현한다. 이런 놀이 활동에는 노출의 요소가 포함되어 있다. 아동은 자신이 얼마나 강한지를, 또는 자기 신체의 일부를 보여 주는 것을 좋아한다. 놀이 활동의 오이디푸스기 요소는 다음 세 가지 양상이다. 최소한 3명의 등장인물이 있다. 2명의 등장인물은 한 쌍이 되고, 다른 인물은 세대가 다르게 구성된다. 성 차이를 인식하고 있다는 것이 표현되거나 암시된다. 오이디푸스기의 주제에는 경쟁, 대항, 배제가 포함되고, 특징적인 감정에는 성공, 질투, 선망이 포함된다.

　놀이 활동의 잠복기적 요소는 도덕성과 공정성에 대한 문제들에 초점이 맞추어져 있다. 이전의 심리성적 문제들을 승화시키면서, 잠복기 아동은 규칙에 순응하고 사회 역할을 모방하는 것에 초점을 맞춘다. 잠복기 놀이 활동에는 건설, 그림 그리기, 업무 모방하기와 같은 어른의 일을 수행하는 행동들이 나타난다. 아동은 마술적인 힘을 사용하여 역할을 바꾸어서 어른들을 당황시키는데, 이런 마술 역시 잠복기 활동이다.

　분리·개별화 문제는 아동이 부모로부터 자율적이 되는 것과 자신만의 독특한 개성을 얻게 될 때 발생하는 갈등을 해결하는 것이다. 이 발달 과정에는 다음과 같은 것이 포함되어 있다.

・분화: 같게 되거나 다르게 되는 것에 대한 문제들(예: 아동은 작은 것과 큰

것을, 너와 나를, 피부색을 대조한다).

- 연습: 함께 있는 것과 따로 있는 것에 대한 문제들(예를 들면, 아동은 가까워졌다 멀어졌다 하며 거리에 대한 실험을 시작하고 멀리 있는 물건에 이름을 붙이면서, 새롭게 나타나는 언어 기술을 성취한다).
- 재접근: 통제하거나 다른 사람에 의해 통제받는가에 대한 문제들(예를 들면, 아동은 멀리 돌아다니며, 부모가 따라오기를 원하거나 부모의 기대에 따르는 것에 저항한다).
- 항상성: 의존하게 되거나 자율적이 되는 것에 대한 문제들(예를 들면, 아동은 '혼자' 있겠다고 주장하면서 자신의 방에서 조용히 노는 것을 즐긴다).

놀이 활동에 대한 구조적인 분석은 아동의 놀이 활동 구성요소의 진행 과정을 검증하는 것이다. 놀이 활동에는 정서적 · 인지적 · 이야기적 그리고 발달적인 요소가 포함된다. 이 요소 중에 어떤 것도 놀이 활동 속에서 분리되어 작용하지 않는다.

놀이치료실에서 놀이치료자는 아동의 놀이를 관찰 및 평가하면서, '아동은 자신의 놀이를 어떻게 이용하는가? 아동에게 놀이는 어떤 기능을 하는가? 아동은 놀이를 터득하는가? 또는 놀이 자체가 아동 생활의 동의어가 되는가? 상상과 현실 사이의 경계는 어디에 있는가?' 등의 질문들도 생각해 볼 필요가 있다.

참 고 문 헌 ▽

Beebe, B. & Stern, D. (1977). Engagement-disengagement in early object experience. In M. Freedman & S. Grand (Eds.), *Communicative Structures and Psychic Structures*. New York: Plenum Press.

Bretherton, I. (1984). Representing the social world in symbolic play: Reality and

Fantasy. In I. Bretherton (Ed.), *Symbolic Play: The Development of Social Understanding*. Orlando, FL: Academic Press.

Bruner, J. (1990). *Acts of Meaning*. Cambridge, MA: Harvard University Press.

Chazan, S. (1981). Development of object permanence as a correlate of dimensions of maternal care. *Developmental Psychology, 17*, 79–81.

Chazan, S. (2002). *Profiles of play*. London: Jessica Kingsley Publishers.

Dunn, J., & Dale, N. (1984). "I am daddy": 2-year-olds' collaboration in joint pretend with sibling and with mother. In I. Bretherton (Ed.), *Symbolic Play: The Development of Social Understanding*. New York: Academic Press.

Emde, R. (1989). Toward's psychoanalytic theory of affect. The Organizatonal model and its propositional. In S. Greenspan & G. Pollack (Eds.), *The course of Life, Vol 1, Infancy*. Madison, CT: International University Press.

Emde, R. (1992). Positive emotions for psychoanalytic theory: Surprises from infancy research and new directions. In T. Shapiro & R. Emde (Eds.), *Affect: Psychoanalytic Perspectives*. Madison, CT: International University Press.

Engel, S. (1999). *The Stories Children Tell: Making Sense of the Narrative of Childhood*. New York: W. H. Freeman & Co.

Erikson, E. (1950). *Childhood and Society* (3rd ed.). New York: W. W. Norton, 1985.

Fein, G. S., & Apfel, N. (1979). Some preliminary observation on knowing and pretending. In N. Smith & M. Franklin (Eds.), *Symbolic Functioning in Childhood*. Hillsdale, NJ: Lawrence Erlbaum.

Freud, A. (1965). *Normality and Pathology in Childhood*. New York: International University Press.

Freud, S. (1920). Beyond the pleasure principle. *Standard Edition, 18*, 7–64. London: Hogarth Press. 1955.

Garvey, C. (1997). *Play*. Boston: Harvard University Press.

Greenberg, J., & Mitchell, S. (1983). *Object Relational in Psychoanalytic Theory*. Cambridge, MA: Harvard University Press.

Izard, C. (1991). *The Psychology of Emotions*. New York: Plenum.

Krystal, H. (1978). Self representation and the capacity for self care. *The Annual of Psychoanalysis, 6*, 209–246.

Lichtenberg, J. (1989). *Psychoanalysis and Motivation*. New Jersey: Analytic Press.

Mahler, M., Pine, F., & Bergman, A. (1975). *The Psychological Birth of the Human Infant*. New York: Basic Books.

Nicholich, L. (1977). Beyond sensorimotor intelligence: Assessment of symbolic maturity though analysis of pretend play. *Merrill–Palmer Quarterly, 28*, 89–99.

Piaget, J. (1954). *The Construction of Reality in the Child*. New York: Norton.

Piaget, J. (1962). *Play, Dream, and Imitation*. New York: Basic Books.

Rose, G. (1972). Fusion states. In P. Giovacchini (Ed.), *Tactics and Techniques in Psychoanalytic Theory*. New York: Jason Aronson.

Sander. L. (1975). Infant and caregiving environment: Investigation and conceptualization of adaptive behavior in a system of increasing complexity. In E. Anthony (Ed.), *Exploration in Child Psychiatry*. New York: Plenum Press.

Sander, L. (1983). Cognitive deficits in the pathogenesis of autism. *Journal of Child Psychology & Psychiatry, 24*, 513–532.

Sandler, J. (1960). 'The background of safety.' *International Journal of Psychoanalysis, 38*, 391–397.

Sandler, L., & Rosenblatt, B. (1962). The concept of the representational World. *Psychoanalytic Study of the Child, 17*, 128–145.

Stern, D. (1977). *The First Relationship: Mother and Infant*. Cambridge, MA: Harvard University Press.

Stern, D. (1990). Joy and satisfaction in infancy. In R. Glick & S. Bone (Eds.), *Pleasure Beyond the Pleasure Principle*. New Haven: Yale University Press.

White, R. (1959). Motivation reconsidered: The concept of competence. *Psychology Review, 66*, 297–333.

Winnicott, D. W. (1958). The capacity to be alone. In D. W. Winnicott (Ed.),

The Maturational Proceesses and the Facilitating Environment. New York: International University Press. 1965.

Winnicott, D. (1971). *Playing and Reality.* New York: Basic Books.

Wolf, D., Royne. J., & Altshuler, J. (1984). Agency and experience: Actions and states in play narrations. In I. Bretherton (Ed.), *Symbolic Play: The Development of Social Understanding.* Orlando, FL: Acardemic Press.

Youngblade, L., & Dunn, J. (1995). Social pretend with mother and sibling: Individual differences and social understanding. In A. Pelligrini (Ed.), *The Future of Play Theory.* New York: SUNY Press.

제9장

놀이치료자 반응 분석

1. 놀이치료자가 가져야 할 자질

1) 심리학적 배경

놀이치료는 Adler, 아동중심, 인지, 게슈탈트, Jung, 정신역동과 절충주의 등과 같은 많은 이론적 접근을 포함하고 있는 포괄적인 용어이다. 이런 이론적인 접근에도 불구하고, 대부분의 놀이치료자는 효과적인 놀이치료를 하기 위해 항상 충분하지 않다 하더라도 필요한 특정 기본 개념, 목표, 기술들을 가지고 있게 된다(Muro & Kottman, 1995). 치료자가 자신의 심리치료 이론과 방법의 효과를 자신의 문제 해결과 성장·발달에서 직접 체험하고, 이것을 통하여 자신의 심리치료 방법과 기술의 효과에 대해 분명한 신념과 확신을 갖게 되는 것이 매우 중요하기 때문이다(홍종관, 2002). 그러므로 아동 심리치료를 하는 놀이치료자가 내적으로 일관된 이론적 관점을 가지고 이에 대한 분명한 신념과 확신을 가지고 있게 된다면 좀 더 일관된 방법으로 치료 작업을 이끌 수 있다.

치료자가 내적으로 일관된 이론적 관점을 선택하기 위해서는 우선 각 심리 이론과 철학들이 가지고 있는 인간의 본성에 대한 믿음과 철학이 어떠한가를 생각해 봐야 한다. 문제를 보는 관점은 인간을 이해하는 관점에 따라 달라진다. 인본주의적 관점에서는 문제의 초점이 개인의 외부에 있다고 보며, 정신분석학적인 관점에서는 개인 내부에 문제의 초점을 둔다. 그러나 행동주의 관점에서는 중립 상태로 보고, 현실치료자들은 개인의 책임성에 초점을 둔다.

이처럼 여러 이론은 인간 본성에 대한 믿음에 대해 모두 다른 관점을 취하고 있으므로 이를 적용하여 정신병리와 치료적 중재를 개념화하는 방법에도 차이가 있게 된다. 예를 들면, 정신분석가들은 세상에 대한 아동의 반응보다는 아동의 내적 건강을 더 중요시하므로 아동의 가족, 학교, 사회화 같은 체계에 대해서는 중요성을 덜 두게 된다. 한편, 인본주의 치료자는 중간적 입장에서 아동의 욕구와 실제 생활 사이에서 아동이 성장하도록 환경을 조정해 준다. 그러나 행동주의자는 아동은 그가 속해 있는 체계의 기대에 맞게 일관성 있게 행동하는 방법을 배워야 한다고 보고 행동의 학습에 관심을 둔다. 반면, 현실치료자는 치료자 자신을 하나의 기관으로 보고 사회적으로 수용할 수 있는 전략을 발달시킬 수 있도록 아동을 도와주려고 한다. 이처럼 인간 본성에 대한 자신의 믿음에 따라 치료를 수행하게 되므로 치료자는 인간 본성에 대한 믿음과 가치관을 가지고 있어야 한다.

그러나 놀이치료자의 경우 이와 더불어 함께 반드시 고려해야 하는 것이 치료의 대상이 되는 아동기의 특수성이다. 아동들은 다양한 체계 속에서 계속 변화·발전한다. 그러므로 놀이치료자는 일관성 있는 내적 관점을 가지고 있는 것과 더불어 계속 변화·발전하는 아동의 특성을 고려해서 상담을 해야 한다. 또한 놀이치료자는 놀이치료를 받으러 온 사람은 아동 자신만이 아니라 아동의 가족이라는 사실을 잘 유념하여 가족이 아동을 지지해 주고 인내해 줄 수 있도록 도와주어야 한다. 즉, 놀이치료에서는 아직 독립되지 못한 아동의 발달에 중요한 영향을 미치는 부모, 가족, 그 외 환경의 개선도 중요한 상담목표로 삼아야 한다.

2) 인격적 성장

박성희(2008)는 다음의 민담을 소개하면서 상담자가 고정관념을 깨는 것의 중요성을 제시하였다.

옛날에 도끼를 잃은 사람이 있었는데 이웃집 아이가 훔쳐 갔다고 의심하게 되었다. 그의 걸음걸이를 보아도 그렇고, 그의 안색을 살펴도 그렇고, 말하는 것을 보아도, 행동이나 태도를 보아도 어느 것 하나 그가 도끼를 훔치지 않았다고 생각할 수가 없었다. 그러던 어느 날 어느 골짜기에서 그 도끼를 찾았다. 그 뒤에 그 이웃집 아이를 다시 보니 행동이나 태도에 있어서 그가 도끼를 훔쳤으리라고 의심할 만한 데를 한 군데도 찾을 수 없었다.

　이웃집 아이가 그동안에 변한 것이 아니라, 그 아이를 의심의 눈초리로 보던 자신의 눈이 변한 것이었다. 변한 것은 다른 데에 있는 것이 아니라 남을 편향되게 보는 자신에게 있었던 것이다.

—여씨춘추(팔람)(정영호 편역, 1992)

　놀이치료를 포함한 모든 심리치료는 내담자의 마음을 다루는 작업이므로 치료의 질은 치료자 자신의 자기지각과 인격 성숙의 정도와 비례한다. 앞서 제시한 예에서처럼 모든 사람은 자신의 욕구와 심리적 상태를 다른 사람과의 관계에서 완전히 구분하거나 분리시킬 수 없다. 그러므로 놀이치료자도 아동과 함께 놀이치료실에 들어갈 때 자신의 성격, 욕구, 갈등도 함께 가지고 들어가게 된다. 즉, 치료자 자신의 여러 측면이 치료 과정의 일부가 되는 것이다. 그러므로 놀이치료자는 반드시 자신의 욕구, 동기, 편견, 개인적 갈등, 개인적인 문제, 정서적 갈등에 대한 통찰력을 가져야 한다. 이런 과정을 통해 놀이치료자는 감정에 동요되지 않으면서 아동의 감정을 공감할 수 있는 균형 있는 심리적 상태를 유지할 수 있게 된다.

3) 정서를 이해하고 표현하기

　놀이치료자는 내담 아동의 정서를 잘 인식하고 이를 언어화하여 내담 아동과 의사소통해야 한다. 이를 위해 놀이치료자는 먼저 감정에 대해 잘 인식하고 이를 건강하게 표현할 수 있어야 한다. 우선 놀이치료자는 감정을 표현하는 데 사용할 수 있는 감정 단어들을 잘 숙지하고, 이와 일치하는 행동이 나타날 때 이를 잘 포착하여 해당하는 감정 단어로 내담 아동의 감정 반영을 해야

한다. 〈표 9-1〉은 여러 문헌에서 제시한 것들을 정리해 놓은 긍정적인 감정
및 부정적인 감정과 관련된 단어 목록이다.

〈표 9-1〉 감정 단어 목록

종류	단어 목록
긍정적인 감정을 나타내는 단어	감격하다, 감동하다, 감사하다, 감탄하다, 경이롭다, 고맙다, 고무되다, 관심을 가지다, 궁금하다, 근심 없다, 기대하다, 기분 좋다, 기분이 들뜨다, 기쁘다, 낙관하다, 날아갈 것 같다, 놀라다, 담담하다, 대견하다, 든든하다, 들뜨다, 따뜻하다, 마음이 놓이다, 마음이 통하다, 만족스럽다, 뭉클하다, 믿음직스럽다, 반갑다, 벅차다, 부드럽다, 뿌듯하다, 사랑스럽다, 상쾌하다, 설레다, 생기가 나다, 숨 가쁘다, 시원하다, 신기하다, 신나다, 신선하다, 아늑하다, 안도하다, 안정되다, 애틋하다, 열광적이다, 열정적이다, 영광스럽다, 온화하다, 위안이 되다, 유쾌하다, 자랑스럽다, 자신에 차다, 자유롭다, 재미있다, 즐겁다, 진정되다, 짜릿하다, 찡하다, 차분하다, 친근하다, 침착하다, 통쾌하다, 편안하다, 평안하다, 평화롭다, 푸근하다, 행복하다, 활기차다, 황홀하다, 후련하다, 흐뭇하다, 흥겹다, 흥미롭다, 흥분되다, 흡족하다, 희망에 차다
부정적인 감정을 나타내는 단어	가소롭다, 가슴 아프다, 간절하다, 갑갑하다, 거북하다, 걱정되다, 겁나다, 격노하다, 격분하다, 겸연쩍다, 고독하다, 고민되다, 고통스럽다, 곤란하다, 공허하다, 괴롭다, 권태롭다, 그립다, 기가 죽다, 기운이 없다, 긴장되다, 낙담하다, 난처하다, 냉담하다, 노하다, 놀라다, 눈물 나다, 답답하다, 당황스럽다, 두렵다, 마음 상하다, 마음 아프다, 망설이다, 맥 풀리다, 멋쩍다, 멍하다, 몸서리치다, 몽롱하다, 무감각하다, 무관심하다, 무기력하다, 무디다, 미심쩍다, 민망하다, 밉다, 복받치다, 부끄럽다, 부럽다, 분개하다, 분하다, 불만이다, 불만족스럽다, 불쌍하다, 불안하다, 불쾌하다. 불편하다, 불행하다, 비관적이다, 비참하다, 상심하다, 샘나다, 서운하다, 섭섭하다, 성나다, 소름끼치다, 수줍다, 슬프다, 쓸쓸하다, 신경 쓰이다, 신경질 나다, 실망하다, 싫다, 싫증나다, 심란하다, 아쉽다, 아찔하다, 안달하다, 안절부절못하다, 안타깝다, 암담하다, 애 끓다, 애도하다, 애석하다, 애처롭다, 야속하다, 얄밉다, 어리둥절하다, 어이없다, 억울하다, 언짢다, 역겹다, 염려하다, 외롭다, 우울하다, 울고 싶다, 울적하다, 울화가 치밀다, 원망스럽다, 원통하다, 원한을 품다, 위축되다, 의기소침하다, 의심하다, 의아하다, 절망하다, 조바심 나다, 조심스럽다, 좌절하다, 주눅 들다, 증오하다, 지겹다, 지루하다, 지치다, 질리다, 질투하다, 짜증나다, 착잡하다, 참담하다, 창피하다, 처량하다, 처절하다, 초연하다, 초조하다, 충격을 받다, 침울하다, 탐나다, 풀이 죽다, 피곤하다, 피로하다, 허무하다, 허전하다, 허탈하다, 혐오스럽다, 혼란스럽다, 화나다, 황당하다, 회의적이다, 후회스럽다, 힘겹다, 힘들다

2. 놀이치료자의 내담 아동에 대한 기본적 태도

놀이치료에서 내담 아동은 치료자와의 관계를 통해 심리적 안전감을 경험해야 라포가 형성된다. 이러한 심리적 안전감은 항상성, 긍정, 민감성 그리고 신체적 안전을 통해 확보된다(Benedict & Mongoven, 1997). 이를 위해 O'Connor(1991)는 놀이치료자가 가져야 하는 태도를 다음과 같이 제시하였다.

- 치료자는 아동과 따뜻하고 친근한 치료적 관계를 가능한 한 빨리 맺어야 한다.
- 아동을 있는 그대로 수용해야 한다.
- 아동의 감정표현이 자유롭도록 허용적인 느낌을 전달해야 한다.
- 반응적이고 공감적이어야 한다.
- 오로지 아동에게만 집중해야 한다.
- 아동의 단서에 반응해야 한다.
- 자발적이고 융통성 있는 행복한 시간을 유지해야 한다.
- 시간, 장소, 놀이치료자 등에 대해 분명히 구조화해야 한다.
- 즐겁고 긍정적인 치료 시간으로 유지해야 한다.
- 아동이 치료자를 좋아하는지에 상관없이 치료를 유지해야 한다.
- 지나친 분노와 과잉행동을 조절해 주고 보호해 주어야 한다.
- 신체적 상처를 돌봐 주어야 한다.
- 아동 자체로 대하고 아동을 치료자의 전이 대상으로 대하지 말아야 한다.

이를 기반으로 하여 놀이치료자가 가져야 할 기본적인 태도를 살펴보면 다음과 같다.

1) 적극적 경청

경청이란 '남의 말을 귀 기울여 주의 깊게 듣는 것'으로 상담에서 가장 기본적이고 중요한 기법이다. 하지만 경청을 위해서는 복합적인 능력이 요구되므로 초보 놀이치료자에게는 쉽지 않은 기법이다. 관심을 기울이고 내담자가 전달하고자 하는 메시지를 이해하는 능력을 의미하는 '적극적 경청'(이수현, 최인화, 2020)을 하기 위해서 놀이치료자에게는 내담 아동의 놀이 및 이야기를 진심으로 듣고 이해하려는 노력이 필요하고, 내담 아동의 언어적·비언어적 메시지를 알아차리는 능력이 필요하다. 이를 위해 놀이치료자는 신체적·심리적으로 내담 아동과 함께하는 '관심 기울이기' 태도를 가져야 하는데, 여기에는 SOLER(Egan, 1997) 기법과 ENCOURAGES(Hill & O'Brien, 2001) 기법이 있다.

① SOLER 기법
- 내담자를 바로(Squarely) 보기
- 개방적인(Open) 자세를 취하기
- 이따금 상대방 쪽으로 몸을 기울이기(Lean)
- 적절한 시선의 접촉(Eye contact)을 유지하기
- 편안히고(Relaxed) 지언스러운 지세를 취히기
② ENCOURAGES 기법
- 적절한 눈 맞추기(Eye)
- 적절한 고개 끄덕임(Nod)
- 문화적 차이에 대한 존중과 인식 유지하기(Cultural)
- 내담자를 향한 개방적인 자세 유지하기(Open)
- 동의 표시하기(Umhmm)
- 편안하고 자연스럽게 행동하기(Relax)

-방해가 되는 행동은 삼가기(Avoid)

-내담자에게 맞추어 말하기(Grammatical)

-제3의 귀로 듣기(Ear)

-적절한 공간 유지하기(Space)

2) 공감적 이해: 함께 느끼는 마음

독일의 심리학자 Lipps(1903)는 예술작품 등과 같은 '외적 대상에 전적으로 빨려 들어가는 과정'을 Einfuhlung(感入 또는 感情移入의 의미)이라 명명하였는데, Tichener(1910)가 이 용어를 empathy로 번역함으로써 empathy란 용어가 널리 쓰이게 되었다(박현정, 2014). 그 이후 공감에 대한 정의는 '상대의 표정이나 자세를 모방하여 같은 정서 상태에 이름으로써 상대를 더 잘 이해하게 되는 것'(Lipps, 1926)에서부터 정서적 측면을 강조하여 '대리적 정서 경험(Fabes, Eisenberg, & Miller, 1990)을 하는 것', 인지적 측면을 강조하여 '타인의 지각을 정확히 예측하는 정도(Dymond, 1949)나 타인의 감정, 생각, 상태를 정확히 아는 정도(Borke, 1971)'로 각기 구분되었다(이영애, 2016). 그러나 1970년대부터는 공감의 정의에는 정서적인 요소와 인지적인 요소가 모두 포함되어야 한다는 주장들이 제시되었다(조용주, 정남운, 2009).

이에 Davis(1980)는 공감을 복합적인 구성개념으로 정의하면서, 인지적 요소인 '관점 취하기'(타인의 입장과 태도를 취해 보는 경향)와 '상상하기'(타인이나 책, 영화 속 인물의 느낌이나 행동 속으로 몰입하는 경향), 정서적 요소인 '공감적 관심'(타인의 감정에 대해 같이 느끼고 불행에 대해 관심을 갖는 경향)과 '개인적 고통'(타인의 고통이나 불행을 보면 같이 고통스러워지는 경향)을 하위 요인으로 제시하였다. 그 이후로도 공감의 구성개념에, ① 타인의 정서 상태를 잘 구별할 수 있는 능력, ② 역할 수용 능력, ③ 정서 반응성을 포함시키거나(Feshbach & Feshbach, 1982) 타인의 감정을 경험하는 정서적 공감과 타인의 입장과 감정을

〈표 9-2〉 공감의 구성요소

		Davis (1980)	Feshbach & Feshbach (1982)	Jolliffe & Farrington (2004)
정서적 요소	공감적 관심	정서 반응성	타인의 감정을 경험하는 정서적 공감	
	개인적 고통			
인지적 요소	관점 취하기	타인의 정서 상태를 잘 구별할 수 있는 능력	타인의 입장과 감정을 이해하는 인지적 공감	
	상상하기	역할 수용 능력		

이해하는 인지적 공감을 함께 고려해야 한다(Jolliffe & Farrington, 2004)는 의견이 꾸준히 제기되고 있다(이영애, 2016). 공감의 구성요소는 〈표 9-2〉와 같다.

그러나 일반적으로 성인들은 아동과 이야기를 할 때, 이러한 공감적인 태도보다는 외면에서 관찰 가능한 것을 중심으로 원인과 결과를 따져 단정하는 표현을 많이 한다. 이런 대화에서는 지금 이 순간에 아동의 내면에 어떤 변화가 일어나고 있는지에 대한 충분한 이해가 어렵고, 아동의 주관적인 세계에 대한 탐색이 이루어지지 않게 된다.

그러나 놀이치료자는 유능할수록 지금 이 순간에 아동과 호흡을 함께 하며 아동의 주관적인 세계를 이해하려고 혼신을 기울인다. 놀이치료자가 자신의 개인적 경험이나 기대를 버리고 아동의 행동, 감정, 경험, 사고뿐만 아니라 아동의 개별성을 얼마나 이해하고 있는가에 따라 아동을 민감하게 이해할 수 있는 정도가 달라진다. 아동은 경험적 세계를 민감하게 이해해 주고 수용해 주는 관계를 경험하지 못한다면 세상을 탐색할 수도 없고, 경계를 시험해 볼 수도 없으며, 힘들게 느끼는 자신의 삶을 나눌 수도 없다. 그러므로 치료자는 아동을 평가하고 비판하려는 성향을 버리고 아동의 관점에서 함께 참여하는 태도를 가져야 한다. 이러한 상담자 태도를 통해 내담 아동은 '상담자는 내가 어떻게 느끼는지를 알고 있다'는 믿음을 가지게 된다(이장호, 금명자, 2012).

　　그러므로 공감적 이해가 부족할 때, 치료적 관계를 통한 효과적인 치료 작업은 이루어지지 않는다. 그러나 공감의 개념을 이해한다는 것은 쉬운 일이 아니다. 이에 대한 이해를 돕기 위해 박성희(2008)는 공감적 이해를 다음과 같은 민담을 통해 설명하였다.

〈달과 공주〉
　　옛날 어느 나라에 어린 공주님이 살고 있었다. 공주는 왕과 왕비의 사랑을 듬뿍 받으며 아름답고 건강하게 잘 크고 있었다. 그러던 어느 날 공주는 하늘 높이 금빛을 내며 떠 있는 달을 보고 불현듯 그 달을 가지고 싶다는 마음이 들었다. 공주는 부모님께 달을 따다 달라고 보채기 시작했다. 왕과 왕비는 공주에게 달은 따올 수 없는 것이라고 열심히 설득하려고 하였다. 그러나 공주는 들은 체 만 체 여전히 달을 따다 달라고 졸랐다. 공주가 쉽게 물러서지 않자 왕은 유명하다는 학자들을 불러들이고, 의원도 불러들이는 등 온갖 노력을 다하였다. 그들은 한결같이 공주에게 달은 따올 수 없는 것이라고 말하였다.
　　"공주님, 달은 너무 멀리 있어서 가까이 나가갈 수도 없습니다. 달을 따온다는 것은 불가능합니다."
　　"공주님, 달은 너무 커서 가까이 갔다 하더라도 따올 수는 없습니다."
　　"공주님, 달에 대해 너무 많이 생각하셔서 병이 든 것 같습니다. 제발 더 이상 달 생각을 하지 마십시오."
　　그러나 공주는 자기의 뜻을 굽히지 않았다. 달을 따다 달라는 요구를 들어주지 않자 드디어 공주는 단식투쟁에 들어섰다. 왕과 왕비는 속수무책으로 설득과 협박을 반복했지만 공주는 서서히 말라가기 시작했다. 이때 공주와 친하게 지내던 광대가 나타났다. 전후 사정을 잘 알고 있는 광대는 공주를 만나자 몇 가지 질문을 던졌다.

　　광대: 공주님, 달은 어떻게 생겼나요?
　　공주: 달은 동그랗게 생겼지, 뭐.

광대: 그러면 달은 얼마나 큰가요?

공주: 바보, 그것도 몰라? 달은 내 손톱 만하지. 손톱으로 가려지잖아.

광대: 그럼 달은 어떤 색인가요?

공주: 달이야 황금빛이 나지.

광대: 알겠어요. 공주님, 제가 가서 달을 따올 테니 조금만 기다리세요.

공주의 방을 나온 광대는 왕에게 아뢰고 손톱 크기만 한 동그란 황금 구슬을 만들어 공주에게 가져다주었다. 공주는 뛸 듯이 기뻐하였다. 단식투쟁까지 하면서 그렇게 원하던 '달'을 드디어 손에 넣은 것이다. 기뻐하는 공주를 바라보면서 광대는 슬그머니 걱정이 되었다. 달을 따왔는데 마침 보름날인 오늘밤 달이 또 뜨면 공주가 뭐라고 할까 염려가 된 광대가 공주에게 말을 건넸다.

광대: 공주님, 달을 따왔는데 오늘밤 또 달이 뜨면 어떻게 하지요?

공주: 이런, 바보. 그것을 왜 걱정해. 이를 빼면 새 이가 또 나오지? 그것과 같은 거야. 달은 하나를 빼오면 또 나오게 되어 있어. 그리고 달이 어디 하나만 있니? 달은 호수에도 떠 있지. 물컵에도 떠 있고, 세상 천지에 가득 차 있어. 하나쯤 떼어 온다고 문제될 게 없지.

—『동화로 열어가는 상담이야기』(이너북스, 2008) 중

유명한 학자들과는 달리 광대는 공주의 논리를 그대로 인정하고 충실하게 공주가 전개하는 논리를 따라갔다. 왜 그렇게 생각하느냐고 공주에게 따지고 물으며 설득하지 않았다. 다만, 달에 대한 공주의 생각이 어떤 것인지 확인하고 공주의 논리에 부합하는 행동을 했을 뿐이다.

바로 이것이 공감이다. 즉, 내담 아동이 이야기할 때 이에 대해 옳고 그름, 좋고 나쁨을 판단하고 평가하는 것이 아니라 진지하게 아동 나름대로 가지

고 있는 의미와 논리를 인정하고 진지하게 들어 주는 것이다. 즉, 공감적 이해를 하기 위해서는 내담 아동이 사용하는 낱말의 의미를 정확하게 파악하고, 아동의 엉뚱한 논리를 인정하고 존중하며, 아동의 논리를 확장·발전시켜야 한다.

　이장호와 금명자(2012)는 이러한 공감적 이해를 5수준으로 구분하여 제시하였는데, 수준이 높아질수록 공감적 이해를 적절히 한다는 것을 의미한다. 이를 구체적으로 살펴보면 다음과 같다. 〈표 9-3〉에서는 공감 5수준의 특성을 정리하여 제시하였다.

- 수준 1: 상대방의 언어 및 행동 표현의 내용으로부터 벗어나거나 내용에 주의를 기울이지 않기 때문에 감정 및 의사소통에 있어서 상대방이 표현한 것보다 훨씬 못 미치게 소통하는 수준이다.
- 수준 2: 상대방이 표현한 감정에 반응은 하지만 상대방이 표현한 것 중에서 주목할 만한 감정을 제외시키고 의사소통을 하는 수준이다.
- 수준 3: 상대방이 표현한 것과 본질적으로 같은 정서와 의미를 표현하여 상호교류적인 의사소통을 하는 수준이다. 대인 관계 기능을 촉진할 수 있는 기초 수준이다.
- 수준 4: 상대방이 스스로 표현할 수 있었던 것보다 더 내면적인 감정을 표현하면서 의사소통을 하는 수준이다. 수준 4부터는 의사소통이 촉진된다.
- 수준 5: 상대방이 표현할 수 있었던 감정의 내면적 의미들을 정확하게 표현하거나, 상대방의 내면적 자기탐색과 완전히 같은 몰입 수준에서 상대방이 표현한 감정과 의미에 첨가하여 의사소통하는 수준이다. 상대방의 적극적인 성장 동기를 이해하여 표현한다.

〈표 9-3〉 공감 5수준의 특성

수준	특성
수준 1	• 내담자와의 의사소통이 손상됨 • 명백하게 표현한 표면적인 감정조차도 제대로 인식하지 못함
수준 2	• 내담자가 표현·의도한 것과는 거리가 있는 반응을 함 • 명백한 표면적인 감정은 어느 정도 인식하지만 의미 수준을 왜곡함
수준 3	• 대인 관계 기능을 촉진할 수 있는 기초 수준 • 표면 감정은 정확히 이해하여 반응함 • 보다 내면적 감정에는 반응하지 못함
수준 4	• 좀 더 깊은 감정과 의미를 첨가하여 의사소통을 하는 수준 • 내담자가 표현한 것보다 더 내면적인 감정을 표현해 줌 • 내담자가 이전에는 표현할 수 없었던 감정을 표현할 수 있도록 도움
수준 5	• 정확한 공감적 이해를 통하여 의사소통을 하게 됨 • 내담자의 상대방의 표면적인 감정뿐만 아니라 내면적 감정에 대해서도 정확하게 반응함 • 내담자와 함께 경험하거나 내담자의 말을 깊이 이해하여 가장 깊은 감정까지 포용함

3) 수용

박성희(2008)는 수용을 다음과 같은 민담을 통해 설명하였다.

〈미혼모와 수행승〉

한 젊은 수행승이 일본의 옛 수도인 교토 근처에 살고 있었다. 그는 매우 젊고 아름다웠다. 그래서 마을 전체가 그를 보고 즐거워할 정도였다. 그들은 그를 존경했고 위대한 성자라 믿었다. 그런데 하루는 모든 것이 거꾸로 뒤바뀌었다. 한 나이 어린 처녀가 임신을 했는데 그녀는 부모에게 아이 아버지가 그 수행승이라고 말했던 것이다.

그러자 마을 전체는 그를 불신하고 반대했다. 깊은 배신감을 느낀 것이다. 그리고 얼마 후 처녀가 아기를 낳자 그의 암자로 몰려가 그곳을 불태워 버렸다. 매우 추운 겨울날 아침이었다. 그들은 아기를 그 승려에게 던졌고, 특히 그 처녀의 아버지는 이렇게 말했다.

"이 애는 당신 자식이다. 그러니 책임을 져라."

그러자 승려는 단지 이렇게 대답했다.

"그런가? 이 아이가 내 자식인가?"

그때 아기가 울기 시작했다. 그러자 그는 거기에 모인 사람들에 대해서는 돌아보지도 않고 아기를 돌보는 데만 열중했다.

사람들은 각자 집으로 돌아가고 불탄 암자는 완전히 무너져 버렸다. 그리고 아기는 배가 고파서 계속 울어댔다. 그 승려는 아기를 안고 시내를 돌아다니며 동냥을 했다. 하지만 이제 와서 누가 그에게 시주를 하겠는가? 단지 얼마 전까지만 해도 그는 위대한 성자로 대접을 받는데 이제 그는 가장 파렴치한 죄인으로 몰린 것이다. 그는 집집마다 사람들을 찾아다니며 도움을 구했으나 그들은 차갑게 문을 닫아 버렸다. 그들은 이제 완전히 그를 경멸하고 있었다. 그러던 어느 날 그가 그 처녀의 집에 당도했다. 처녀는 아기의 울음소리를 듣자 가슴이 찢어지는 것 같았다. 그때 승려가 문밖에 서서 단지 이렇게 말했다.

"나에게는 아무것도 주지 말라. 나는 큰 죄인이다. 그러나 아기는 죄인이 아니다. 그대는 이 아이에게 젖을 줄 수 있다."

그러자 그 처녀는 아기의 진짜 아버지를 숨긴 사실을 사람들에게 고백했다. 그 승려는 절대적으로 결백했던 것이다. 그래서 그 마을 전체는 다시 그를 존경하게 되었다. 그들은 그의 발 앞에 엎드려 용서를 구했다. 특히 처녀의 아버지는 그에게 아기를 돌려 달라고 눈물을 흘리며 이렇게 애걸했다.

"당신은 왜 아니라고 말하지 않습니까? 아기는 당신의 자식이 아닙니다."

그러자 그 승려는 "그런가? 이 아기가 내 자식인가?"라고 말했을 때와 똑같이 이렇게 대답했다.

"그런가? 이 자식이 내 자식이 아닌가?"

―『동화로 열어가는 상담이야기』(이너북스, 2008) 중

　이처럼 수용의 자세에는 비소유, 무조건, 비판단의 속성이 함유되어 있고 사람들과 그들의 삶에 대한 따뜻한 온정이 스며 있다. 이것은 내담 아동의 현재의 상태를 받아들임과 동시에 내담 아동에게는 이를 극복하고 새로운 경지로 나아갈 가능성이 있다는 것을 존중해 주는 것이다. 그러므로 이런 수용에는 사람의 인생을 변화시키는 엄청난 힘이 있다. 이 승려의 예처럼 잘못된 점을 수용해 주는 것은 일반적으로 사람들이 예상하지 못하던 반응이므로 내면에 커다란 충격을 주고, 쉽게 잊을 수 없는 자국을 남기게 된다. 그러므로 수용을 받게 되면, 문제가 되던 거짓말 등이 새로운 차원으로 승화된다(박성희, 2008). 즉, 놀이치료자의 수용적 반응은 아동으로 하여금 자신의 사고나 감정을 탐색하도록 격려한다. 아동이 감정을 표현하고 치료자가 아동의 감정을 수용할 때, 아동의 격렬함은 감소하고 아동 자신의 감정 수용은 촉진된다. 이런 수용적인 과정을 경험해야 아동은 보다 구체적인 방법으로 긍정적 정서와 부정적 정서를 표현할 수 있게 된다. 이런 과정을 통해 아동은 자신의 감정을 통합하고 조절할 수 있게 된다.

　이장호와 금명자(2012)는 이러한 수용을 5수준으로 구분하여 제시하였는데, 수준이 높아질수록 수용적 존중을 적절히 한다는 것을 의미한다. 이를 구체적으로 살펴보면 다음과 같다. 〈표 9-4〉에서는 수용적 존중 5수준의 특성을 정리하여 제시하였다.

- 수준 1: 내담자의 언어와 행동 표현에서 내담자에 대한 존중이 명백히 결여되어 있거나 부정적 배려만 있는 수준이다.
- 수준 2: 내담자의 감정, 경험 및 잠재력에 대해 거의 존중하지 않는 수준이다.
- 수준 3: 내담자의 감정, 경험 및 잠재력에 대해 기본적으로 긍정적인 존중과 관심을 전달하는 수준이다.
- 수준 4: 내담자에 대해 깊은 긍정적 존중과 관심을 표명하는 수준이다.

• 수준 5: 내담자에게 한 인간으로서의 가치와 자유인으로서의 잠재력에 대해 매우 깊은 긍정적인 존중을 전달하는 수준이다.

〈표 9-4〉 수용적 존중 5수준의 특성

수준	특성
수준 1	• 내담자의 감정, 경험 및 잠재력에 대해 전혀 존중하지 않음 • 내담자의 감정과 경험이 고려할 만한 가치가 없다는 인상을 전달함 • 내담자가 건설적으로 행동할 능력이 없다고 판단하는 인상을 전달함 • 내담자에 대한 배려가 없고 상담자 자신이 평가의 유일한 초점 및 기준이 됨
수준 2	• 내담자의 감정, 경험 및 잠재력에 대해 별로 관심을 두지 않거나 존중하지 않음 • 내담자의 여러 감정에 대해 기계적 · 수동적으로 반응함 • 내담자의 감정을 거의 무시해 버림
수준 3	• 내담자가 중요한 존재임을 인식하고 있다는 느낌을 전달함 • 대인 관계 기능을 촉진하는 기초 수준임 • 내담자의 자기표현 능력과 생활환경을 건설적으로 다루는 능력에 대해 존중하고 관심을 보임
수준 4	• 내담자의 감정, 경험 및 잠재력에 대해 깊은 관심을 전달함 • 내담자에게 한 개인으로서 자유로움을 느끼도록 함 • 내담자가 자신이 가치 있는 인간임을 경험하도록 함
수준 5	• 내담자의 인간적 가치에 몰입되어 의사소통함 • 내담자의 인간적 잠재력에 대해 아주 깊은 관심을 전달함

4) 진정성-성실성, 일치성, 신뢰성

치료자가 자신의 느낌에 대해 개방적인 태도를 가지고 솔직하게 자신을 드러내는 것을 통해 내담자는 치료자를 믿고 의지할 수 있는 신뢰감을 가지게 된다. 즉, 내담자에 대해 진심으로 관심과 흥미를 가짐과 동시에 순수하고 투명하게 자신을 열고 대하려는 자세가 필요하다. 이렇게 되었을 때 치료적 관계가 잘 형성될 수 있다. 박성희(2008)는 진정성을 다음과 같은 민담을 통해

설명하였다.

> 초나라 양유기는 돌을 야수인 외뿔들소로 잘못 보고 쏘았는데, 화살이 돌에 맞으
> 니 화살의 날개까지 돌이 집어삼킬 정도로 깊이 돌을 파고 들어가 꽂혔다. 그것은
> 돌을 진짜 외뿔들소로 생각하고 오직 그 놈을 맞추어야겠다는 일념으로 쏘았기 때
> 문이다.
>
> −정영호 편역(1992).

놀이치료자는 놀이치료 장면에서 코끝과 발끝이 내담 아동에게로 향하게 하라(Landreth, 2015)는 것과 같이 온 정성을 다해 내담 아동의 세계 속으로 들어가야 한다. 이때 놀이치료자는 내담 아동에게 상담자의 역할을 하기보다는 한 인간으로서 만나려고 노력해야 한다. 이장호와 금명자(2012)는 이러한 일관적 성실성(진정성)을 5수준으로 구분하여 제시하였는데, 수준이 높아질수록 일관적 성실성(진정성)이 적절히 이루어진다는 것을 의미한다. 이를 구체적으로 살펴보면 다음과 같다. 〈표 9-5〉에서는 일관적 성실성 5수준의 특성을 정리하여 제시하였다.

- 수준 1: 상담자가 자신이 느끼는 감정과는 무관한 표현을 하거나 부정적인 것에만 진지한 반응을 하기 때문에 내담자에게 전체적으로 파괴적인 영향을 주는 수준이다.
- 수준 2: 상담자가 자신이 느끼는 감정과 거의 관계가 없는 표현을 하거나 내담자에 대한 진지성이 주로 부정적인 반응에 대해 나타나는 수준이다. 부정적인 반응을 대인 관계의 탐색의 기초로서 건설적으로 사용하는 방법을 모르는 수준이다.
- 수준 3: 말하고 느끼는 것 중에서 부정적인 단서를 보이지는 않지만 진지한 반응을 나타내는 긍정적인 단서를 제공하지 못하는 수준이다.

- 수준 4: 내담자에게 긍정적이든 부정적이든 진지한 반응을 나타내며 긍정적인 반응 단서를 건설적인 방식으로 제시하는 수준이다.
- 수준 5: 내담자와의 비타산적인 관계에서 자유롭고 깊게 자기 자신의 모습이 되는 수준이다.

〈표 9-5〉 일관적 성실성 5수준의 특성

수준	특성
수준 1	• 내담자에게 주로 파괴적으로 사용됨 • 내담자와의 언어 내용 및 음성에서 방어적인 태도가 나타남 • 자신의 내적 경험과 말하고 있는 내용 사이에 상당한 모순이 있음
수준 2	• 진지한 반응은 주로 부정적인 것으로, 보다 깊은 탐색의 기초로 사용되지 못함 • '상담자로서 반응해야 한다'는 식의 태도나 반복 연습된 '전문적'인 기법으로만 내담자에게 반응함 • 상담자가 개인적으로 느끼고 의미하는 바를 표현하기보다는 주어진 역할에 따라 통상적인 반응을 함
수준 3	• 촉진적인 대인 관계 기능의 기초 수준임 • 내담자의 말을 잘 듣고 따라가지만 그 이상은 아무것도 하지 못함 • 불성실하게 보이지 않지만 그렇다고 진정한 몰입 및 반영도 되지 않은 반응을 함
수준 4	• 이 수준의 반응들은 내담자와의 관계에 대한 보다 깊은 탐색의 기초로 사용될 수 있음 • 상담자가 자신의 감정을 충분히 표현하는 것은 어느 정도 주저하지만 표현한 내용 자체는 자신의 감정과 일치함
수준 5	• 상담자는 자유롭게 행동하고 자신의 진지한 반응을 건설적으로 사용함 • 완전히 자발적으로 상호작용하고 긍정적·부정적인 모든 형태의 경험을 받아들임 • 상담자 자신과 내담자에게 자신의 견해를 건설적으로 제시함

5) 제한설정

제한설정은 놀이치료에서 가장 중요한 측면의 하나이면서 대부분의 치료자에게 가장 문제가 되는 부분이다. 제한은 치료 관계의 발전에 구조를 제공하며, 실제 생활 경험을 하게 만든다. 제한을 통한 적절한 경계가 있는 관계에서 내담 아동은 정서적·사회적으로 성숙해 갈 수 있다.

(1) 치료적 제한의 의미

아동중심 상담이라고 해서 아동의 행동을 무엇이든지 허용하는 것은 아니다. 오히려 무제한의 자유는 인간에게 불안감을 야기할 수 있다. 내담 아동은 치료적 제한을 통해 자신의 욕구나 충동을 인식하고, 이를 사회적으로 용인되는 방식으로 해결하는 방법을 배우고, 이를 통하여 책임감을 키우게 된다. 공격적 욕구나 파괴적 충동을 실제로 행동으로 옮기기보다는 자신의 파괴적 감정이나 충동을 보다 안전한 매체인 놀잇감이나 언어를 통하여 발산한다면 아동은 안전감을 느끼고 결과적으로 더 큰 만족감을 얻게 된다.

(2) 치료적 제한의 근거

Landreth(2015)는 다음의 이유를 근거로 치료적 제한을 실시해야 한다고 제안하였다.

- 아동의 신체적·정서적 안전을 보장한다.
- 놀이치료자의 정서적 복지를 보호하고 아동에 대한 수용을 촉진한다.
- 아동의 의사 결정, 자기통제 그리고 자기책임감을 촉진한다.
- '지금-여기'를 강조한다.
- 일관된 놀이 환경을 조성한다.
- 놀잇감과 놀이치료실을 보호한다.

(3) 치료적 제한의 지침과 절차

제한을 설정할 때는 우호적이면서도 침착하고 인내심이 있게 해야 하며, 단호하고 엄격하게 해야 한다. 또한 구체적이고 의미가 분명해야 한다. 제한의 목적은 행동을 중지시키기 위한 것이 아니라, 행동을 변화시킬 책임이 아동에게 있음을 배우게 하기 위함이다. 제한설정의 시기는 일반적으로 제한해야 할 행동이 일어난 순간에 하는 것이 좋다.

① 1단계-감정을 인정하기: 모든 행동에는 동기가 있고, 그 동기를 알리고자 행동하는 경우가 많다. 따라서 내면의 동기, 즉 아동의 감정이나 내면의 원망이나 바람을 언어화시켜 읽어 주고 알아주는 순간 아동의 감정은 약화되고 굳이 행동으로 옮길 필요성을 덜 느끼게 된다. 아동은 자신의 동기가 무엇인지를 보다 분명하게 인식하게 되고 치료자에게 수용되고 있음을 느끼게 된다.

② 2단계-제한을 전달하기: 제한은 분명해야 하며 무엇을 제한하는지가 정확하게 전달되어야 한다.

③ 3단계-대안을 제시하기: 아동이 자신의 감정과 욕구가 무엇인지 인식하고 이를 현실에서 수용 가능한 방식으로 해결하는 것을 배우는 것은 아동이 적응하는 데 매우 중요한 학습이다. (예: "바닥은 그림을 그리는 곳이 아니야. 대신 이 종이에 물감을 칠해도 된다.")

④ 4단계-마지막 선택을 알려 주기: 바닥에 계속해서 물감을 칠하려는 아동이 있다면 마지막 선택에서 "네가 한 번 더 물감을 바닥에 칠한다면, 오늘은 네가 물감을 갖고 놀지 않기로 선택한 것이다."라고 언급한 후, 위반하게 되면 "오늘은 네가 물감을 갖고 놀지 않기로 결정했구나."라고 하면서 치운다. 이러한 과정은 아동이 자기 선택에 대해 책임지는 것을 배우게 한다.

6) 아동에게 책임감 돌려주기

놀이치료자는 아동이 놀이의 세계로 들어가도록 격려하고 아동이 주도하도록 도우며 아동에게 선택권과 책임을 돌려주어야 한다. 아동에게 기회를 주지 않으면 아동은 자신의 내적 힘이 얼마나 되는지 발견할 수 없으며, 내적 힘을 개발할 수도 없고 자신의 잠재적 능력을 발휘할 수도 없다. 책임이란 가르쳐서 배우게 되는 것이 아니라 경험을 통해서만 배울 수 있다. 아동은 바로 치료 과정을 통해 자기책임(self-responsibility)을 발달시킨다.

이처럼 자신에 대한 책임감을 느끼고 심리적인 독립심을 얻음으로써 점점 다시 찾게 될 자신의 능력을 감당해 나갈 수 있는 책임이 자기 자신에게만 있다는 것을 느끼게 된다(Axline, 1999).

7) 아동의 성장 능력 존중하기

놀이치료자는 아동이 성장하고 있다는 점을 잊지 말아야 한다. 아동은 지난번 치료 시간의 자리에 머물러 있는 것이 아니라 지금 이 순간에도 변하고 있다는 것을 잊지 말아야 한다. 놀이치료자는 항상 아동이 서 있는 지금의 이 시점에 함께하고 있어야 한다. 아동이 원하지 않는데 과거의 순간에 대해 탐색하는 것은 바람직하지 못하다. 아동이 지금 이 순간에 느끼고 경험하는 것에 초점을 맞추어야 한다.

8) 유머 감각

놀이치료자는 유머 감각을 갖고 있어야 한다. 놀이치료자가 유머 감각을 갖고 있어야 아동과 함께 즐길 수 있고 어려운 문제를 여유를 갖고 풀어 갈 수 있다. 놀이치료자가 아동을 비웃으면 안 되며 아동과 전적으로 함께 즐길 수 있는 유머 감각이 필요하다.

9) 개인의 한계를 인식하고 수용하기

유능한 놀이치료자란 개인적으로 안정되어 있으며 개인의 한계를 인식하고 수용할 수 있어야 한다. 어떤 놀이치료자는 아동을 도와주어야 한다는 생각에만 몰입되어 있어 자신이 감당하기에 힘든 아동을 맡고 있다. 그러나 놀이치료자가 다루기에 힘든 정서적 문제를 가진 아동은 다른 치료자나 다른 기관에 의뢰하는 것이 더 바람직하다.

3. 놀이치료자의 촉진적 반응

놀이치료는 놀이치료자와 내담 아동 간에 형성된 치료적 관계를 통해 내담 아동의 심리적 어려움을 다루는 심리치료이므로 무엇보다 상담자의 역할이 중요하다. 그러나 초보 놀이치료자의 경우, "음~ 그렇구나." "아~~ ……하는구나."라고 내담 아동이 하는 뒷말을 따라 하거나 "이것을 이쪽에서 저쪽으로 움직였구나." 등과 같이 내담 아동의 놀이 장면을 그대로 말로 표현하는 것으로 대부분의 놀이치료 시간을 보내는 경우가 많다. 그러나 상담자가 훈련을 받게 될 경우 전문적인 기술적 숙련도가 발달하여 치료 효과를 높이게 된다(Nalavany, Ryan, Gomory, & Lacasse, 2005). 특히 특정 치료 방법에 대해 범주가 기반이 된 훈련을 받게 될 때 상담자들의 전문성과 치료 절차를 준수하는 것이 증가한다(Bootzin & Ruggill, 1988).

1) 좋은 놀이치료자가 갖추어야 할 자질

Nalavany 등(2005)은 놀이치료자 28명을 대상으로 좋은(유능한) 놀이치료자가 가져야 할 세 가지 자질에 대해 조사한 결과, 아동에게 맞추는 전문가 반응(Child Attuned Professional Response), 아동에 대한 민감성(Sensitive to the Child), 기본적인 기술(Foundational Skills), 치료자 지식 발달(Therapist Knowledge Development), 가족을 대하는 기술(Skills with the Family), 아동 치료에 대한 이론적 이해(Theoretical Understanding of Child Treatment), 치료에 대한 구조화된 접근(Structured Approach to Treatment)의 총 7개의 군집을 도출하였다. 이를 구체적으로 살펴보면 다음과 같다. 〈표 9-6〉에서는 각 군집의 특성에 대해 정리해 놓았다.

① 군집 1-아동에게 맞추는 전문가 반응: 놀이치료자는 아동의 언어적·비언어적 행동과 감정에 맞추고 반영하는 것이 필요하다. 이런 과정을 통해 내담 아동은 자신의 속도에 맞춰 치료적 관계를 형성할 수 있다. 놀이치료자가 내담 아동에게 안전을 보장할 수 있는 경계를 만드는 동안 내담 아동이 독립적이 되는 것과 자기주도적이 되는 것 사이에서 균형을 잡아야 한다.

② 군집 2-아동에 대한 민감성: 아동에 대한 민감성은 유능한 놀이치료자의 가장 확실한 특성 중 하나이다. 여기에는 아동과 함께 작업할 때 아동의 강점 알기, 신뢰하는 관계 발달시키기, 침착한 존재감, 태도와 인내심 유지하기가 포함된다.

③ 군집 3-기본적인 기술: 기본적인 기술은 치료자가 가져야 할 필수적인 자질이다.

④ 군집 4-치료자 지식 발달: 놀이치료자의 자기인식이 중요하고, 내담 아동에 의해 발생한 자기비판적 성찰에 대한 개방성, 자기이해, 다문화 수

용하기가 필요하다.

⑤ 군집 5-가족을 대하는 기술: 가족과 함께하는 기술도 중요하다.

⑥ 군집 6-아동 치료에 대한 이론적 이해: 아동 치료에 대해 이론적 이해를 하는 지식을 가지는 것이 중요하다.

⑦ 군집 7-치료에 대한 구조화된 접근: 내담 아동의 욕구에 맞는 다양한 기법을 사용하는 융통성이 필요하다. 아동 발달에 대한 이해를 통해 아동의 관점을 유지하고 아동의 정서 과정을 이해하는 것이 중요하다.

〈표 9-6〉 좋은 놀이치료자가 갖추어야 할 자질

군집	군집명	내용
1	아동에게 맞추는 전문가 반응	• 아동의 감정에 대해 잘 의사소통하기 • 놀이를 통해 아동의 정서 반영하기 • 아동이 독립적이고 자기주도적이 되도록 허용하기 • 확실한 경계를 만들면서 아동에게 안전한 장소 만들기
2	아동에 대한 민감성	• 아동에게 있는 호감이 가고 사랑스러운 부분을 만나 주는 것 • 인내하고 아동보다 앞서지 않는 것 • 각 아동의 독특함과 개인의 욕구를 인식하는 것 • 물감이 쏟아지는 것 등과 같은 문제 상황에서 침착한 태도를 유지하는 것
3	기본적인 기술	• 따뜻한 태도 • 공감 • 무조건적 수용 • 내담자에 대한 진정성 • 그 외 아동과 관계를 맺는 데 있어 추가적인 대인 관계 기술
4	치료자 지식 발달	• 내담 아동에게서 배우기 • 지속적인 성장에 대한 개방성

5	가족을 대하는 기술	• 부모에게 피드백을 주어서 부모를 검증함 • 부모 되는 법을 효과적으로 코칭하고 지도하는 것을 통해 부모를 지도함 • 아동과 가족을 팀의 소중한 구성원으로 대우함 • 부모가 치료에 대해 기대할 수 있는 것을 명확히 함
6	아동 치료에 대한 이론적 이해	• 학회, 학교, 상담 현장에서 정형화된 놀이치료 수련을 받음 • 적절한 치료 개입을 선택하기 위해 놀이치료에 대한 치료 모델, 기법, 이론에 대한 지식이 있어야 함
7	치료에 대한 구조화된 접근	• 내담 아동의 욕구에 맞는 치료 기법을 찾는 융통성 • 아동 발달 및 정서 과정에 대한 이해

2) 감정 반영하기

치료자는 내담 아동의 감정에 초점을 맞추고 아동이 안전한 환경에서 이런 감정들을 잘 표현해 낼 수 있도록 해야 한다. 감정에 대한 반응은 아동에게 직접적으로 표현될 수도 있고(예: "무척 화가 났구나."), 아니면 아동이 감정을 투사하고 있는 놀잇감에 표현할 수도 있다(예: "이 애기 사자는 아빠 사자가 이렇게 크게 소리를 지를 때 슬퍼지네."). 이처럼 "너는 ……하게 느끼는구나."라는 식의 반응을 통해 아동이 놀이를 통해 표현하고 있는 감정에 대해 정확하게 표현할 수 있다.

(1) 감정 반영의 목표

이처럼 놀이치료 장면에서 내담 아동에게 감정을 반영해 주는 것에는 다음과 같은 목표가 있다(O'Connor, 1991).

① 아동이 자신의 내적 경험을 알아 갈 수 있게 한다.
② 아동의 정서적인 표현을 증진시킨다.

③ 자신의 경험이 언어와 짝을 이루게 될 때, 이 경험은 좀 더 쉽게 정리될
   수 있으므로 아동이 자신의 경험을 좀 더 쉽게 정리해 나갈 수 있게 한다.
④ 아동이 치료를 받는 동안 정서적 과정에 더 주의를 집중할 수 있게 한다.
⑤ 치료자가 아동의 감정 상태에 대한 인상을 확신할 수 있게 한다.

일반적으로 감정 반영은 "너는 ~을 느끼는 것처럼 보이네." "너는 ~ 때문
에 ~을 느끼는 같다." "내가 듣기에 너는 ~를 표현하는 것 같네." "그 상황이
라면 너는 ~을 느꼈을 것 같네." "너는 ~한 것 같다." 등의 표현으로 이루어
진다(천성문 외, 2019).

(2) 감정 반영의 단계 및 수준

강진령(2016)은 감정 반영의 절차를 5단계로 나누어 〈표 9-7〉과 같이 제
시하였다.

〈표 9-7〉 감정 반영의 5단계

단계	핵심 사항	내용
1	경청	내담자의 감정과 관련된 언어, 비언어 행동을 경청한다.
2	이해	특정 사안에 대한 내담자의 감정을 헤아려 본다.
3	선택	내담자의 감정에 적절한 단어(형용사)를 선택한다.
4	전달	감정의 원인과 결합하여 만든 문장을 언어적으로 전달한다.
5	평가	내담자의 반응을 관찰함으로써 반영의 효과를 평가한다.

또한 Carkhuff와 Pierce(1975)는 반영적 경청의 수준을 다음과 같이 5단계
로 나누고 반영적 경청을 위한 변별검사를 개발하였다.

① 1수준: 위로, 부인/부정, 충고, 질문 등으로 반응하는 것
   예) "괜찮아. 다음에 게임에서 이기면 되지."

② 2수준: 느낌은 무시하고 내용이나 인지적 부분에 대해 재진술로 반응하는 것

예) "게임에서 지니까 게임을 그만하네."

③ 3수준: 감정을 이해하지만 방향성이 없고, 내담자의 감정과 상황에 대해 이해한 것을 말로 되돌려 주는 것

예) "이번에는 선생님에게 이기고 싶었단 말이지(재진술). 그런데 져서 속상한가 보네(감정 반영)."

④ 4수준: 이해와 어느 정도 방향도 제시되는 것. 이때에는 감정뿐 아니라 내담자에게 필요한 점을 언급함. 문제 해결의 열쇠는 내담자가 가지고 있음을 암시함

예) "이번에는 선생님에게 이기고 싶어서 열심히 했는데(재진술) 또 져서 화가 났나 보네(감정 반영). 선생님보다 잘 하고 싶었는데 말이지(바람)."

⑤ 5수준: 4수준의 반응에다 내담자에게 요구되는 것으로 내담자가 실천하고 목표를 달성하기 위해 취해야 할 실행 방안을 덧붙이는 방식의 반응임

예) "이번에는 선생님에게 이기고 싶어서 열심히 했는데(재진술) 또 져서 화가 났나 보네(감정 반영). 선생님보다 잘 하고 싶었는데 말이지(바람). 그렇다면 이렇게 주사위를 던지지 말고 어떻게 하면 이길 수 있을지 생각을 해 봐야겠는데(제안)."

(3) 감정 반영을 피해야 하는 경우

놀이치료자는 내담 아동에 대한 정보가 충분하지 않거나, 내담 아동이 감정표현에 대해 거부 반응을 보이거나, 감정을 다룰 수 있는 능력이 부족하다고 판단되거나, 감정 해결을 위한 시간이 충분하지 않을 때에는 감정 반영을 하지 않는 것이 바람직하다(천성문 외, 2019).

(4) 정서 수준 맞추기

놀이치료자는 아동이 미소 짓거나 웃을 때(적절하게 웃고 있을 때) 함께해 주고, 아동이 속삭일 때 함께 속삭이고, 아동이 슬플 때 치료자 역시 진지하게 반응하고, 아동이 조용하고 차분하게 있으면 치료자도 그렇게 해야 한다. 이렇게 감정을 맞추고 조율하는 과정을 통해 내담 아동은 자신의 감정을 인식할 수 있게 될 뿐 아니라 다른 사람에게 자신의 감정을 존중받고 이를 기반으로 의사소통하는 경험을 할 수 있게 된다.

3) 아동중심 놀이치료자의 반응 유형

(1) 놀이치료자 반응 유형 분류체계(Play Therapy Observer: PLATO)

Tanner와 Mathis(1995)는 초보 놀이치료자 훈련을 목적으로 아동중심 놀이치료자의 치료적 반응을 크게 촉진적 반응, 참여적 반응, 지시적 반응, 비촉진적 반응의 네 가지로 구분하였고, 각 반응마다 세부적인 내용을 제시하였다. 이는 다음과 같다.

① 촉진적(Facilitating) 반응: 아동중심 놀이치료자에게 있어서 촉진적 반응은 아동의 내적 세계에 초점을 두고 비지시적인 접근을 지양하고 있어 매우 이상적이고 도움이 되는 반응이다. 여기에는 감정 반영(reflections of feelings), 자기개념에 대한 반영(reflections of self-ideations), 역량에 대한 반영(reflection of competency), 혼합 반영(compound reflections), 개방형 진술(open-ended statements), 아동에게 책임감 돌려주기(giving responsibility to child), 치료적 제한설정(therapeutic limit setting) 등이 있다.

② 참여적(Attending) 반응: 이 반응은 비지시적인 진술을 통해 내담 아동이 책임감을 가질 수 있도록 돕는다는 긍정적인 측면이 있다. 그러나 이 반응은 내담 아동의 행동 이면에 있는 감정, 자기개념 또는 역량에

대한 인지 없이 행동, 활동과 사건에 초점을 맞춘다는 점에서 아동중
심 놀이치료의 관점과 부합하지 않는다. 여기에는 추적진술(tracking
statements), 내용 반영(reflection of content), 아동의 감정에 대한 치료자
의 반응(therapist's reaction to child's feelings), 감정에 대한 인지 또는 대
안 없이 제한하기(limit setting without choice or recognition of feeling), 적
절한 정보 제공(appropriate information giving) 등이 있다.

③ 지시적(Directing) 반응: 이 반응은 아동의 내적 세계에 초점을 맞추고
는 있으나 지시적이다. 이에 이 반응을 통해 아동은 자기 자신과 감정
에 대해 탐색해 볼 수는 있으나 자신에 대한 책임감을 갖는 것에는 어
려움이 생길 수 있다. 여기에는 아동의 감정, 사고, 역량에 대한 질문이
나 지시 하기(questions and commands about child's feelings, thoughts and
competencies), 임의적 해석(tentative interpretations), 감정, 자기개념 또
는 역량에 대한 반영을 질문으로 바꾸기(changing a reflection of feeling,
self-ideation or competency to a question) 등이 있다.

④ 비촉진적(Nonfacilitating) 반응: 이 반응은 아동중심 놀이치료에 있어서 가
장 도움이 되지 않는다. 이 반응은 내담 아동의 외적 세계에 초점을 맞
추고 있고 지시적이다. 여기에는 내용에 대해 질문하기(questions about
content), '왜'라고 질문하기('why' questions), 내용 반영 또는 추적진술을
질문으로 바꾸기(changing a reflection of content, or a tracking statement
to a question), 부적절한 정보 주기(inappropriate information giving), 자
기개방(self disclosure), 아동 이끌기(leading the child), 칭찬, 평가와 비
난하기(praise, evaluation and condemnation), 분석하기(analyzing), 기회
놓치기(missed opportunities) 등이 있다. 각 반응에 대한 구체적인 예는
〈표 9-8〉과 같다.

⟨표 9-8⟩ 아동중심 놀이치료자 반응 범주 및 목록

반응 범주	반응 목록	내용	구체적 표현의 예
촉진적	감정 반영	아동과 아동의 놀이에서 표현되는 감정에 대해 반영	"너는 ~라고 느끼는구나." "얘(캐릭터)는 ~라고 느끼는구나."
	자기개념에 대한 반영	아동 자신이나 놀이에서 표현된 생각에 대해 반영	"너에 대해 ~라고 말하네." "얘(캐릭터)는 자신에 대해 ~라고 생각하네."
	역량에 대한 반영	놀이에서 나타난 아동의 능력이나 노력한 부분에 대해 반영	"~를 하려고 애쓰고 있네." "이것을 ~하는지 그 방법을 알았네."
	혼합 반영	아동의 감정, 생각, 역량을 경험이나 행동과 연결시킴	"너는 ~ 때문에 ~라고 느낀단 말이지."
	개방형 진술	아동이 폐쇄형 질문을 받을 때 보다 더 많은 선택을 할 수 있음	"얘(캐릭터)가 무슨 생각을 하는지 궁금하네."
	아동에게 책임감 돌려주기	아동이 자신에게 역량이 있고 생각할 수 있고 스스로 할 수 있다고 느낄 수 있도록 돕게 됨	"네가 결정할 수 있지."
	치료적 제한설정	아동에게 놀이치료실에서는 무엇을 할 수 없는지 알게 함. 이때 아동의 감정, 원하는 것을 알아주고, 제한에 대해 설명하고, 허용되는 대안을 제시	"나한테 화가 났나 보네. 그런데 선생님을 때리면 안 된다. 대신 이 인형은 때릴 수 있다."
참여적	추적진술	아동의 놀이 행동에 대해 반영함	"이것을 저쪽으로 움직였네."
	내용 반영	아동이 말한 내용에 대해 바꿔 말하기, 재진술하기, 요약하기	"아~ 얘는 화가 났다고."
	아동의 감정에 대한 치료자의 반응	아동의 감정에 대한 치료자의 개인적인 반응으로 치료자에게로 초점이 이동됨	"오늘 힘들었다니 안됐네."

	감정에 대한 인지 또는 대안 없이 제한하기	놀이치료실에서 허용되지 않는 것을 알 수 있도록 허용 범위를 알려 주면서 감정 공감 및 대안을 주지 않고 제한만 함	"이걸 부수면 안 된다."
	적절한 정보 제공	치료실에서 과제를 마치기 위해 치료자에게 정보를 필요할 때 치료자는 이에 맞는 정보를 제공할 수 있음	"네가 게임을 하고 싶단 말이지. 이 방에는 게임이 여러 종류가 있다."
지시적	아동의 감정, 사고, 역량에 대한 질문이나 지시 하기	질문을 할 때 치료자는 이끄는 위치가 됨. 지시하는 것은 내담 아동에게 자기탐색을 촉진할 수도 있지만 아동의 선택은 증진시키지 않음	"네가 ~라고 상상해 볼래? 어떤 기분인지 말해 줘."
	임의적 해석	내담 아동의 행동과 감정, 생각 그리고 역량 간의 관계에 대해 임의적으로 추론하거나 가설을 세우는 것	"애기 사자가 아빠 사자에게 화가 난 것처럼 너도 아빠에게 이렇게 화가 났니?"
	감정, 자기개념 또는 역량에 대한 반영을 질문으로 바꾸기	놀이치료자가 좋은 반영 뒤에 폐쇄형 질문을 덧붙임	"너 화가 났구나, 그렇지?"
비촉진적	내용에 대해 질문하기	내용에 대한 질문은 자기탐색보다는 이야기하는 것 자체에 집중하게 함	"이건 무엇이니?"
	'왜'라고 질문하기	내담 아동들은 '왜'라는 질문에는 거의 대답을 하지 못함. 아동은 판단받고 비난받는 느낌을 가질 수 있음	"왜 이렇게 한 거야?"
	내용 반영 또는 추적진술을 질문으로 바꾸기	문장의 끝을 질문식으로 올리거나, 폐쇄형 질문을 덧붙임	"네 말은 ~란 말이지? 그렇지?"

부적절한 정보 주기	가르치는 것과 유사함. 놀이치료자가 내담 아동보다 더 많은 것을 아는 전문가라는 메시지를 주게 됨	"이것은 ~하면 된다."
자기개방	때로는 내담 아동의 욕구보다는 놀이치료의 욕구를 충족시킴	"선생님은 어제 ~하느라 너무 힘들었다."
아동 이끌기	아동이 편안함을 느낄 수 있도록 놀이치료자가 과도하게 맞추게 될 때, 아동은 놀이치료실에서 의사 결정을 하고 생각을 제안할 수 있는 기회를 잃게 됨	"선생님이 ~해 줄게."
칭찬, 평가와 비난하기	이런 반응들을 통해 내담 아동에게는 다른 사람의 승인을 구하는 행동과 외적 동기가 증가됨	"오~ 아주 잘했는데!"
분석하기	놀이치료자가 분석을 하면 내담 아동이 이에 동의하지 않거나 가설을 확장하는 것에 참여하지 못함	"네가 ~한 것은 ~때문인 것 같다."
기회 놓치기	놀이치료자가 적절한 반응을 보이지 않고 침묵을 지키거나 주제를 바꿀 때 발생함	

(2) 놀이치료자의 기본적 언어 기술

Ray(2016)는 여러 학자(Axline, 1947; Ginott, 1961; Landreth, 2015)가 제시한 치료자 반응을 정리하고 여기에 자신의 임상 경험을 반영하여 다음의 아홉 가지 언어 반응 목록을 제시하였다.

① 행동 표현하기: 놀이치료자의 반응 중 가장 기본적인 것이다. 놀이치료자는 눈에 보이고 관찰되는 아동의 행동을 언어적으로 묘사한다.

② **내용 반영하기**: 놀이치료 과정에서 중요하면서도 가장 기본이 되는 기술이다. 놀이치료자는 내담 아동의 언어적 상호작용을 다른 말로 바꾸어 표현한다.

③ **감정 반영하기**: 놀이치료에서 아동에 의해 표현된 감정에 대해 놀이치료자가 언어적으로 반응하는 것이다.

④ **의사 결정 촉진하기, 책임감 돌려주기**: 놀이치료자의 치료 목적 중 하나는 내담 아동이 자신의 가능성에 대해 인식하고 이에 대해 책임을 가지도록 돕는 것이다. 의사 결정 촉진과 책임감을 돌려주는 반응을 통해 아동은 스스로 할 수 있다는 것과 그 힘이 자신에게 있다는 것을 경험하게 된다.

⑤ **창의성, 자발성 촉진하기**: 놀이치료자는 내담 아동이 자신의 창의성과 자유를 경험하도록 도와야 한다. 놀이치료자가 내담 아동의 창의성을 수용하고 격려하는 것을 통해 내담 아동은 자신의 모습 그대로가 특별하다는 메시지를 받게 된다.

⑥ **존중감 키우기, 격려하기**: 놀이치료자는 내담 아동이 자신에 대해 긍정적으로 생각하도록 격려해야 한다. 이를 통해 내담 아동은 유능감을 경험하게 된다.

⑦ **관계 촉진하기**: 놀이치료자가 내담 아동과 관계를 증진하는 데 중점을 두는 반응을 통해 내담 아동은 긍정적인 관계를 경험하게 된다. 내담 아동이 관계에 대해 언급하는 모든 시도에 대해 놀이치료자는 반응해 주어야 하는데, 이런 관계적 반응을 통해 내담 아동은 효과적인 의사소통을 배우게 된다.

⑧ **더 큰 의미 반영하기**: 이 반응은 놀이치료 기술에 있어서 가장 고급 기술이다. 놀이치료자는 내담 아동의 놀이 패턴 및 주제를 알고 이를 언어로 표현해 주는 것을 통해 더 큰 의미를 반영할 수 있다. 아동중심 놀이치료에서 놀이치료자는 해석하는 것을 주저할 수 있지만, 이 반응을 적절

히 사용한다면 아동이 자신의 경험의 의미를 인식할 수 있도록 도울 수
있다.

⑨ 제한설정: 이 반응은 놀이치료실에서 내담 아동에게 안전감과 일관성을
제공하기 위한 현실적인 경계를 구축하기 위해 사용한다.

각 반응 목록에 대한 정의, 치료적 의미 및 구체적인 대화의 예는 〈표 9-9〉
에 제시하였다.

〈표 9-9〉 Ray의 아홉 가지 언어 반응 목록

반응 목록	정의	내담 아동이 경험하는 치료적 의미	구체적인 대화의 예
행동 표현하기	관찰되는 아동의 행동을 언어로 묘사함	• 관심을 받고 있음 • 수용받고 있음	"네가 그것을 집었구나."
내용 반영하기	아동의 언어적 상호작용을 다른 말로 바꾸어 표현함	• 경험에 대한 자신의 의견을 인정받고 있음 • 자신에 대한 이해가 명확해짐	"친구들과 놀았는데 재미있었단 말이지."
감정 반영하기	아동의 표현에 대해 언어적으로 반응하기	• 자신의 감정에 대해 인식하도록 도움 • 자신의 감정을 적절히 수용하고 표현하도록 도움	"여기 있는 것이 화가 나나 보네. 그냥 집에 갔으면 좋겠단 말이지."
의사 결정 촉진하기, 책임감 돌려주기	아동이 자신의 잠재 능력을 인식하고 그것에 대한 책임감을 갖도록 도움	• 아동 스스로 할 수 있다는 것을 알게 됨	"여기서는 네가 결정할 수 있다." "그건 네가 혼자서도 할 수 있을 것 같은데."
창의성, 자발성 촉진하기	아동이 자신의 창의성과 자유를 경험하도록 도움	• 자신의 모습 그대로 특별함을 느낌 • 생각과 행동의 유연성 발달	"~는 네가 원하는 대로 할 수 있어."

존중감 키우기, 격려하기	아동이 자신에 대해 긍정적으로 생각하도록 도움	• 자신의 유능감을 경험	"네가 원하는 방법으로 만들었구나."
관계 촉진하기	아동이 긍정적인 관계를 경험하도록 도움	• 효과적인 의사소통을 배우게 됨	"선생님을 돕기 위해 뭔가를 하고 싶었구나."
더 큰 의미 반영하기	놀이 패턴을 알고 이를 언어화하는 것	• 자신의 놀이에 대한 중요성을 알게 됨 • 자신의 의도와 목적에 대해 놀이치료자가 더 깊이 공감하고 이해하고 있다는 것을 느끼게 됨	"놀이치료실에 오면 가끔은 네가 모든 것을 다 통제하는 사람이 되기를 원하나 보네."
제한설정	안전감과 일관성을 제공하기 위해 현실적인 경계를 만듦	• 어디까지 행동할 수 있는지 한계를 알게 되어 안전감을 느낌	"화가 나서 산생님을 때리고 싶단 말이지? 그런데 선생님은 맞고 싶지 않다. 대신 화가 난 만큼 이 인형은 때릴 수 있지."

참 고 문 헌 ▽

강진령(2016). 상담연습-치료적 의사소통 기술. 서울: 학지사.

박성희(2008). 동화로 열어가는 상담이야기. 서울: 이너북스.

박현정(2014). 아동이 지각한 부모의 의사소통 유형과 아동의 공감 및 공격성과의 관계. 고려대학교 교육대학원 석사학위논문.

이수현, 최인화(2020). 셀프 수퍼비전을 통한 상담기술 훈련-초보상담자를 대상으로-. 서울: 학지사.

이영애(2016). 공감과 소통의 시대에 영유아를 위한 부모역할과 교육 과제. 한국유아교육보육행정학회 학술발표대회 논문집, 1, 29-46.

이장호, 금명자(2012). 상담연습 교본. 경기: 법문사.

정영호 편역(1992). 여씨 춘추(팔람). 서울: 자유문고.

조용주, 정남운(2009). 부모 공감이 아동에게 미치는 영향에 관한 연구동향. 한국심리
학회지: 상담 및 심리치료, 21(4), 915-941.

천성문, 차명정, 이형미, 류은영, 정은미, 김세경, 이영순(2019). 상담입문자를 위한 상
담기법 연습. 서울: 학지사.

홍종관(2002). 아동중심놀이치료를 위한 심리학적 기초. 제35차 학술발표 및 사례발
표회 자료.

Axline, V. M. (1947). *Play therapy: The inner dynamics of childhood*. Boston:
Houghton Miffiln.

Axline, V. M. (1999). 딥스-자아를 찾은 아이(주정일, 이원영 공역). 서울: 샘터. (원서
출판 1964).

Benedict, H. E., & Mongoven, L. B. (1997). Thematic play therapy: An approach to
treatment of attachment disorders in young children. In H. G. Kaduson, D.
Cangelosi, & C. Schaefer (Eds.), *The playing cure: Individualized play therapy
for specific childhood problems*. Northvale, NJ: Jason Aronson.

Bootzin, R. R., & Ruggill, J. S. (1988). Training issues in behavior therapy. *Journal
of Consulting and Clinical Psychology, 56*, 703-709.

Borke, A. (1971). Interpersonal perception of young children: Empathy historic or
empathy. *Developmental Psychology, 5*, 262-269.

Carkhuff, R. R., & Pierce, R. M. (1975). *The art of helping: An introduction to life
skills (a trainer's guide for developing the helping skills of parents, teachers,
and counselors)*. Amherst, MA: Human Resource Development Press.

Davis, M. H. (1980). A multidimensional approach to individual differences in
empathy. *JSAS Catalog of Selected Document in Psychology, 10*(4), 1-19.

Dymond, R. E. (1949). A scale for the measurement of empathy ability. *Journal of
Consulting Psychology, 13*, 127-133.

Egan, G. (1997). 유능한 상담자(제석봉, 유계식, 박은영 공역). 서울: 학지사. (원서출판
1994).

Fabes, R. Eisenberg, N., & Miller, P. A. (1990). Maternal correlates of children's
vicarious emotional responsiveness. *Developmental Psychology, 26*, 639-648.

Feshbach, N. D., & Feshbach, S. (1982). Empathy training and regulation of aggression. *Academic Psychology Bulletin, 4*, 399-413.

Ginott, H. G. (1961). Play therapy: The initial session. *American Journal of Psychotherapy, 15*(1), 73-88.

Hill. C. E., & O'Brien, K. M. (2001). 상담의 기술(주은선 역). 서울: 학지사. (원서출판 1999).

Jolliffe, D., & Farrington, D. P. (2004). Empathy and offending: A systematic review and meta-analysis. *Aggression and Violent Behavior, 9*(5), 441-476.

Landreth, G. L. (2015). 놀이치료-치료관계의 기술(유미숙 역). 서울: 학지사. (원서출판 2012).

Lipps. T. (1903). *Archiv fur die Gesamte Psychologie, 20.*

Lipps, T. (1926). *Psychological studies* (Vol. 2). Williams & Wilkins.

Muro, J. J., & Kottman, T. (1995). *Guidance and counseling in the elementary and middle schools: A practical approach.* Dubuque, IA: Brown and Benchmark.

Nalavany, B. A., Ryan, S. D., Gomory, T., & Lacasse, J. R. (2005). Mapping the characteristics of a 'good' play therapist. *International Journal of Play Therapy, 14*(1), 27-50.

O'Connor, K. (1991). *The play therapy primer.* New York: John Wiley & Sons, Inc.

Rajneesh, O. (1994). 탄트라비젼 Ⅲ(이연화 역). 서울: 태일출판사.

Ray, D. C. (2016). 고급 놀이치료-아동상담 임상을 위한 필수조건, 지식 그리고 기술(이은아·김, 민성원 공역). 서울: 시그마프레스. (원서출판 2011).

Tanner, Z., & Mathis, R. D. (1995). A child-centered typology for training novice play therapists. *International Journal of Play Therapy, 4*(2), 1-13.

Tichener, E. B. (1910). *A textbook of psychology.* New York: Macmillan.

제10장

놀이 주제 분석

아동의 놀이는 수천 년 동안 많은 사람에게 매력적인 탐구 주제였다(Schaefer & Kaduson, 1994). 아동의 놀이는 발달 및 세상을 이해하기 위한 방법으로 기능하는데(Holmberg, Benedict, & Hynan, 1998), 그중 장난감을 단어로 사용하고 놀이를 언어로 사용하는 것은 아동이 자신을 표현하고 의사소통하는 데 발달적으로 적절한 통로이다(Green, 2006, 2007; Green & Christensen, 2006; Landreth, 2009). 놀이로 이야기를 만들어 내는 극 놀이(dramatic play)는 자신의 세계를 이해하고자 하는 아동의 내적 충동(Lee, 1922) 때문에 나타난다. 이런 놀이에는 이야기(narrative)하는 기능이 있기 때문에 아동은 놀이를 통해 자신의 소망에 대해 구체적으로 표현한다. 그러므로 아동이 놀이에서 하는 이야기와 행위는 자신의 마음을 표현하는 최고의 방법이다(Solnit, Cohen, & Neubauer, 2013). 특히 놀이치료에서 아동은 놀이를 통해 자신의 이야기를 하게 되는데, 이때 놀이치료자가 그 내용을 잘 이해하고 핵심 주제를 찾을 수 있다면, 아동에게 어려움을 주고 있는 감정과 생각에 대한 가설을 세울 수 있다. 뿐만 아니라 놀이치료자는 아동의 놀이라는 은유 속에서 아동에게 개입할 수 있는 방법을 찾을 수 있다(Holmberg et al., 1998). 그러므로 이 장에서는 놀이치료 시 아동의 놀이에서 나타나는 주제를 찾고 그 내용을 이해하는 방법에 대해 구체적으로 다루고자 한다.

1. 놀이 주제의 특성

1) 정의

놀이치료에서 놀이는 내담 아동의 감정, 생각, 걱정 등을 표현하는 '언어'이다. 이 점을 고려할 때, 놀이 장면에서 관찰되는 놀이 주제란 내담 아동이 실제적으로 하는 놀이 행동(play behavior)이 아니라 아동이 놀이라는 언어에 부과한 의미이며, 자신의 경험에 부여한 의미에 대해 소통하고자 하는 은유라고 가정할 수 있다. 그러므로 놀이치료자는 놀이 주제를 통해 내담 아동이 내면에 내적 의미를 만드는 체계를 알 수 있다(Ray, 2016).

그러나 내담 아동의 놀이에서 메시지가 항상 명확하게 나타나는 것은 아니다(Benedict & Mongoven, 1997). 이는 대부분의 내담 아동들이 놀이에서 상징을 사용하여 의사소통하기 때문이다. 상징이란 정서 그 자체 또는 정서를 통해 표현하고자 하는 것을 위장하는 특징이 있다 보니, 내담 아동은 감당하기 어려운 자신의 내면의 갈등과 어려움을 상징이라는 안전하고 통제된 방법으로 표현하게 된다(Landreth, 2009). 그러므로 아동의 놀이 주제를 보면 놀이하는 동안 아동에게 가장 활발하게 일어나는 판타지는 무엇인지, 충족하고자 하는 소망은 무엇인지 알 수 있고, 이야기의 전개 과정을 보면서 놀이 주제의 변화와 다른 이야기들 사이의 상호작용을 보며 소망과 갈등, 방어기제를 알 수 있게 된다(Solnit et al., 2013).

놀이치료자가 놀이치료에서 나타나는 아동의 놀이 주제를 파악하기 위해서 놀이 및 놀이치료에 대한 충분한 지식을 가지고 있어야 하며, 아동의 이야기를 이끌지 않으면서 아동이 이끄는 대로 따르면서 놀이 주제에 대해 다각적으로 탐색하는 신중한 자세가 필요하다.

2) 놀이 주제 선정 방법

Ray(2016)는 놀이치료자가 놀이 주제를 파악할 때 다음의 세 가지 특징을 고려할 것을 제안하였다.

① 반복: 한 놀이 행동이 한 회기 내에서 또는 여러 회기 동안 반복(repetition)해서 나타날 수 있다. 이 경우에는 내담 아동이 자신의 내면에 직

면하고 있는 어려움과 중요한 문제를 해결하기 위한 작업을 하고 있다는 것을 의미할 수 있다.

② 강도: 놀이 강도(intensity)란 놀이치료 시간에 놀이 행동에 몰입하는 정도나 에너지 수준을 의미한다. 내담 아동의 놀이 장면에 대해 치료자 자신이 어떻게 느끼는지를 살펴보는 것도 강도를 결정하는 방법이 될 수 있다.

③ 맥락: 놀이 주제와 아동의 성장이나 삶의 맥락(context)과의 관련성을 가정해 볼 수 있다. 아동의 초기 발달, 성격 특징, 삶에서 일어난 중요한 사건 등에 대해 아는 것뿐 아니라 현재 문제에 대한 정보를 아동 및 아동에게 중요한 사람들로부터 얻는 것이 필요하다.

2. 발달 단계와 놀이 주제

놀이치료자는 내담 아동의 놀이 주제를 통해 내담 아동의 욕동 구조(drive organization), 대상관계 상태 및 각 발달 단계에서 발생하는 도전과 갈등을 알 수 있다(Solnit et al., 2013). 그러므로 내담 아동의 놀이 주제를 파악하기 위해서 각 발달 시기에 직면하게 되는 발달 과제에 대해 잘 숙지하는 것이 필요하다. 각 발달 단계와 발달 과업은 〈표 10-1〉과 같다.

〈표 10-1〉 발달 단계와 발달 과업

	영아기 (Infancy)	걸음마기 (Toddler)	학령전기 (Preschool)	학령기 (School)	청소년기 (Adolescence)
연령	0~1세 반	1세 반~3세	4~6세	7~12세	13~18세
발달 단계					
Freud	구강기	항문기	남근기	잠복기	성기기

Erikson	신뢰감 대 불신감	자율성 대 수치심 및 의심	주도성 대 죄책감	근면성 대 열등감	자아정체감 대 정체감 혼미
Piaget	감각운동기	전조작기		구체적 조작기	형식적 조작기
발달 과업	애착 형성	분리-개별화	사회화	생산성	자아정체감
		애착을 타인에게로 일반화시킴		자아감, 복잡한 인지적 · 사회적 기술을 배워 감	

    Bellinson(2008)은 이러한 발달 과업 중 심리성적 단계의 관점에서 아동의 놀이 내용에 포함되는 주제를 다음과 같이 구분하여 제안하였다. 우선, 구강기와 관련된 놀이에서는 내담 아동은 양육 행동의 수령자가 되거나 기증자가 된다. 항문기에서는 놀이의 주된 초점이 통제와 조절에 맞춰져 있으며, 대소변 훈련과 관련되어 보유, 배출 및 깨끗하게 하는 것, 더럽히는 것 등의 주제가 나타난다. 남근기와 관련된 놀이에서는 공격하기, 과시하기 등의 요소가 나타나며, 오이디푸스 갈등과 관련된 주제를 표현하기 위해 최소 3명의 인물이 등장하면서 경쟁, 배척과 이로 인한 성공, 질투 등의 감정이 나타난다. 잠복기와 관련된 주제는 도덕성, 공정성에 초점이 맞춰져 있고 사회적 규칙과 규범을 따르려는 내용이 나타난다. 하지만 여전히 마술적 힘을 사용하여 자기 마음대로 하려는 내용이 나타나기도 한다. 〈표 10-2〉에서는 아동의 심리성적 단계에 따른 놀이 주제 및 내용에 대해 제시하였다.

〈표 10-2〉 아동의 심리성적 단계에 따른 놀이 주제 및 내용

단계	주제	놀이에 포함되는 내용
구강기	• 양육	• 다양한 감각(보기, 듣기, 운동 감각)을 통해 외부 자극을 받아들임 • 양육 행동의 수령자가 되거나 기증자가 됨

항문기	• 보유/배출 • 통제/조절	• 보유하거나 배출하는 놀이가 나타남 • 놀이의 주된 초점은 통제와 조절임 • 대소변 조절 이슈로 인해 물을 튕기고, 더럽히고, 붙이는 등의 놀이가 나타남 • 더럽히거나 엉망으로 만들고자 하는 욕구 vs 깨끗하게 하고 조직화시키고자 하는 열망이 함께 나타남
남근기	• 공격 • 강함 과시	• 환경이나 다른 사람을 뚫고 들어가는 놀이, 공격하는 놀이, 총놀이 등이 나타남 • 아동들은 자신이 얼마나 큰지, 얼마나 강한지, 또는 자신의 신체의 각 부분들이 얼마나 강한지 보여 주려고 함
오이디 푸스기	• 경쟁 • 배척 • 성공 • 질투 • 부러움	• 최소한 3명의 인물들이 나타남 • 세대 간의 차이 또는 성별의 차이가 나타남 • 주된 주제로는 라이벌 의식, 배척 등이 나타남 • 주된 감정으로는 성공, 질투, 부러움 등이 나타남
잠복기	• 도덕성 • 공정성 • 규칙 및 역할 따르기	• 도덕성과 공정성이라는 문제에 초점을 맞춰 놀이가 나타남 • 규칙과 사회적 역할에 대해 모방함 • 성인의 과제를 수행하려고 함 • 여전히 마술적 힘을 사용하는 놀이도 함께 나타남

3. 놀이 주제 분석

1) 놀이 주제 분석 시 고려사항

내담 아동의 놀이에서 주제를 찾는다는 것은 놀이치료자에게 전문성을 요구하는 어려운 기술이다. 놀이치료자는 놀이 주제를 통해 임상적 맥락 안에서 아동에 대해 깊이 있게 이해할 수 있고 정확한 공감적 반응을 할 수 있게 된다(Liberman & Van Horn, 2008). 그러나 놀이 주제가 쉽게 나타나지 않는 경우도 많고 단 하나의 의미만을 가지고 있는 것도 아니므로 놀이치료

자는 보다 신중하고 종합적인 관점을 가져야 한다. 이에 Lieberman과 Van Horn(2008)은 놀이치료자가 놀이 주제를 통해 내담 아동의 내적 세계에 대해 알기 원할 때에는 다음과 같은 임상적 질문과 시나리오를 고려할 것을 제안하였다.

- 아동의 일상생활의 맥락에서 볼 때 이런 놀이 주제들의 의미는 무엇인가?
- 아동이 전반적인 놀이 시나리오에서 좋음 대 나쁨으로 공격적인 놀이를 하는가? 만약 그렇다면 일반적으로 그 싸움에서 누가 이기는가?
- 일반적으로 아동이 놀이에서 착한 인물 또는 나쁜 인물 중 누구와 동일시하는가?
- 아동이 반복적으로 나쁜 인물을 동일시하는 경우, 이것은 아동 내면의 수치심을 나타내는 것인가?
- 공격적인 놀이를 하는 과정에서 한 명 이상의 놀이 캐릭터가 죽는다면, 이 죽음 주제는 아동이 현재 생활에서 경험하는 두려움이나 투쟁과 관계가 있는가?
- 놀이를 통해 나타나는 행동은 트라우마에 대한 이야기를 만들기 시작하는 단계인가? 아동의 놀이 주제에서 한 가지 의미만 있기보다는, 서술의 시작 단계가 될 수 있는가?

2) 놀이 주제 범주

　일반적으로, 아동은 현재 아동이 직면하고 있는 발달적 투쟁이나 해결책을 나타내는 모티브나 주제를 가지고 놀이한다. 그러므로 아동이 놀이에서 표현하는 주제를 파악하고 이해한다면 놀이치료자는 아동의 정서적 욕구, 가족 역동을 아동의 시각을 통해 평가할 수 있고, 아동의 현재 문제에 영향을 주고 있는 무의식적 갈등을 평가할 수 있다(Green, Crenshaw, & Langtiw, 2009). 이에 그동안 여러 학자가 놀이 주제의 범주를 제시하였고 이를 기반으로 관련 연구가 진행되어 오고 있다. 여기에서는 그중 몇 가지를 소개하고자 한다.

(1) 베네딕트 확장판 놀이치료 놀이 주제 분석도구(BETPT)

Benedict(1998)는 놀이 주제의 범주를 코드화하면서 베네딕트 놀이 주제 분석도구(Benedict Play Theme Analysis System: BPTAS)를 개발하였다. 그 후 이를 보다 확장하여 베네딕트 확장판 놀이 주제 분석도구(BETPT)를 제안하였다(McClintock, 2009). BETPT에는 공격적 주제, 애착과 가족 주제, 안전 주제, 탐색과 숙달, 성적인 놀이의 5개 범주하에 40개의 놀이 주제 코드와 4개의 비놀이 활동 코드, 20개의 대인관계 코드 그리고 4개의 과정 코드로 구성되어 있다. 이 중 5개 범주의 놀이 주제를 살펴보면 〈표 10-3〉과 같다.

〈표 10-3〉 BETPT 놀이 주제 범주 및 코드

놀이 주제 범주	놀이 주제 코드	내용
공격적 주제 (Aggressive Themes)	착한 아이 vs 나쁜 아이(Good guy vs Bad guy: G>B)	• 착한 캐릭터와 나쁜 캐릭터로 명확하게 정하는 것 • 여기서는 G>B가 중요함. 만일 B>G인 경우에는 AGG로 볼 수 있음
	공격성(Aggression: AGG)	• 캐릭터 간에 공격성이 발생하거나, 아동에게서 공격적인 행동이 나타나는 것
	비행(Juvenile Delinquent acts: JD)	• 품행장애(conduct disorder)와 관련된 특정 공격적인 행동(거짓말, 절도, 공공기물 파손 등)
	공격으로 인한 죽음(Death as a result of aggression: D-AG)	• 다치게 할 의도가 있거나, 위험으로부터 보호하지 못해서 죽거나 죽어가는 것

	자연사(Natural death: D-N)	• 공격 없이 또는 자연적인 이유로 죽거나 죽어 가는 것
	게걸스레 먹기(Devouring: DEV)	• 한 캐릭터가 다른 캐릭터를 게걸스럽게 먹는 것
	약한 인물을 이기는 힘센 인물 (Powerful figure overcoming weaker figure(s): POW)	• 선과 악으로 분명하게 나뉘지 않음. 공격성보다는 대인관계에서의 힘에 강조점이 있음 • 힘 있는 인물이 공격이나 억제하는 것이 아니라 대인관계에서의 힘을 통해 다른 사람들을 이기는 것
	힘센 인물을 찾거나 상의하기(Seeking or consulting a power figure: SEEK)	• 일부러 부모, 판사, 교사, 마법사, 신, 예수와 같은 권위 있거나 초자연적인 인물을 찾거나 자문을 받는 것
애착과 가족 주제 (Attachment and Family Themes)	항상성 놀이(Constancy play: CON)	• 아동이 관계가 지속되고, 장난감이 놀이치료실에 계속 있는 것 등을 확실히 보장받기 원하는 것 • 숨바꼭질, 잡기 놀이 등과 장난감이 이전 회기에 있던 자리에 있는지 확인하는 것 등
	분리 놀이(Separation play: SEP)	• 아이는 집에 있고 엄마는 쇼핑을 가는 것, 누군가 이사를 가는 것 등 누군가와 헤어지는 것
	재결합(Reunion: SEP-R)	• 헤어진 다음 돌아와서 다시 만나는 것
	양육 놀이(Nurturing play: NUR+)	• 먹이기, 안아 주기, 아기나 아픈 사람을 놀보기 등과 같은 긍정적인 양육 행동
	자기양육(Self-nurturing: NURS)	• 아동이 자신을 위로하기 위해 아기용품을 사용하는 것 • 아동이 스스로 자신을 돌보는 것
	실패한 양육(Failed nurturance: NUR-)	• 아동 캐릭터가 상처를 받는 부정적인 양육 행동
	방임, 체벌 또는 자기 학대 (Neglect, punishment or abuse of the self : NUR-S)	• 자신이 잘못된 행동을 했을 때 스스로를 때리는 것처럼 자신을 벌주거나 자신을 돌보지 않는 것

	잠자기(Sleeping: SLE)	• 잠자는 것 또는 잠자려고 준비하는 것
	가게와 쇼핑(Store and shopping: STO)	• 가게를 차리거나, 가게 주인이 되거나 손님이 되는 것
	성인 활동(Adult activities: AD)	• 데이트하기, 화장하기 등 성인이 되는 것과 관계 있는 모든 활동을 하는 것
안전 주제 (Safety Themes)	화재(Burning: BUR)	• 폭력과 공격성과 관계 있을 수 있음
	묻기와 익사(Burying or drowning: BURY)	• 캐릭터나 물건을 모래 또는 장난감 더미 밑으로 묻거나 익사시킴
	고장 나는 놀이(Broken play: BR)	• 캐릭터가 고장이 났거나, 아프거나, 다쳐서 고쳐 주어야 함 • 집이 무너지기도 함
	고치는 놀이(Fixing play: FX)	• 고장 난 것을 고쳐 주는 것
	고치는 것에 실패함(Failure to fix: FX−)	• 문제 또는 물건을 고칠 수 없는 것
	스스로 고치기(Self fixing: SFX)	• 아동이 자신을 스스로 고치는 것
	가교 놓기(Bridge building: BRG)	• 두 장소, 물건, 또는 캐릭터 사이를 연결하는 구조물을 만드는 것
	불안정한 놀이(Instability play: FALL)	• 물건이 떨어질 때처럼 불안정하게 균형을 잡는 것
	청소 놀이(Cleaning play: CLN)	• 아동 스스로 치우거나 그릇을 씻는 등의 놀이를 하는 것
	어지르기 놀이(Messing play: MESS)	• 지저분해진다고 말하거나 그렇게 놀이하는 것
	정렬하는 놀이(Sorting play: SOR)	• 물건을 종류별로 정리하는 것
	위험(Danger: DAN)	• 놀이에서 위험한 사람, 상황이 나타나는 것
	보유하는 놀이(Containing play: SAF)	• 동물을 위해 우리를 만들고, 집을 만들고, 집 안에 사람이나 동물을 넣는 것 등

	보호하는 놀이(Protective play: SAF)	• 위험에서 벗어나게 하는 것
	구조하는 놀이(Rescue play: SAF-RES)	• 누군가 위험에 빠졌을 때 다른 캐릭터가 구해 주는 것
	탈출(Escape: ESC)	• 다른 사람의 도움 없이 나쁜 상황에서 빠져나오는 것
탐색과 숙달 (Exploration and Mastery)	탐색(Exploration: EXP)	• 놀이치료실에서 장난감을 확인하고, 무엇을 가지고 놀 수 있는지, 어떻게 작동하는지 등에 대해 묻는 것 • 내담 아동이 치료실 안에 있는 물건에 대한 정보를 얻고자 함
	숙달놀이(Mastery play: MAS)	• 무엇인가를 만들거나 도전을 이루는 것
	실패(Fail: FAIL)	• 무엇인가를 이루려고 하지만 해내지 못하는 것. "난 못해."라고 말하거나 좌절감을 표현하는 것
성적인 놀이 (Sexualized Play)	성적인 활동(Sexual activities: SEX-O)	• 인형들끼리 입이나 성기 부분에 성적 접촉을 하는 것
	치료자를 향한 성적인 행동 (Sexual behaviors directed at therapist: SEX-T)	• 치료자를 향한 성적인 접촉
	성적인 말(Sexual talk: SEX-V)	• 성적이거나 신체 부분을 사용하여 욕하기
	성적 호기심(Sexual curiosity: CUR)	• 신체 부분이나 옷 벗은 인형을 살펴보는 것

일반적으로 애착 관계에 어려움을 경험하는 아동들의 경우, 놀이에서 안전, 화, 양육, 항상성, 상실에 대한 주제가 주로 나타나지만(Benedict & Mongoven, 1997), 놀이치료 장면에서 공통적으로 나타나는 주제는 양육 놀이, 항상성, 정렬하기, 분리, 자기양육이었다(Benedict, 2007). 아동의 놀이에서 이런 주제가 나타날 때, 놀이치료자는 그 주제를 통해 표현하고자 하는 아동의 내적 언어의 의미를 파악해야 하는데, 이에 대한 정해진 공식이 있는 것

이 아니다. 놀이치료자는 반드시 내담 아동에 대한 종합적인 정보와 놀이 맥락을 고려해서 놀이 주제에 담긴 의미를 해석해야 한다. 하지만 놀이 주제의 의미에 대해 놀이치료자들이 참고할 수 있는 몇 가지 지침은 다음과 같다.

① 양육 놀이(Nurturing play: NUR+)
  - 아동에게는 양육받고자 하는 강한 욕구가 있을 수 있다.
  - 양육 행동을 통해 놀이치료자의 수용을 경험하고 싶어 할 수 있다.
  - 아동에게 다른 사람을 건강하게 돌보는 능력이 있을 가능성이 있다.
  - 놀이치료자와의 양육 놀이를 통해 심리적 보상을 적극적으로 모색하여 부적절한 양육 경험으로 인한 트라우마 중 일부를 치유할 수 있다(Green et al., 2009).

② 자기양육(Self-nurturing: NURS): 아동은 다른 사람이 자신의 욕구를 채워 준다는 것을 신뢰하지 못해 스스로를 돌볼 수 있다(Green et al., 2009).

③ 죽음(Death): 놀이치료에서 죽음 장면은 트라우마, 상실, 비탄, 분노에 대한 표현일 수 있다(Oaklander, 2003).

④ 가게와 쇼핑(Store and shopping: STO)
  - 내담 아동은 놀이치료실에 있는 모든 좋은 것에 대해 통제감을 갖고 싶어 할 수 있다.
  - 특히 가게에 내담 아동이 찾는 물건이 없는 경우, 내담 아동이 끊임없이 무엇인가를 갈구하고 있다는 표현일 수 있다.
  - 내담 아동이 자신의 욕구를 충족시키는 방법을 조절하기 원한다는 표현일 수 있다.

⑤ 정렬하는 놀이(Sorting play: SOR)
  - 일반적으로 아동은 좋은 것과 나쁜 것, 일반적인 것과 아닌 것을 구분하는 데 관심을 가지고 있다.

－통제 불능 환경과 혼란스러운 상황을 경험한 아동들에게 매우 중요한
주제이다(Green et al., 2009).

－자신의 세계에 대해 혼란스럽다고 느껴 순서대로 정리하고 싶다는 느
낌을 표현하는 것일 수 있다.

－놀이치료 장면에서 환경적 맥락을 통제하려 하거나 일관되게 조작하
려는 시도는 일상생활에서 통제력이 거의 또는 전혀 없는 아이들과 함
께 하는 치료에서 흔히 볼 수 있다(Lieberman & Van Horn, 2008).

(2) Ray의 놀이 주제

Ray(2016)는 놀이치료에서 나타나는 일반적인 놀이 주제의 목록과 함께 아
동의 관점을 이해하는 데 도움이 되는 문장도 함께 제시하였다. 이를 살펴보
면 다음과 같다.

- 관계: "나는 다른 사람과 관계를 맺고 싶어요."
- 힘/통제: "안전감을 느끼기 위해서는 나는 내 환경을 통제해야 해요."
- 의존: "나는 혼자서는 아무것도 할 수 없어요."
- 복수: "내가 가치가 있다는 것을 느끼기 위해서는 다른 사람들을 아프게
  해야 해요."
- 안전/보안: "모든 것을 안전하게 만드는 것은 나에게 달려 있어요."
- 숙달: "유능감을 느끼기 위해서는 무엇인가를 성취해야만 해요."
- 양육: "관계를 맺기 위해서 다른 사람들을 돌봐 주고 싶어요."
- 애도/상실: "나에게 중요한 대상이나 사람을 잃어버려서 상처를 받았어요."
- 유기: "혼자 버려졌어요."
- 보호: "사람이나 다른 것으로부터 스스로를 보호해야 해요."
- 분리: "나에게 중요한 사람으로부터 분리되어서 상처를 받았어요."
- 보상: "나는 어떻게 하면 상황을 더 좋아지게 만들지 알아요."

- 혼란/불안정: "내 주위 환경 때문에 혼란스러워요."
- 완벽주의: "가치가 있으려면 모든 것을 잘해야 해요."
- 통합: "나는 어떻게 하면 좋은 것과 나쁜 것이 서로 잘 맞을 수 있는지 알고 있어요."
- 절망/무망감: "포기했어요. 나에게나 다른 사람에게나 나아지는 것은 없어요."
- 무능감: "나를 돌볼 능력이 없어요."
- 불안감: "나는 무가치해질까 봐 무서워요."
- 자급자족: "아무도 필요 없어요. 나 혼자 할 수 있어요."
- 회복탄력성: "나는 상황을 더 좋게 만들 수 있어요."

4. 놀이 주제 작성표

앞에서 고찰한 내용을 기반으로 내담 아동의 놀이에서 주제를 찾기 위해 활용할 수 있는 양식을 제시하면 다음과 같다. 먼저 내담 아동의 생물학적 연령에 따른 각 발달 단계를 점검한다. 그다음 내담 아동의 놀이의 특징 중 반복되는 놀이 내용과 내담 아동이 깊게 몰입하면서 정도가 강렬하게 나타나는 놀이 내용을 적고, 이를 잘 요약할 수 있는 놀이 주제를 찾아본다. 이렇게 요약 정리한 놀이 주제를 기반으로 현재 놀이에서 나타난 내담 아동의 발달 단계를 체크해 본 뒤, 1단계에서 맨 처음 체크한 현재 내담 아동의 발달 단계와 비교해 본다. 2, 3단계에서 고찰한 전반적인 놀이 특성 및 4단계에서의 발달 단계 수준을 내담 아동의 주호소 문제 및 발달사 맥락과 연결하여 종합한다. 마지막으로, 이런 놀이를 통해 내담 아동이 진정으로 표현하고자 하는 욕구가 무엇이었는지 정리해 본다. 놀이 주제 작성표는 〈표 10-4〉와 같다.

〈표 10-4〉 놀이 주제 작성표

범주		내용
1. 현재 발달 단계	Freud	□구강기 □항문기 □남근기 □잠복기 □성기기
	Erikson	□신뢰감 대 불신감 □자율성 대 수치심과 의심 □주도성 대 죄책감 □근면성 대 열등감 □자아정체감 대 정체감 혼미
	Piaget	□감각운동기 □전조작기 □구체적 조작기 □형식적 조작기
2. 반복되는 놀이(반복)	내용	
	주제	
3. 몰입하고 강렬하게 나타나는 내용(강도)	내용	
	주제	

4. 놀이에서 나타나는 발달 단계	Freud	□구강기 □항문기 □남근기 □잠복기 □성기기
	Erikson	□신뢰감 대 불신감 □자율성 대 수치심과 의심 □주도성 대 죄책감 □근면성 대 열등감 □자아정체감 대 정체감 혼미
	Piaget	□감각운동기 □전조작기 □구체적 조작기 □형식적 조작기
5. 놀이 주제와 아동 주호소, 발달사 맥락과의 관계성		
6. 놀이를 통해 표현된 내담 아동의 욕구		

참 고 문 헌 ▽

Bellinson, J. (2008). 보드게임을 활용한 아동심리치료(유미숙, 이영애, 진미경 공역). 서울: 시그마프레스. (원서출판 2008).

Benedict, H. (2005). Attachment and trauma in young children: Play therapy theory and techniques. Presentation at the 22nd Annual Association for Play Therapy Annual Conference, Nashville, TN.

Benedict, H. (2007). Play therapy with abused and attachment-disordered children.

Presentation at the New York Association for Play Therapy 8th Annual Conference. Albany, NY.

Benedict, H. E., Hynan, L., Wooley, L., Shelton, L., Narcavage, C., McGee, W., McClain, J., & Holmberg, J. (1998). Development of a method for studying the thematic content of young children in play therapy. Unpublished manuscript. Baylor University.

Benedict, H. E., & Mongoven, L. B. (1997). Thematic play therapy: An approach to treatment of attachment disorders in young children. In H. G. Kaduson, D. Cangelosi & C. Schaefer (Eds.), *The playing cure: Individualized play therapy for specific childhood problems*. Northvale, NJ: Jason Aronson.

Green, E. J. (2006). Jungian play therapy: Activating the self-healing archetype in children affected by sexual abuse. *Louisiana Journal of Counseling, 8*, 1-11.

Green, E. J. (2007). The crisis of family separation following traumatic mass destruction: Jungian analytical play therapy in the aftermath of hurricane Katrina. In N. B. Webb (Ed.), *Play therapy with children in crisis: Individual, group, and family treatment* (3rd ed., pp. 368-388). New York, NY: The Guilford Press.

Green, E. J., & Christensen, T. M. (2006). Elementary school children's perceptions of play therapy in school settings. *International Journal of Play Therapy, 15*, 65-85.

Green, E. J., Crenshaw, D. A., & Langtiw, C. L. (2009). Play theme-based research with children. *The Family Journal: Counseling and Therapy for Couples and Families, 17*(4), 312-317.

Holmberg, J. R., Benedict, H. E., & Hynan, L. S. (1998). Gender differences in children's play therapy themes: Comparisons of children with a history of attachment disturbance or exposure to violence. *International Journal of Play Therapy, 7*(2), 67-92.

Landreth, G. (2009). 놀이치료-치료관계의 기술(유미숙 역). 서울: 학지사. (원서출판 2002).

Lee, J. (1922). *Play in education*. New York: Macmillan.

Lieberman, A. E., & Van Horn, P. (2008). *Psychotherapy with infants and young children: Repairing the effects of stress and trauma on early attachment.* New York: Guilford.

McClintock, C. (2009). Play therapy behaviors and themes in physically abused, sexually abused, and nonabused children. Unpublished doctoral dissertation. Texas: Baylor University.

Oaklander, V. (2003). Gestalt play therapy. In C. E. Schaefer (Ed.), *Foundations of play therapy*. NJ: John Wiley & Sons.

Ray, D. C. (2016). 고급 놀이치료: 아동상담 임상을 위한 필수조건, 지식 그리고 기술(이은아김, 민성원 공역). 서울: 시그마프레스. (원서출판 2011).

Schaefer, C., & Kaduson, H. (Eds.). (1994). *The quotable play therapist: 238 of the all time best quotes on play and play therapy*. Northvale, NJ: Jason Aronson.

Solnit, A. J., Cohen, D. J. & Neubauer, P. B. (2013). 놀이, 그 경이로운 세계, 마음이 자란다(대한아동정신치료의학회 공역). 서울: 학지사. (원서출판 1993).

제11장

놀이치료 사례 관찰과
상호작용 역할 연습

역할 연습(role play)은 가상의 학습 상황을 통해 놀이치료자의 기술 훈련을 촉진하는 훈련 방법으로, 안전한 환경에서 다양한 관점을 경험하고 치료적 반응을 실험해 볼 수 있다는 이점이 있다(박현아, 2020; 조미영, 2018). 이론을 실제로 구현하는 과정은 생각만큼 쉽지 않다. 특히 초보 놀이치료자들은 '놀이치료자 역할'을 해내는 데 몰두하느라 내담 아동 또는 양육자의 신호를 민감하게 인식하여 적절히 반응하기가 어렵다(박현아, 2020; 정솜이, 한유진, 박부진, 2017). 이때 실전이 아닌 안전한 연습 상황에서 놀이치료 장면을 되돌아보고 치료적 반응과 기술을 훈련하는 것이 도움이 된다.

이 장에서는 놀이치료자의 훈련에서 역할 연습이 왜 필요한지에 관해 살펴보고, 집단으로 실시할 수 있는 역할 연습 방법을 소개한다. 또한 구체적인 상담 및 놀이치료 기술을 훈련할 수 있도록 역할 연습 상황을 제시한다.

1. 역할 연습

1) 놀이치료자 훈련에서 역할 연습의 필요성

역할 연습은 연극처럼 꾸며서 하는 하나의 모의 행동으로, 내담자와의 상담 장면을 재연하여 실제처럼 행동해 보면서 배우게 하는 방법을 말한다(이장호, 1986). 이때 상담 장면은 특정 기술을 훈련하기 위해 고안한 가상 사례를 활용할 수도 있고, 실제 사례 중 일부분을 선택할 수도 있다. 다른 사람들이 지켜보는 가운데 역할을 연기하는 것은 부담스럽기도 하고 민망하기도 한 일이다. 특히 놀이치료자가 잘 모르거나 적절히 대처하지 못한 상황을 재연할 때는 두렵기까지 하다. 그럼에도 불구하고 많은 수련생은 역할 연습이 학습에 효과적이라고 보고한다(박현아, 2018; 김현희, 2019; Drewes & Mullen,

2008). 역할 연습을 통한 기술 및 태도 훈련은 책이나 강의, 과제 수행을 통해 학습할 때보다 더 정확히, 더 오랫동안 학습 내용이 유지되게 한다(Drewes & Mullen, 2008). 이는 '무대에 오르기 전 리허설'과 같은 시간으로 임상 현장에서의 수행 향상에 도움이 되고(박현아, 2020) 놀이치료자의 자기효능감 증진에도 영향을 준다(김현희, 2019).

특히 실제 상황을 토대로 한 역할 연습은 내담자의 입장을 경험해 볼 수 있는 기회이다. 치료자는 내담자의 역할을 하면서 그 말 또는 행동을 할 때 기분이 어땠을지, 몸에서는 어떤 감각이 느껴지는지 살펴보고, 치료자 역할을 하는 동료를 바라보며 내담자 입장에서 치료자의 반응이 어떻게 느껴졌을지 체험한다. 특히 아동을 대상으로 하는 놀이치료에서는 성인의 시각으로 이해되지 않던 아이의 행동을 직접 해 보면서 그의 마음에 대한 단서를 얻을 수 있다. 또한 초보 놀이치료자들은 반영, 공감과 같은 기술을 사용할 때 아이들이 자신의 말을 따라 하거나 놀리는 것으로 오해할까 봐 걱정하는 경향이 있는데, 역할 연습은 이런 불안감을 해소하는 데도 도움이 된다(Drewes & Mullen, 2008). 놀이치료자는 아동의 입장에서 치료자가 전달하고자 했던 공감과 무조건적인 긍정적 존중, 일치성의 태도(Ray, 2016)가 어떻게 느껴졌을지 경험해보고 더 나은 반응을 계획할 수 있다.

이 외에도 역할 연습은 집단으로 이루어지기에 놀이치료자에게 관점을 확장할 기회를 제공한다는 이점이 있다. 동료들이 같은 행동 또는 상황을 어떻게 바라보고 다르게 대처하는지 관찰하면서 많은 것을 배울 수 있다. 제3자의 입장에서 역할 놀이를 관찰할 때는 다른 놀이치료자가 사용한 기술이나 전략이 맥락에 따라 어떻게 보이고 느껴지는지 배울 수 있다. 결과적으로 역할 연습에 참여하면서 놀이치료자는 자기 자신에 대한 통찰과 성찰의 기회를 얻고, 새로운 행동양식을 개발하게 된다(박현아, 2020; 이장호, 1986).

2) 역할 연습 실시 방법

역할 연습의 방법은 다양하지만, 여기에서는 Drewes와 Mullen(2008)이 제안한 집단 상황에서의 역할 연습 방법을 소개한다. 규칙은 간단하다.

① 각 구성원은 최소 한 번은 아동(또는 양육자), 한 번은 치료자의 역할을 맡는다.
② 나머지 구성원은 역할 연습 장면을 지켜보며 기록을 한다.
③ 돌아가면서 놀이치료자의 긍정적인 행동에 대해 이야기 나눈다.
④ 그다음에는 더 향상될 수 있는 행동과 방법을 제안한다.
⑤ 토의 후에는 각자 짝을 지어 역할 놀이를 하며 학습한 내용을 다시 연습해 본다.

역할 연습에서는 내담자의 입장을 체험해 보는 것만큼이나 동료들의 피드백이 중요한 학습 요소가 된다(박현아, 2020). 피드백의 목적은 구성원들이 자신의 수행을 다각도로 되돌아봄으로써 통찰을 얻고 성장하도록 하기 위한 것이므로, 무조건적인 칭찬이나 지적이 아닌 도움이 되는 의견을 제시해야 한다. 좋은 피드백을 하기 위해서는 다음의 질문을 함께 나누거나, 스스로에게 던져 볼 수 있다.

① 역할 연습을 관찰하면서 무엇을 보았나요?
② 역할 연습을 관찰하면서 무엇을 느꼈나요?
③ 이런 상황을 겪게 된다면 어떻게 다르게 반응하고 싶은가요?

또한 효과적인 진행을 위해 〈표 11-1〉에 제시된 피드백 양식을 활용할 수도 있다.

〈표 11-1〉 역할 연습 피드백 양식

피드백 제공자	
역할 연습 참여자	
역할 연습에 대한 피드백	
역할 연습에서 관찰한 긍정적인 행동	
역할 수행을 향상을 돕기 위한 제안	

출처: Drewes & Mullen (2008).

2. 상호작용 역할 연습

실제 놀이치료 상황은 치료자의 생각대로만 흘러가지 않는다. 교과서에 실린 사례에서는 놀이치료자가 놀이치료실에 대해 안내할 때 아동이 적극적으로 협조하지만, 실제 상황에서는 아동(또는 양육자)이 치료자에게 말할 기회를 주지 않을 수도 있고, 반대로 감정이나 의사를 전혀 표현하지 않아서 소통이 되고 있는 건지 알기 어려울 때도 있다. 따라서 적재적소에 맞는 기술을 사용하기 위해서는 기술의 이론적 측면을 숙지하는 것이 아닌 단순한 상황부터 복잡한 맥락을 포함한 다양한 상황에서의 역할 연습이 필요하다. 여기에서는 놀이치료를 진행할 때 필요한 특정 기술들을 훈련할 수 있도록 중요도와 시간 순서에 따라 역할 연습 상황들을 제시한다.

1) 작업 동맹 맺기

상담의 첫 단추는 내담자와 관계를 형성하는 것이다. 내담자는 특정 순간에 자신의 정서 체험에 정확하게 반응하는 상담자와 좋은 관계를 형성한다(Neufeldt, 2010). 그러나 앞서 언급한 것처럼 초보 놀이치료자는 불안감으로 인해 내담자에게 초점을 맞추기가 어렵다. 이때 역할 연습을 통해 내담자의 비언어 행동에 주의를 기울이는 훈련을 하는 것은 내담자와의 작업 동맹 형성을 촉진하는 데 도움이 된다(Neufeldt, 2010). 특히 놀이치료자는 언어보다 행동으로 표현하는 아동의 특성을 고려하여 비언어적 신호에 민감해야 하며, 양육자와도 작업 동맹을 맺어야 하기에 비언어 행동에 주의를 기울이는 훈련을 수행할 필요가 있다. 다음에 제시된 지침(Neufeldt, 2010)을 따라 동료들과 역할 연습을 해 보자.

(1) 적극적 경청

① 누군가 자신의 말을 귀담아 듣고 있다는 느낌이 들게 하는 것이 무엇인 지에 관해 이야기를 나눈다.

② 이때 동료들과 서로에게 초점을 맞추고, 상대방의 이야기를 경청하며 서로의 경험을 이해하고자 노력한다.

③ 자신이 이해한 것을 상대방에게 전달한다.

(2) 주의집중 기술

주의집중 기술(tracking)은 다른 사람의 현재 경험의 흐름을 따라가는 기술로, 상대방에게 어떤 일이 일어나고 있는가를 따라가기 위해 지속적으로 살펴보고 경청하는 방법이다(Kurtz, 2007). 비언어 행동에 주의를 집중하는 것은 내담자의 정서 체험을 파악하기 위한 열쇠가 될 수 있다(Neufeldt, 2010).

① 학생들은 3인 1조가 되어 각각 상담자, 내담자(성인), 관찰자 역할을 맡는다.

② 내담자 역할을 맡은 학생은 말과 비언어 행동이 일치할 수 있도록 하기 위해 실제 경험을 이야기하는 것이 좋으나, 반드시 실제 문제를 말할 필요는 없다. 대집단 활동에서 다른 학생들이 알게 되더라도 무방한 수준의 경험에 대해 이야기하면 된다.

③ 상담자 역할을 하는 학생은 내담 학생의 비언어 행동에 주의를 집중하여 그의 경험을 따라간다. 상담자는 경청 반응을 사용하여 내담자의 현재 경험의 흐름을 따라가며 이해하고 있음을 내담자와 소통한다. 내담자가 자신의 말이 경청되고 있고, 이해받고 있다는 느낌을 경험할 수 있게 하는 것이 중요하다.

④ 10분 정도가 지나면, 학생 상담자와 관찰자는 학생 내담자의 비언어 행동을 관찰한 것에 대해 논의한다.

⑤ 세 사람은 역할 연습 경험에 대한 느낌을 나눈다.

⑥ 학생들이 세 역할을 모두 해 볼 때까지 연습을 반복한다.

(3) 아동의 비언어적 행동 반영하기

행동 반영하기는 놀이치료자의 눈에 보이고 관찰되는 아동의 비언어적 행동을 언어적으로 묘사하는 것을 말한다(Ray, 2016). 이러한 반응은 아동으로 하여금 치료자가 자신에게 관심을 가지고 수용하고 이해하고 있음을 느끼게 하고, 결과적으로 관계 형성을 촉진한다. 아동의 비언어적 행동을 반영하는 것은 성인 내담자로부터 보고 들은 것에 대해 반응함으로써 치료자의 이해를 전달하는 것과 마찬가지이다.

① 학생들은 3인 1조가 되어 각각 놀이치료자, 내담자(아동), 관찰자 역할을 맡는다.

② 아동 역할을 맡은 학생은 말을 하지 않고 여러 가지 놀잇감을 가지고 논다.

③ 학생 놀이치료자는 자신이 본 아동의 비언어적 행동을 언어로 표현한다. 이때 고려할 것은 반응의 정확도와 빈도, 초점이다.

정확도	놀이치료자가 자신의 관점에 따라 아동의 행동 및 놀잇감을 명명할 때, 부정확한 반응이 전달될 수 있고 이는 아동으로 하여금 치료자가 자신을 잘 이해하지 못한다고 느끼게 한다. 따라서 반응을 할 때는 명명을 삼가고 '그것, 저것, 거기에'와 같은 표현을 사용하는 것이 좋다.
빈도	너무 적은 반응은 아동이 치료자가 자신에게 관심이 없다고 느끼게 할 수 있고, 너무 많은 반응은 아동의 놀이를 방해하거나 스포츠 중계처럼 들릴 수 있다. 아동의 긴장이 높은 첫 회기에는 아동의 불안을 해소하기 위해 좀 더 많은 반응을 보여도 괜찮지만, 이후에는 불필요하게 많은 반응을 하지 않도록 조절할 필요가 있다. 또한 아동이 놀이에 몰두하고 있을 때는 반응을 줄이는 것이 필요하다.
초점	치료자가 놀잇감이 아닌 아동에게 반응의 초점을 맞출 때 아동은 자신이 중요하고 권한이 있는 존재라고 느끼게 된다. −네가 차를 가지고 놀고 있구나. (○) −그 차가 원을 그리며 돌고 있구나. (×)

출처: Giordano, Landreth, & Jones (2009).

④ 10분 정도가 지나면, 학생 상담자와 관찰자는 학생 내담자의 비언어 행동을 관찰한 것에 대해 논의한다.

⑤ 세 사람은 역할 연습 경험에 대한 느낌을 나눈다.

⑥ 학생들이 세 역할을 모두 해 볼 때까지 연습을 반복한다.

(4) 내용 반영하기

내용 반영하기는 아동이 말한 것을 치료자가 다른 말로 바꾸어 표현하는 것이다(Ray, 2016). 성인 상담에서 내담자의 말을 재진술하거나 요약하는 것과 같다. 이러한 반응은 아동으로 하여금 치료자가 자신의 이야기를 귀담아 듣고 이해한다는 것을 느끼게 하며, 치료자의 언어를 통해 자신이 했던 말을

다시 들음으로써 자신을 이해할 기회를 얻게 한다(Giordano et al., 2009). 내용 반영하기 역할 연습을 할 때는 아동 역할을 맡은 학생이 자신의 놀이를 언어로 설명하는 것이 중요하다. 다음에 제시된 상황을 토대로 역할 연습을 해보자.

CT: (인형을 가지고 놀면서) "이 인형이 배가 고파요. 그래서 내가 밥을 줄 거예요."

T:

CT: (아동이 가짜 돈을 정리하면서) "이 방에 있는 모든 것을 살 거예요."

T:

출처: Giordano et al. (2009).

2) 놀이치료 구조화하기

놀이치료 회기를 구조화하는 것은 아동이 환경에 대해 일관성과 숙달감을 느낄 수 있게 한다(Ray, 2016). 내담 아동은 처음 놀이치료실을 방문할 때는 긴장하지만, 놀이치료가 진행되는 요일과 시간, 그리고 놀이방 안에서 어떻게 놀 수 있는지 알고 난 후에는 벌어질 일에 대해 예상할 수 있게 되기 때문에 금방 익숙해진다. 또한 양육자는 아동이 놀이치료실에서 무엇을 경험하며, 그것이 어떤 효과를 가져오는지에 관한 설명을 듣고 싶어 한다. 여기에서는 아동과 처음 놀이치료를 진행할 때와 종결할 때 등 놀이치료자가 마주하는 여러 가지 상황을 기술한다. 이전에 언급한 것과 동일한 방법으로 각각의 상황에 대한 역할 연습을 해 보자.

(1) 아동을 놀이치료실로 데려가기

아동을 놀이치료실로 데려갈 때는 "우리 놀이치료실(또는 장난감이 많이 있는 방)에 지금 가 보자."라고 말한다. 이때 "가 볼래?" "가 보는 게 어때?"와 같이 질문형으로 말하지 않도록 주의하자. 놀이치료실에 가는 것은 아동이 선택할 수 있는 사항이 아니므로 지시형으로 말한다. 양육자와 분리되는 것을 두려워하거나 낯선 치료자를 따라가기 불안해하는 경우, "네가 장난감이 많은 방에 가서 재미있게 노는 동안 엄마(아빠)는 여기에 앉아서 널 기다리실 거야."라고 설명해 주는 것이 도움이 된다. 그래도 입실을 거부할 때는 양육자가 아동을 문 앞까지 바래다 주게 도움을 청하거나, 놀이치료실 문을 열어서 아동이 눈으로 공간을 확인하게 함으로써 흥미를 갖게 할 수 있다.

(2) 놀이치료 회기를 시작하기

입실 후에는 놀이치료실에 대한 구조화를 실시한다. 구조화는 놀이치료실이 무엇을 하는 곳인지, 몇 시까지 있을 수 있는지, 언제 또 올 수 있는지와 같은 내용을 아동이 이해하도록 도와서 환경에 대한 일관성과 안전감을 갖도록 돕는 것이다. 놀이치료자는 "(아동 이름)아, 여기가 놀이치료실이야. 여기에서는 네가 원하는 여러 가지 방법으로 놀잇감을 가지고 놀 수 있어."라고 안내한다. 이때 '네가 원하는 대로'가 아닌 '원하는 여러 가지 방법'이라고 말하는 것이 중요하다. 놀이치료실은 아동이 원하는 것은 무엇이든 허용되는 공간이 아니다. 아동이 치료자를 때리고 싶거나, 물건을 부수고 싶다고 해서 그렇게 할 수 있는 것은 아니기 때문에 표현에 주의해야 한다.

또한 놀이치료자는 구조화 작업을 제2장에서 언급한, 아동의 알 권리를 보장하고 사전동의를 얻는 과정과 연결할 수 있다. 아동은 자신이 왜 이곳에 왔는지, 놀이치료자는 무엇을 하는 사람인지 궁금할 수 있다. 놀이치료자는 아동의 연령에 적절한 방식으로 놀이치료와 놀이치료자를 소개할 수 있도록 미리 생각해 두어야 하며, "여기에 오기 전에 엄마(아빠)가 뭐라고 설명해 주셨어?"와 같은 질문으로 아동과 대화의 물꼬를 틀 수 있다. 이 외에도 아동에게 질문할 기회를 주는 것은 관계 형성에 도움이 된다.

> **예시**
>
> "○○아, 여기가 놀이치료실이야. 우리는 앞으로 매주 월요일 3시에 만나서 40분(기관
> 마다 다름) 동안 시간을 보낼 거야. 여기에서는 네가 원하는 여러 가지 방법으로 놀 수
> 있어. 사람들은 여기에서 놀이를 하거나 이야기를 하면서 자기 마음을 알아 가거든. 선
> 생님은 여기에서 네가 원하는 것을 같이 해 줄 거야. 너는 선생님이랑 같이 놀거나, 혼
> 자 놀거나, 놀지 않을 수도 있어. 혹시 오늘 여기 올 때 엄마(아빠)가 설명해 주신 게 있
> 니? (아동의 대답을 듣고 필요하다면 추가 질문을 하거나, 아동에게 질문할 기회를 주
> 어 대화를 이어 간다.) 선생님 이야기를 잘 들어 줘서 고마워. 이제 ○○이가 해 보고 싶
> 은 게 있다면 해 보자. 선생님이 끝나기 5분 전에 알려 줄게."

어떤 아동은 놀이치료실에 들어서자마자 탐색하느라 치료자의 말을 듣지
못할 수도 있고, 또 다른 아동은 너무 긴장한 나머지 문 앞에 얼어붙어 있을
수도 있다. 이런 상황에서는 일방적으로 구조화를 진행하기보다 아동의 상
태를 고려하여 유연하게 적용할 필요가 있다(예: "너 지금 궁금한 게 엄청 많구
나. 그럼 선생님이 잠깐 기다릴게. 그런데 우리 오늘 첫날이라 꼭 해야 할 이야기가
있으니까, 한 바퀴 둘러본 후에는 여기에 앉아 줘.").

(3) 놀이치료 회기 마치기

회기를 마칠 때는 아동이 마음의 준비를 할 수 있도록 5분 전에 퇴실 안내
를 한다. "(아동 이름)아, 오늘 놀이 시간이 5분 남았네." 만약 아동이 놀이에
몰두해 있다면 "이제 1분 남았다."라고 한 번 더 알려 준 후, 시간이 되면 "이
제 엄마가 있는 곳으로 갈 시간이야."라고 말한다. 대기실에 있는 놀잇감이
나 특별한 간식에 대해 언급하는 것도 도움이 된다. 주의할 점은 퇴실 안내를
한 후에는 아동의 놀이나 행동에 대한 치료적 반응을 서서히 줄여야 한다는
것이다. 퇴실 안내를 한 후에도 치료자가 적극적으로 반응하면 아동은 동시
에 상반된 메시지를 전달받게 된다. 만약 아동이 퇴실을 거부하거나 지연 행
동을 보이면 "여기에 더 있고 싶구나. 그런데 오늘은 시간이 다 되었네. 다음

주에 또 여기에 올 수 있어."라고 말해 준다.

(4) 양육자에게 놀이치료에 대해 설명하기

양육자에게 놀이치료에 대해 설명하는 것은 매우 중요하다. 이들은 자신의 자녀가 무엇을 경험하게 되는지 알 권리가 있다. 따라서 놀이치료자는 놀이치료에 관한 일반적인 설명과 더불어 자신의 이론적 접근과 내담 아동의 주호소 문제에 대한 전문적인 견해를 제시할 수 있어야 한다. 예를 들어, 놀이치료자가 아동중심 놀이치료 이론을 바탕으로 치료를 진행할 계획이라면 아동중심 놀이치료가 무엇인지, 현재 내담 아동의 주호소 문제 및 발달 수준을 고려할 때 이런 접근이 어떻게 도움이 되는지, 치료자의 역할은 무엇인지 등에 대해 안내할 수 있다.

예시

"말씀하셨듯이 어머님의 자녀는 학교와 가정에서 문제 행동을 보이고 있습니다. 저는 그런 행동이 현재 아동이 자신이 처한 환경에서 욕구를 어떻게 충족해야 하는지 이해하지 못해 혼란스러워하고 있음을 보여 주는 방식이라고 생각합니다. 놀이치료에서 저는 아이가 놀이라는 언어를 통해 자신을 표현하고, 치료실 바깥 환경에 가장 적합하게 적응할 수 있도록 도울 것입니다. 아이는 새로운 환경에서 탐색하고 도전하면서 자신에 대한 관점을 변화시킬 기회를 얻게 될 것입니다. 아이가 자기 자신을 바라보는 시각이 변하면, 더 나은 결정을 하며 삶을 향상시킬 수 있으리라 기대합니다."

출처: Ray(2016)를 참고하여 수정함.

(5) 아동과 양육자에게 놀이치료 종결 안내하기

아동의 주호소 문제에 진보가 있을 때, 아동의 기분이 나아지고 일상에서의 적응 수준이 향상되었을 때, 아동 또는 양육자의 거부나 이사와 같은 환경적 변화가 있을 때 놀이치료의 종결을 논하게 된다(Ray, 2016). 가장 이상적인 경우는 아동이 놀이 회기 안에서 자유롭게 표현하고 건설적으로 놀이하고,

일상에서도 사람들과 좋은 관계를 유지하며 자아 향상적인 행동을 할 수 있을 때 자연스럽게 종결에 이르는 것이다(Ray, 2016). 치료자는 종결 여부를 결정하기 위해 먼저 양육자와 이야기를 나눈다. 이때 양육자는 아동이 놀이치료 전의 모습으로 되돌아가지는 않을까 불안할 수 있으므로, 이를 다루는 것이 중요하다. 그 후 아동에게도 종결에 대한 의사를 확인하고, 받아들일 수 있도록 돕는다. 종결은 최소 마지막 회기 3~4주 전부터 논의되는 것이 좋으나, 아동이 어릴 경우는 좀 더 짧게 진행하는 것이 좋다. 아동과 종결에 대해 이야기할 때는 회기를 시작할 때 이야기를 꺼내서 아동의 반응을 관찰하고, 아동이 경험할 수 있는 불안을 다루어야 한다. 아동의 경우 별다른 반응 없이 종결을 받아들일 수 있는데, 이는 아동이 치료자에게 의존하지 않고 다음 단계로 나아갈 준비가 되었음을 보여 주는 것이기에 발달적으로 적절하다(Ray, 2016).

3) 놀이치료 과정에서 사용하는 기술

다음은 치료 관계 형성과 더불어 아동의 자기개념, 자기인식, 책임감 발달을 촉진하는 기술들이다. 각각의 기술을 이해한 후, 역할 연습을 해 보거나 각자 생각한 반응을 함께 나눠 보자.

(1) 감정 반영하기

감정 반영하기는 놀이치료 상황에서 아동이 표현한 감정을 언어로 반응해 주는 것이다(Ray, 2016). 이는 치료자가 아동의 감정과 욕구를 수용한다는 것을 의미하며, 아동은 치료자의 반응을 통해 자신이 이해받고 있다는 것을 느낄 뿐 아니라 자신의 감정을 언어로 표현하는 방법을 배울 수 있다(Giordano et al., 2009). 아동이 감정을 표현했을 때 치료자가 이에 대해 반응하지 않으면, 아동은 자신의 감정 또는 표현이 수용되지 못한다고 생각하게 된다

(Giordano et al., 2009). 따라서 놀이치료자는 감정 신호(목소리 톤, 표정 등 비언어적 행동과 내용 등)를 민감하게 알아차릴 수 있어야 하고, 아동의 감정을 언어로 표현할 수 있도록 다양한 감정 언어를 알고 있어야 한다. 감정 단어를 검색하거나 감정 카드를 활용해 보자. 또한 감정 신호에 민감해지기 위해 오늘 하루 또는 지금 자신이 경험하는 감정들을 적어 보는 것도 좋다.

CT: 아동이 가족 인형을 가지고 놀고 있다. 한 인형이 다른 인형에게 소리를 지른다.

T:

CT: 아동이 치료자의 손목에 수갑을 채운 후 웃는다.

T:

CT: 아동이 물통을 떨어뜨려 치료실 바닥 전체에 물이 쏟아졌다.

T:

출처: Giordano et al. (2009).

(2) 책임감 돌려주기(의사 결정권 촉진하기)

놀이치료의 목적 중 하나는 아동이 자신이 하는 행동의 가능성을 인식하고 그것에 대한 책임을 질 수 있게 하는 것이다(Ray, 2016). 놀이치료자는 아동이 스스로 할 수 있는 것을 대신 해 주지 않고, 아동이 그것을 혼자 해낼 수 있다는 것을 경험하도록 돕는다. 단, 아동이 그 행동을 할 수 있는 능력이 있을 때만 책임감을 돌려준다.

놀이치료 회기를 녹화한 영상을 다시 보면서, 의사 결정권과 책임감을 촉진하는 반응을 하지 못한 부분을 5곳 이상 찾아본다.

아동이 한 말 또는 행동:

치료자의 반응(없으면 x):

다시 반응한다면 어떻게 할 것인가?:

그런 반응을 선택한 이유는?:

출처: Giordano et al. (2009).

(3) 자아존중감 촉진하기(격려하기)

아동이 자신을 긍정적으로 생각하도록 격려하는 기술이다. 치료자는 아동이 자신의 유능함을 경험할 수 있도록 반응하지만, 이는 칭찬과 다르다. 칭찬은 외적 평가인 반면, 격려는 아동이 노력하고 스스로 결정한 것에 초점을 두어 내적 평가 기준을 갖게 한다. '너는 어떻게 ～～하는지 아는구나.' '네가 해 냈구나.' '네가 열심히 했구나.'와 같은 반응들은 아동을 격려할 수 있다. 이 기술을 연습할 때는 아동 역할을 하는 학생이 특정 과제를 성취하려는 놀이(예: 블록 쌓기)를 하는 것이 필요하다.

칭찬과 격려는 구분하기가 쉽지 않다. 동료들과 칭찬과 격려의 차이점에 대해 토론해 보라. 그리고 역할 연습을 통해 동일한 상황에서 칭찬을 들었을 때와 격려를 들었을 때 각각 어떤 영향을 받게 되었는지에 대해 이야기를 나눠 보자.

(4) 제한설정

제한설정은 아동이 놀이치료실에서도 일관된 현실적인 경계선을 가질 수 있도록 돕기 위해 사용된다(Ray, 2016). 이 반응의 목표는 아동이 스스로 자신을 제한할 수 있는 능력을 기르도록 하는 것이다. 전형적으로 제한은 자기 자신이나 타인, 놀잇감을 부수려고 하거나 놀이치료자의 수용감을 방해할 때 설정되며, 가능한 한 최소화하는 것이 좋다(Ray, 2016). 치료자는 침착하고 인내심 있는 태도를 보이며 단호한 목소리로 제한을 설정한다. 제한을 너무 빨리 혹은 자주 설정하는 것은 아동에 대한 불안과 불신을 나타낼 수 있으므로, 평정심을 유지하고 일관되게 제한을 설정한다. 제한설정은 다음과 같은 단계로 이루어질 수 있다(Giordano et al., 2009).

A: 감정을 인정하기   C: 제한을 전달하기   T: 대안을 제시하기

4) 양육자 상담

놀이치료에서는 아동뿐 아니라 양육자 상담이 병행되는 경우가 많다. 따라서 놀이치료자는 성인과도 효과적으로 상담을 진행할 수 있어야 한다. 상담 기술에 대한 역할 연습도 필요하지만, 여기에서는 아동에 대한 양육자의 이해를 촉진하고 상호작용 기술을 증진시키기 위해 양육자 상담에서 역할 연습을 활용하는 방법에 대해 기술한다.

상담에서의 역할 연습은 일상에서의 복잡한 문제들에 대한 대처 방식을 되돌아보고 새로운 방법을 학습할 기회를 제공한다(이장호, 1986). 놀이치료자가 그러하듯이, 양육자 또한 아동-양육자 간의 상호작용을 역할 연습을 통해 재경험하면서 아동의 입장을 이해하고 자신의 행동을 되돌아볼 수 있다. 놀이치료자와 양육자는 아동, 양육자 각각의 역할을 번갈아 가면서 경험한 후, 느껴지는 바를 공유함으로써 대화를 시작할 수 있다. 아동의 역할을 하면

서 놀이치료자가 경험한 것을 공격적이지 않은 언어로 양육자에게 전달하는 것과 양육자가 직접 아동의 입장이 되어 자신이 했던 말과 행동을 경험하는 것 모두 도움이 된다. 또한 새로운 상호작용 기술을 학습할 때도 역할 연습은 유용하다.

참고문헌 ▽

김현희(2019). 놀이치료자의 자기효능감 증진을 위한 훈련 프로그램의 적용. **놀이치료연구**, 23(2), 1-17.

박현아(2020). 초보 아동 중심 놀이치료자 학습공동체 참여경험에 대한 사례 연구. 숙명여자대학교 대학원 박사학위논문.

박현아, 류승민(2018). 초심 놀이치료자들의 집단 슈퍼비전 및 기술훈련 집단 경험에 대한 연구-학교놀이치료 현장실습 경험을 중심으로. **놀이치료연구**, 22(2), 85-112.

이장호(1986). **상담 심리학 입문**. 서울: 박영사.

정솜이, 한유진, 박부진(2017). 초보놀이치료자가 경험하는 어려움에 대한 질적연구. 한국가정관리학회지, 35(3), 127-144.

조미영(2018). 놀이치료자의 수련경험에 대한 현상학적 연구. 숙명여자대학교 대학원 박사학위논문.

Drewes, A. A., & Mullen, J. A. (2008). *Supervision can be playful*. Lanham: Jason Aronson.

Giordano, M., Landreth, G., & Jones, L. (2009). **놀이치료 관계 형성을 위한 핸드북**(이미경 역). 서울: 학지사. (원서출판 2005).

Kurtz, R. (2007). *Body-centered psychotherapy: The Hakomi method: The integrated use of mindfulness, nonviolence, and the body*. Mendocino, CA: Liferhythm.

Neufeldt, S. A. (2010). **상담 · 심리치료 실습과 수련감독 전략**(강진령 역). 서울: 학지사.

(원서출판 2007).

Ray, D. C. (2016). **고급 놀이치료**(이은아김, 민성원 공역). 서울: 시그마프레스. (원서
　　출판 2011).

제12장

놀이치료 과정 분석

1. 놀이치료 과정의 성공 요인

1) 아동과 놀이치료자의 관계

놀이치료란 놀이치료자가 내담 아동을 치료하는 것이 아니라 치료자와 아동이 맺은 관계가 아동의 성장과 발달을 촉진하여 심리치료가 되는 것이다. 즉, 치료자가 내담자와 관계를 맺는 태도와 기술이 핵심이며, 치료자가 선택한 이론적 접근에 따라 치료자의 역할과 태도는 차이가 있다. 치료자가 선택한 접근이론에서 바라보는 인간관과 철학적 바탕 위에 성장을 위한 환경을 제공하기 위한 치료자 태도가 치료의 도구가 된다. 그러므로 정신분석 놀이치료 이론이든, 인지행동 놀이치료 이론이든, 아동중심 놀이치료 이론이든 어떤 이론이든 선택한 이론에 따른 치료자의 역할에 일관성이 있어야 한다.

어떤 이론을 선택하였든 간에 라포 형성은 중요한 과업이고 치료 초기에 얼마나 빨리 견고하게 관계를 맺는가에 따라 치료 기간을 단축할 수 있다. 일반적으로 Axline이 말하는 치료자의 태도(Axline, 1947)는 세기가 달라져도 불변의 진리이며 치료자는 이 태도를 익히도록 부단히 노력하여야 한다. 반면, 정신역동(Freud, 1928)과 행동주의(Bixler, 1949) 치료자는 해석, 제한과 같이 놀이치료 진행에 유쾌하지 않은 측면에서는 놀이치료자와의 관계가 아동의 저항을 줄인다고 한다. 현대의 놀이치료자들은 상반된 입장을 통합하고 아동과 관계를 맺는다. 즉, 동맹 관계와 모델링 및 강화의 원천이라는 두 가지 측면의 놀이치료자의 기능을 통해 놀이치료 효과는 더욱 강력해진다.

2) 작업 동맹

아동은 스스로 놀이치료가 필요하다거나 자기가 변화하고 싶다고 놀이치료실을 방문하지 않는다. 치료에 대한 동기 유발이 되지 않은 상황에서 아동은 놀이치료자를 만나게 되고, 놀이치료자가 자신에 대해 관심이 있고 자신을 위해서 기꺼이 정서적으로나 신체적으로 시간을 할애해 주는 사람이라고 느껴야만 함께 작업하려는 동기가 생긴다. 놀이치료 초기에는 대부분의 아동이 치료자에게 호감을 갖고 있고, 협력하지 않을 특별한 이유가 없기 때문에 놀이치료자와 작업을 한다. 반면, 놀이가 순조롭게 진행되지 않을 때에 오히려 안정감을 느끼는 아동의 경우가 있다. 이런 아동들은 놀이치료 회기 내에서의 내용이 너무 고통스럽거나 아동이 회피하고 싶어 하는 경우이거나 아동이 희망하는 변화가 일어나지 않을 경우에 해당한다. 종종 학대받은 아동이나 끔찍한 양육분쟁의 과정을 겪고 있는 아동과 작업할 때 이런 현상이 나타난다. 이러한 아동들이 상황을 호전시킬 수 있도록 계속하여 노력할 수 있게끔 동기를 부여하는 것은 놀이치료자의 정서적 유대감이다.

3) 모델링과 강화

놀이치료 관계에서는 아동에게 모델링이 일어나기 쉽다. 아동들은 자기가 좋아하거나 친근감을 느끼는 사람의 행동을 보다 많이 모방하는 경향이 있다. 즉, 놀이치료자와 관계가 발달할수록 모방이 증가하고 놀이치료의 효과가 증대된다. 아동이 놀이치료자에게 갖고 있는 정서적 유대감은 직접강화의 원천이 되기도 한다. 그러나 치료자는 인정하는 말이나 표정을 조심해야 한다. 직접적인 언어적 강화는 아동의 행동을 목표된 방향으로 신속하게 움직이게 하므로 자칫 아동의 위험한 행동도 동기화할 수 있기 때문이다. 아동은 일상생활에서 스스로 자신의 욕구를 만족시키는 법을 배워야 하고 자신의 내적 기준에 따라 행동을 결정할 수 있게 강화되어야 한다.

4) 아동의 경험적 문제해결 능력의 발달

우리는 환경과의 상호작용에서 끊임없이 문제에 부딪히게 된다. 성장하는 아동 또한 마찬가지이며 놀이치료 시간에 이 문제들을 드러내게 되고 치료자와 함께 다루게 되고 적절한 방법을 모색하게 된다. 놀이치료를 하는 대부분의 아동은 자신의 만족을 방해하는 문제를 해결하기 힘들어하기 때문에 자신의 욕구를 충족시키지 못한다.

놀이치료를 통해서 아동은 특정 문제를 해결하는 방법뿐만 아니라 삶에서 지속적으로 적용할 수 있는 문제해결 전략을 개발하는 방법을 배운다. 아동이 이러한 전략을 개발할 수 있도록 돕기 위해서 놀이치료자는 가르치거나 문제해결 전략을 발견하거나 사용할 때 직접 강화해야 할 필요도 있다는 것을 생태학적 놀이치료에서는 강조하고 있다.

놀이치료 과정에서 특별히 문제해결 방법을 가르치지 않아도 치료자는 아동이 놀이치료 과정에서 얻은 것들의 일반화를 촉진할 수 있다. 이때 놀이치료자와 아동이 겪게 되는 어려움 중의 하나는 주어진 회기 내내 문제에 초점을 맞추려는 것이다. 문제를 해결하기 위한 작업이 즐거울 필요는 없으며 해결하여야 할 문제가 고통스러운 내용이라면 불쾌하기까지 하다. 이러한 경우 자유놀이는 놀이치료 작업으로부터 편안하고 즐거운 도피처를 제공하게 된다. 모든 놀이치료 시간이 문제를 다루어야 하는 것은 아니며 고통으로부터 잠시 벗어나는 방법을 배우도록 돕는 것도 치료적이다. 그러나 놀이치료는 단순하게 놀기만 하는 시간이 아니며 치료에 초점을 둔다는 것을 놀이치료자는 잊지 말아야 한다.

놀이치료자는 문제를 조직적으로 정의하고 밝혀진 문제를 해결할 계획에 대해 아동과 함께 생각하는 단계를 거친다. 이 과정에서 비현실적인 것에서 현실적인 것까지의 광범위한 선택사항들을 생성한다. 이때 놀이치료자의 목표는 아동이 유연한 생각을 발달시키고 창조적인 해결 방법을 도출해 내도록 아동을 돕는 것이다. 방법을 찾았다면 그것을 실행하는 과정을 거친다. 평가하고 실행하고 다시 평가하고 점검하는 반복되는 과정을 통해 아동은 문제에 직면하여 숙고하고 체계적인 검증을 통해 점차 성공 경험을 쌓아 가는데, 놀이에서는 적응적인 놀이가 증가함을 볼 수 있다. 아동은 실행 과정을 통해 성취감을 얻게 되고 자신감을 회복하면서 긍정적 자아를 발달시키며 종결로 향한다. 즉, 문제해결 능력을 증진하여 긍정적 자아를 구축하여 적응적인 삶을 만들어 가는 것이다.

5) 놀이 교육과 해석

놀이는 아동들의 자연스러운 활동이지만, 아동이 놀이 방법을 모르는 경우가 있다. 학대 또는 방임되었던 아동들에게서는 이런 모습이 종종 나타난다. 또한 발달이 많이 늦은 아동들인 경우에도 놀이를 통해 발달을 촉진할 필요가 있을 수 있다. 이럴 때는 놀이치료자가 아동에게 놀이도 가르쳐야 한다. 일부 아동은 놀잇감의 명칭이나 사용 방법조차 서툴 수 있다. 그러므로 놀이치료자는 아동이 놀이치료의 재질과 과정을 잘 이용할 것이라고 단정하면 안 된다.

아동들에게 주로 나타나는 문제로는 감정에 대한 이해 부족이다. 놀이치료자는 아동의 감정 단서를 인식하는 능력의 부족으로부터 자신의 감정을 적절한 언어로 표현하는 데 있어 적절한 어휘의 부족까지 문세의 범위를 정해야 한다. 이러한 부분은 놀이 상황 속에서 나타나는 다양한 장면에서 치료자가 묘사하는 언어를 통해 아동이 배우게 된다. 자신의 감정을 표현하는 방법과 타인의 감정을 읽는 방법까지 많은 단서를 주며 놀이 상황 속에서 교육할 수 있다. 또한 Harter(1983)는 아동에게 양가감정의 개념을 가르치는 전략에 대해 연구하였다. 색깔로 표현하기(Color-Your-Life) 기법(O'Conner, 1983)은 미술 매체를 활용하여 아동들에게 감정의 개념과 감정 단어를 가르치기 위해 개발되었다.

해석은 사용하는 사람에 따라 다르게 정의될 수 있으며 이론에 따라 해석을 강조하기도 하고 해석을 싫어하기도 한다. 그러나 아동의 행동에 대한 놀이치료자의 반응으로는 반영이라는 용어와 해석이라는 용어가 주로 사용된다. 아동의 말을 치료자가 다시 말해 주는 것과 같은 가벼운 것은 대체로 반영이라고 하는데, 이 반영 속에 해석도 포함될 수 있다. 또한 놀이 상황에서 아동의 감정 경험을 아동의 과거 중요 인물과의 불쾌했던 상호작용과 연결해 주는 것과 같은 강력한 반영은 해석이라고 할 수 있다. 치료자가 아동에게 해석 반영을 하는 것은 아동이 갖고 있는 문제에 대한 통찰을 제공하기 위해서이며, 내담자의 경험에서 문제라고 생각하는 것을 주로 해석하게 된다. 즉, 놀이치료자의 해석을 통해서 아동은 자신의 문제에 직면하게 되고 점차 통찰력이 발달되어 문제의 상황에서 벗어나게 된다.

2. 놀이치료 사례

다음은 필자가 직접 상담을 했던 상담사례이다. 이를 통해 놀이치료 과정을 살펴보고자 한다.

사례

영우(가명)는 4세 9개월이며, 유치원을 다니는 남자 아동으로 유치원 교사의 권유로 놀이치료를 받게 되었다. 유치원교사의 주호소로는 영우가 유치원에 등원하면 블록 코너로 가서는 종일 블록 놀이를 혼자서 하는데 말수가 없고 다른 아동들과 교류가 없으며 여러 아동이 모이는 시간에 교사가 참여를 시키려면 그 자리에 누워 버린다고 한다. 그러나 다른 아동에게 해를 입히는 일은 없어 지적받는 일도 없고 다툼도 없어 그야말로 혼자 노는 아동으로 1년을 보내게 되어 놀이치료를 권유하게 되었다.

영우의 놀이치료 회기를 간략하게 정리하면 다음과 같다.

1회기

놀이치료자가 놀이치료실을 소개하겠다고 하니 불안해하며 어머니 눈치를 살피고 서 있다. 어머니로부터 떨어지고 싶지 않은 표정이 역력하면서도 의사표현은 하지 않고 서 있다가 놀이치료실에 들어선다. 놀이치료자가 놀이치료실을 소개하고 놀잇감을 선택하라고 하니 빨간 승용차를 꺼내 바닥에 밀어 보기만 반복한다. 잠시 후에는 엎드린 채로 차동차를 밀고 당기기를 반복하였다. 헤어질 때는 또 오고 싶은지 놀이치료자가 물으니 고개를 끄덕인다.

2회기

"방이 좀 달라졌네." 하며 놀이치료실로 들어가더니 "나 이거 유치원 버스 놀이할 거야." 하고 바닥에 엎드려서 유치원 버스에 인형을 차례로 태웠다가 내렸다가를 반복한다. 가끔 곁눈으로 놀이치료자를 살핀다. 놀이치료자가 놀이에 개입하려고 하니 "선생님은 저기서 공부하고 있어!"라며 거절한다.

3회기

놀이치료실에 들어서자 역시 유치원 버스를 꺼내 엎드려서 밀기를 반복한다. 20분 정도 지났을 때 놀이치료자가 '나 게임'을 꺼내 준비해 놓고 "영우야, 이 게임이 해 보고 싶으면 말해."라고 하니 잠시 후 무릎으로 기어서 다가온다. ('나 게임'은 사람 모양의 선이 그려진 판 위에 '나에게는 이런 마음이 있어요'라는 상징 그림의 카드들을 모두 채워 마음을 완성하는 게임이다. 이런 마음을 채워 가는 자아고양 게임이다.)

게임 도중 자주 놀이치료자의 눈치를 살피면서 매우 조심스럽게 게임에 임한다. 게임에서 승리하니 즐거워하며 놀이치료실을 나가자마자 어머니에게 "엄마, 나 이겼어."라고 한다.

4회기

게임 상자들이 놓여 있는 선반을 바라보기에 "다른 게임도 소개해 줄까?"라고 제안하고 메모리 게임인 짝짓기 게임을 보여 주었다. 모든 카드를 보이지 않게 엎어놓고 동시에 두 장을 열어서 같으면 가져가는 기억력 증진 게임이다. 영우는 이 게임만 3번을 연이어 하였다. 오늘은 모래상자를 소개하니 개구리 한 마리를 모래 속에 묻었다 꺼냈다를 반복한다. 남은 시간은 다시 유치원 버스를 꺼내 엎드려서 밀고 당기기를 반복한다. 자신을 들여다보고, 자신을 표출하는 데 갈등을 느끼는 듯한 상태로 보인다.

5회기

"선생님, 그런데요…… 나 유치원에서 왔을 때 선생님이 너무 보고 싶었어요."라고 수줍게 웃으며 놀이치료자를 쳐다본다. "그래, 나도 영우가 보고 싶었어."라고 대답하니 영우는 얼굴에 홍조를 띠며 좋아한다. 트러블 게임, 햄버거 게임 등을 선택하며 놀이에 집중한다. 놀이치료자가 이제 놀이방을 나갈 시간이라고 알리니 "아휴, 아휴, 벌써?" 하며 속상한 표정을 짓는다.

6회기

복도에서 놀이치료자를 기다리고 있다가 "우리 선생님이다!"라고 소리 지르며 반가워한다. 그러나 놀이치료실에 들어가서는 "나 게임 하나도 안 해요."라고 자기를 과장되게 주장하며 엎드려서 유치원 버스를 밀고 당기기를 반복한다. 유치원 버스를 밀고 모래상자까지 가더니 모래상자 속에 넣으려고 한다. 이 놀잇 감은 모래상자 꾸미기에 사용할 수 없다고 제한을 하니 "내가 하고 싶은데 왜요?"라고 반문하여 충분히 설명해 주었는데도 거절당했다고 느꼈는지 "선생님은 나가서 엄마랑 얘기하고 오세요."라고 한다.

7회기

"어떻게 지냈니?"라고 놀이치료자가 물으니 "선생님, 나 기다렸어요?" 하고 반문한다. 기다렸다고 대답하니 "나도 기다렸는데……." 하며 말끝을 흐린다. "선생님, 나 영어공부 하는데……." 하며 이야기를 꺼냈다. 외국에서 살다 온 친구들이 영어로 놀이하는 모임에 가게 되었다고 한다. 친구가 몇 명 있냐고 물으니 영우는 "5명이요. 남자 3명, 여자 7명."이라고 엉뚱하게 대답한다. 아직 우리말이 서투른 영우는 놀이치료자의 질문에 유치원 버스를 꺼내며 "선생님은 밖에 나가서 좀 기다려 주세요."라고 대답하고는 유치원 버스에 아이들을 태웠다 내렸다를 반복한다. 유독 파란색 옷을 입은 인형만 내리지 않고 혼자 버스에 태운 채 한 바퀴를 더 돈다. 파란 옷 입은 아이를 내려서 인형의 집에 넣어 놓고는 "나오지 마!" "안 돼." "안녕." 하고 문을 잠근다. 잠시 후 다시 꺼내 주더니 유치원 버스에 태우고는 놀이방 구석구석을 다니며 중얼거린다. 놀이치료자가 놀이방을 나갈 시간이라고 알려 주니 "그럼, 치워야지. 난 유치원에서 배워서 치울 수 있어요." 하며 정리정돈을 열심히 한다. 그림물감이 있는 이젤에 동그라미를 하나 그리고는 이건 산이고 바탕은 모두 돌이라고 한다.

9회기

영우는 갑자기 텐트 속으로 놀이치료자도 같이 들어가자고 하고는 "발이 닿으니까 느낌이 좋다."라고 표현한다. 늘 엄마 옆에는 동생이 차지하고 있어 스킨십이 쉽지 않은 아동들이 놀이치료실에서 치료자에게 다가와 접촉을 통한 위안을 삼기도 한다. 그만큼 심리적 거리가 가까워졌다는 사인이기도 하다. 종이에 뱀을 그리며 "창문 너머로 누군가 보고 있어요."라고 한다. 이것은 관찰자아의 출현이라고 보인다. 모래상자에는 각종 맹수들이 나타나 싸움을 격렬하게 하며, 공격성과 적개심을 표출하고 두 개의 자아가 투쟁하는 표현이 많이 나타난다.

10회기

영우는 주머니 속에서 비행기를 꺼내며 "아주 불쌍한 비행기예요."라고 한다. 왜 불쌍한 비행기인지 물으니 자세히 설명하지 못하고 "그냥 불쌍한 비행기."라고 답한다. 놀이치료실의 다른 비행기들도 모두 꺼내더니 공격하고 이륙과 착륙 놀이를 반복한다. 처음에 가져온 비행기가 모두 이기더니 다음에는 다 함께 같이 날아간다고 표현하며 비행기 놀이를 끝냈다. 이제는 비행기가 어떠냐고 물으니 "이제 행복해졌어요."라며 비행기와 자신을 동일시하는 것 같다.

11회기

색종이를 갖고 와서 메뚜기를 접었다고 자랑을 한다. 모래상자 안에는 동물원을 꾸미고 "동물들이 다 죽었다. 사자 엄마랑 아기들이 모두 병들어 죽었다. 아기 사자가 주인공인데 착하고 귀엽다. 그런데 사람들이 안 키워 줘서 다른 집에 가서 살았으면 좋겠다."라고 자신을 가엾게 표현하였다.

13회기

이 회기에는 놀이치료자가 풍경묘화법(LMT)를 제안하였다. 여기서 사람으로는 아빠, 동물을 그리라는 지시에는 타조 알을 그린다. 나무를 그리고는 111세라고 한다. 영우가 어떤 때는 영감 같고 어떤 때는 동생보다도 어린 것 같다는 어머니의 설명이 잘 표현된 그림이다. 아빠처럼 되고 싶은, 남자로서의 성적 정체감이 발달되어 가는 모습을 보인다. 겉으로 보이는 영우와 되고 싶은 영우의 모습이 얼마나 다른가를 잘 보여 준다.

14회기

"나, 벽돌을 높게 쌓아 보고 싶어요."라며 영우는 종이 블록을 높이 쌓고 본인이 손이 닿지 않는 높이부터는 놀이치료자에게 대신 쌓으라며 신이 나 있다. 놀이치료실에 있는 종이벽돌을 모두 쌓고는 성취감을 느끼고 좋아한다. "옛날에는 전혀 안 좋아했는데요……."라며 총을 꺼내 놀이치료자를 향해 쏘기도 하고, 텐트를 향해 쏘기도 한다. 비닐로 만든 공을 꺼내 놀이치료자에게 축구를 하자고 제안하며 놀이를 자신감 있게 이끌어 간다. 이제 5세의 남자아이다운 자연스러운 모습이 보인다. 놀이치료자가 부모 상담을 하는 동안 영우는 종이에 파란색 색연필로 동그라미와 네모를 그리고는 바탕에는 온통 자신의 이름으로 메웠다. 놀이치료자에게 이 그림을 놀이치료실 방문에 붙여 달라고 요구하고 집으로 돌아간다.

15~18회기

축구 놀이와 야생거미 게임 등 몸을 움직이는 활동이나 게임을 주로 선택하며 땀을 흘리며 신나게 놀이를 한다. 부모 상담에서 어머니는 영우가 친구들을 집에 데려오기도 하고 유치원 생활도 잘하고 있다고 보고한다. 하지만 아동에게서 버릇없어 보이는 행동들이 나타나고 부모에게 따지는 행동이 많아서 새로운 걱정이 생겼다며 종결 시기에 나타나는 부모의 불안을 호소하기도 하였다.

19회기

"오늘은 오랜만에 나 게임 하고 싶어요." 하며 선택하고는 놀이를 한 후에는 "영우는 사랑하는 마음, 행복한 마음, 정직한 마음, 우정, 협동, 평화가 있다."라며 좋아하고, 각 카드의 뒷면에 그려 있는 단어에 어울리는 상징적인 그림을 찬찬히 들여다본다. 유치원 교사는 자신감과 발표력 향상이 눈에 띈다고 긍정적 평가를 하였고, 어머니는 동생을 괴롭히는 행동도 없어졌고 잘 데리고 노는 모습이 대견하다고 하였다. 그러나 부모는 아버지가 해외주재원으로 발령이 나서 가족이 외국으로 이사를 가야 함을 걱정하였다. 지금까지의 변화를 볼 때에 잘 성장할 것이라고 기대하며 종결계획을 세웠다.

20회기

두 달 후에는 영우가 외국으로 떠나야 하며, 영우의 놀이치료 목표가 달성되었으므로 4회기 후 놀이치료를 종결할 것이고 마지막에는 졸업파티를 할 것이라고 설명하니 영우는 잘 받아들인다. 영우는 정해진 시간 안에 무슨 놀이를 할 것인지, 어떤 놀이를 먼저 할 것이지 계획과 순서를 정한다. 미리 계획을 세우는 모습이 동 연령에 비해 뛰어나다. 주로 지금까지 해 보았던 게임들을 하는 시간이 대부분이었다.

21회기

영우는 "이게 초능력 반지예요." 하며 주머니에서 다섯 개의 반지를 꺼낸다. 이 반지는 대기실의 어머니에게 맡겨 놓기로 하고 놀이치료실로 들어갔다. 영우는

초능력 반지 덕분에 이제 밤에도 무섭지 않고 힘도 세어졌다고 자랑을 한다. 오늘은 외국 생활의 적응을 돕기 위해 피부색이 다른 다양한 인형과 영어로 쓰인 그림책을 준비하였다. 눈동자의 색깔이 다름을 신기해하며 호기심을 가지고 즐거워한다. 종이벽돌을 높이 쌓아 보기도 하고 모래상자를 꾸미다가 갑자기 구슬을 놀이치료실 방바닥에 뿌리고는 "선생님, 너무 아름답지요?"라고 동의를 구한다. "아주 멋져요!"라고 다시 한번 강조하며 확인하려고 한다.

24회기

다음 시간이 마지막 시간이라고 상기시키니 "알고 있어요."라며 담담히 받아들인다. 다음 주 졸업파티에 누구를 초대할지를 정하고 초대장을 만들었다. 영우는 파티에 준비할 음료와 과자를 정하고는 "중요한 파티니까 케이크가 있어야 해요."라며 자기가 좋아하는 초코케이크여야 한다고 주장하여 케이크는 어머니가 준비하기로 하였다. 시간이 짧게 소요되는 놀이들을 선택하였는데 그중에 나 게임을 제일 먼저 선택하였다.

25회기　송별 파티

그 사이 해가 바뀌어 영우는 놀이치료를 시작했을 때보다 한 살을 더 먹었다는 자랑과 함께 그동안 영우의 성장과 변화에 대해 이야기하는 시간을 가졌다. 영우에게 자신의 어떤 부분이 달라졌냐고 물으니 생각주머니가 커졌고 동생을 잘 데리고 논다고 자신의 변화를 설명하였다.

영우 가족이 놓고 간 카드에는 다음과 같은 글이 남겨져 있었다.

"선생님, 헤어져서 섭섭해요. 그래도 졸업이라 좋아요. 사랑해요."라고 영우가 쓴 카드와 "그간 선생님의 노고에 감사드립니다. 선생님의 아동들에 대한 지도와 사랑이 널리 퍼져 더 많은 아동에게 밝은 마음을 선물하면 좋겠네요. 다시 한번 감사드리며, 늘 건강하세요. -영우 가족 드림."이라고 영우 가족이 쓴 카드두 장이 있었다.

3. 놀이치료 단계별 분석과 특징

여기에서는 앞서 제시한 사례를 통해 놀이치료 단계별로 그 특징을 분석해 본다.

1) 초기

놀이치료 초기의 경험은 치료의 성패에 중요한 영향을 미친다. 이 초기 과정은 아동이 치료자와 친숙한 관계를 맺어 가는 과정이므로 놀이치료자와 치료실에 대해 탐색하는 시기이다. 영우의 회기에서는 1회기에서 5회기까지가 초기 단계에 해당한다.

영우의 놀이를 보면 자동차를 가지고 방을 구석구석 탐색하는 행동을 보인다. 또한 치료자가 제안한 '나 게임'을 향해 무릎으로 기어서 다가오는 행동은 놀이치료자에게 물리적으로 다가오는 행동이다. 치료자는 수용적인 태도로 내담자의 감정을 반영해 주고 동기를 부여해 주며 깊은 해석은 하지 않는다. 아동과 놀이치료를 할 때에는 치료실에서의 행동적 한계를 알려 주어야 하는데, 영우의 경우는 시간 제한 외에는 미리 제한을 할 부분이 나타나지 않았다.

이 시기는 서로 탐색하는 기간이므로 치료자가 어디까지 받아 주는지 테스트하기도 하고 또한 치료자에게 좋게 보이려는 행동이 나타나기도 한다. 상대방에게 호감을 갖고 허용하는 행동을 하는 허니문과 같은 시기이다. 이런 반응은 5회기의 "선생님, 그런데요…… 나 유치원에서 왔을 때 선생님이 너무 보고 싶었어요."라는 영우의 표현으로 알 수 있다.

치료자의 철학, 가치, 경험, 문화적 배경, 가족 배경 등은 놀이치료에 영향을 준다. 또한 치료자의 언어 유형, 옷 입는 방법, 행동 등도 영향을 미친다. 특히 초기에는 아동이 무조건 치료자에게 맞추는 행동으로 잘 보이려 하기 때문에 유념하여야 한다. 이 시기는 아동이 치료자에게 몰두하는 시기이므로 치료자의 인정을 받으려는 욕구가 강하게 나타난다. 상대방의 호의를 사기 위해 무조건 맞추려고 치료자의 의사를 묻는 경우가 많은데, 이때도 치료자는 주의를 하여야 한다. 이 놀이 시간은 아동의 시간이고 아동의 의사가 중요하다는 인식을 가지도록 안내하여야 한다.

차츰 공격적인 놀이가 증가하기 시작하고 자발적인 표현도 늘어 간다. 영우의 경우도 엎드려서 자동차 밀기에서 차츰 행동 반경이 넓어지고 자신의 마음에 들지 않으면 "선생님은 나가서 엄마랑 얘기하고 오세요."라고 치료자를 배제하는 표현이 나타난다. 인정받으려는 행동에서 갈등을 탐색하고 부정적 감정을 표현도 하는 행동들이다.

놀이의 주제는 자신의 갈등과 관련된 주제를 나타내는데, 영우는 유치원버스에 사람을 태워서 놀이치료실을 탐색하고 앞으로 갔다 뒤로 갔다를 반복하는 행동으로 주저하고 갈등하는 심리 상태를 표현한다. 모래상자에 개구리를 묻었다가 꺼냈다가 하는 부분은 1년간 유치원에서 혼자 지내며 힘겨워하고 있는 자신의 마음을 드러내는 것이기도 하고 놀이치료자에게 드러낼지, 세상을 향해 나아갈지를 주저하는 표현으로 이해할 수도 있다.

초기에서 중기로 넘어가는 표시는 아동의 놀이 행동에서 관찰되는데, 하지 않던 행동을 하거나 변화를 나타내는 특징에서 발견할 수 있다. 영우는 5회기에 선생님이 보고 싶었다는 표현을 언어로 하면서 누워서 놀던 아동이 움직이는 행동으로 변화하고 치료자가 자신을 보고 싶어 했는지를 확인하는 행동으로 변화된 모습을 표현하였다. 일반적으로 하지 않던 행동을 하게 되거나 놀이 주제가 바뀌면 중기로 넘어가는 사인이 된다.

2) 중기

놀이치료의 중기 과정은 다른 상담과 마찬가지로 긴 여정이다. 치료자와 동맹이 형성되고 신뢰감이 생길수록 아동이 자신의 어려운 문제를 더 드러내고 다루게 된다. 아동은 놀이치료실이 자신만을 위한 공간이며 놀이치료자는 자기를 위한 존재라는 인식이 들면서 부정적인 반응을 보이는데, 영우의 경우에는 6회기에 유치원 버스를 모래상자에 넣으려고 할 때 제한하니 "내가 하고 싶은데 왜요?"라고 반문하는 것에서 볼 수 있다. 영우의 경우에는 6회기에서 19회기까지가 중기로 볼 수 있다. 이 중기를 좀 더 세분화해 보면 6~11회기는 갈등 해소 단계이고, 12~14회기는 자신감 표현 단계이며, 15~19회기는 친구사귀기 단계이다.

중기 과정에서는 자신의 과거에 불쾌했던 것들을 재연하는데, 영우는 7회기에 "나오지 마!" "안 돼." "안녕." 하며 한 아이 인형을 가두는 장면을 통해 자신의 고립을 표현하고 있다. 놀이치료자가 발달사에서 아동에게 힘들었던 시기를 아는 것은 중요한데, 이는 아동이 놀이로 표현하고 있고 표현된 놀이 속에서 감정을 드러내기 때문에 세심한 관찰이 필요하다.

이 과정에서는 내담자가 자아존중감을 형성하기 위한 통찰을 가지도록 치료자가 도와주고 성취감을 느낄 수 있는 기회를 갖도록 놀이치료를 계획하여야 한다. 이 연령의 발달 시기에 적절한 놀잇감을 준비하여 놀이 속에서 마음껏 표현할 수 있게 환경을 구성해 주어야 한다. 특히 아동의 경우에는 크게 조절하지 않도록 세심한 배려를 해야 하며 좌절을 견뎌 낼 수 있도록 격려할 필요도 있다.

중기라는 긴 시간 동안 아동은 부모와의 관계에서 결핍되거나 왜곡된 부분들을 보충하고 수정하는 교정적 경험을 하게 되는데, 해석을 통해 자신의 과거에 일어났던 사건을 재통합하고 성장하게 된다.

11회기에 "동물들이 다 죽었다. 사자 엄마랑 아기들이 모두 병들어 죽었다. 아기 사자가 주인공인데 착하고 귀엽다. 그런데 사람들이 안 키워 줘서 다른 집에 가서 살았으면 좋겠다."라며 자신을 표현하기도 하고, 14회기에 "나, 벽돌을 높게 쌓아 보고 싶어요."라며 성취감을 발달시키고 "옛날에는 전

혀 안 좋아했는데요⋯⋯."라며 총을 꺼내 놀이치료자를 향해 쏘기도 하고 텐트를 향해 쏘기도 하는 행동으로 자신을 다르게 표현하기도 하며 성장한다.

13회기에는 풍경묘화법(LMT)에서 아버지를 등장시키며 남성으로의 성 정체감을 나타내기도 하고 2자 관계에서 3자 관계에 나타나는 오이디푸스 갈등을 드러내기도 한다. 발달적으로 성장하고 있음을 놀이로 보여 주고 있다.

19회기에는 "오늘은 오랜만에 나 게임 하고 싶어요." 하며 선택하고는 놀이를 한 후에는 "영우는 사랑하는 마음, 행복한 마음, 정직한 마음, 우정, 협동, 평화가 있다."라며 좋아하고, 각 카드의 뒷면에 그려져 있는 단어에 어울리는 상징적인 그림을 찬찬히 들여다보는 행동을 통해 자신의 마음과 동일시하며 흡족해하는 모습을 관찰할 수 있다.

중기에 다루어야 하는 어려움 중 하나가 아동의 전이 행동과 치료자의 역전이 관리 능력이다. 전이란 내담자가 치료자를 자기가 갖고 있는 문제에 영향을 미친 중요한 인물로 생각하고, 그 사람에게 가졌던 감정과 같은 감정을 치료자에게 느끼거나 표현하게 되는 행동이다. 아동의 경우에 남자 치료자인데도 치료자를 "엄마."라고 부르는 실수를 하는 것 또한 아동의 전이라고 해석할 수 있다. 치료자를 엄마라고 착각해서가 아니라 그 사람에게 가졌던 감정을 유발하게 하는 대상으로 여기는 무의식적 행동이다.

전이 경험의 흔한 양상으로는 아동이 어머니에게 향했던 그리움, 사랑은 물론, 분노와 좌절 등도 모두 치료자를 향해 표현하는 것을 들 수 있다. 치료자는 내담자가 보이는 분노, 좌절이나 갈등이 치료자를 향한 것이 아니며, 바로 내담자의 과거 중요한 인물로 치료자를 느끼고 있음을 이해해야 한다. 이런 전이 감정이 발달되어야 정신치료가 될 수 있는데, 이것은 실제의 병이 아니며 이런 상태를 치료 과정에서 보이는 전이신경증이라고 한다. 이런 전이를 다룰 수 있는 것은 치료의 힘이다. 치료자가 전이를 다룰 수 있다고 보여야 전이신경증 단계로 발전되고 이때에 교정적 경험을 통해 내담자는 치료된다.

중기의 어려움 중 역전이 관리는 놀이치료자가 감당해야 하는 영역이다.

내담자의 전이 감정과 유사하게 치료자가 내담자에게 갖는 전이 감정을 '역전이'라고 하는데, 아동 놀이치료에서는 특히 아동뿐만 아니라 보호자에게 가지는 역전이 감정에 조심하여야 한다. 치료자는 아동에게 열심히 놀이치료를 하는데 부모가 협조를 하지 않고 아이를 망치고 있다는 생각에 힘들어하며 부모에게 역전이를 일으키기 쉽다.

역전이를 느끼면서도 본인이 지각하지 못하면 문제는 심각해진다. 이때 치료자가 스스로 힘들어할 뿐만 아니라 내담자를 이용하게 될 수도 있으므로 조심하여야 한다. 특히 초심자는 역전이를 많이 일으킬 수밖에 없는데, 이를 해결할 수 있는 지름길은 수퍼비전을 받는 것이다. 또한 역전이를 일으키는 문제를 지각해도 반복된다면 개인 분석을 통해 근원적인 자신의 문제를 해결하여야 건강한 치료자가 될 수 있음을 명심하여야 한다. 놀이치료자 자격증을 취득하고도 수퍼비전 받기를 지속하는 것은 유능한 치료자가 되기 위한 자기관리 전략이다.

중기에서 종결 시기로 넘어가려면 주호소를 점검하고 치료목표의 달성 여부를 평가하여야 한다. 혼자 놀이만 하던 영우가 15~19회기 동안 친구들과의 관계가 돈독해지고 동생과의 관계도 발전된 모습을 보여 중기가 종결됨을 알 수 있다. 영우는 놀이치료 장면에서도 자신이 주도하며 계획하고 실험하고 만족해하는 과정과 게임을 통해 스스로 통제하고 좌절을 받아들이는 모습을 보였다.

3) 종결 시기

종결 시기가 되면 아동은 자신의 문제를 수용할 수 있으며 자신의 장점을 존중하고 자아존중감이 향상되어 적극적으로 현실에 대처하는 모습을 보인다. 종결의 사인은 놀이 과정에서도 나타나지만 아동의 경우에는 부모나 교사들이 아동의 적응 행동을 보고하면 종결을 준비하게 된다. 놀이치료에 의

뢰된 당시의 어려움이 해결되었거나 목표를 달성하였다고 평가되면 종결을 계획한다.

놀이치료에서 종결 시기의 놀이는 두 가지 양상을 띤다. 놀이에서도 편안하고 긍정적인 행동으로 협조적인 놀이를 하는가 하면, 투쟁이나 파괴적인 놀이 주제가 계속 나타날 수도 있다. 후자의 경우에는 놀이치료실 밖의 현실에서 어떤 행동을 보이는지 관찰하여 종결을 결정할 수도 있다. 아동들은 끊임없이 발달해 가는 과정에 있고 지속적으로 발달 과업의 스트레스를 받고 해결해 가는 과정에 있기 때문에 놀이 시간에 끊임없는 투쟁 놀이를 할 수도 있다.

놀이치료의 종결은 미리 준비하여야 하는데, 종결 또한 헤어짐, 이별이기 때문에 심리적 상처가 되지 않도록 준비된 이별이어야 한다. 종결 시에는 헤어짐보다 아동의 성장을 축하하는 것의 의미를 전달하여야 하며, 이를 돕기위해 송별파티, 졸업파티라는 이름으로 특별시간을 준비하면 도움이 된다.

영우의 경우에는 15~19회기에 친구들이 생기고 사회성 발달이 눈에 띄게 좋아짐을 보고 종결을 준비하였다. 즉, 주호소가 해결되어 종결을 할 수 있었다. 또한 영우의 가족이 해외로 이사하게 된 것으로도 종결은 필요했지만 만약 주호소 해결이 안 되고 종결을 하더라도 종결은 계획하여 준비하고 아동이 이해할 수 있게 의사소통할 시간이 필요하다.

놀이치료 과정은 아동의 연령, 주호소 문제, 치료자의 이론적 접근 방법, 장기상담인지 단기상담인지, 유료인지 무료인지 등에 따라 고려할 점이 다르지만, 아동의 놀이치료에서 아동을 이해하고 놀이로 아동과 대화하려면 놀이치료자의 놀이관찰 및 평가 능력은 필수 조건이 된다.

참 고 문 헌 ▼

유미숙(2004). 놀이치료의 이론과 실제. 서울: 상조사.

Axline, V. (1947). *Play therapy*. Boston: Houghton Mifflin.

Bixler, R. (1949). Limits are therapy. *Journal of Counseling Psychology, 13*, 1-11.

Freud, A. (1928). *Introduction to the technique of child analysis*. L. P. Clark (Trans.). New York: Nervous and Mental Disease Publishing.

Harter, S. (1983). Cognitive-developmental considerations in the conduct of play therapy. In C. E. Schaefer & K. J. O'Conner (Eds.), *Handbook of play therapy* (pp. 95-127). New York: John Wiley & Sons.

O'Conner. K. J. (1983). The Color-Your-Life technique. In C. E. Schaefer & K. J. O'Conner (Eds.), *Handbook of play therapy* (pp. 95-127). New York: John Wiley & Sons.

제13장

관찰 실습 평가

앞 장에서 놀이치료 전문가의 사례를 관찰하고 다양한 방법으로 분석을 시도해 보았다. 이 장에서는 각 장에서 사례 관찰을 연습하고 분석한 내용을 종합 정리하고 통합해 보고 이를 토론할 수 있도록 양식을 제시하고자 한다.

1. 관찰사례 총평

관찰한 사례에 대해 다음과 같은 항목으로 평가를 해 보는 과정을 통해 사례에 대한 내용을 종합 분석할 수 있다. 〈표 13-1〉을 작성하고 집단토의를 해 보자.

〈표 13-1〉 관찰사례 평가서

평가 항목	내용
초기 면접	
놀이 평가	
아동-양육자 상호작용 평가	
사례개념화	

아동 반응 분석	
치료자 반응 분석	
놀이 주제 분석	
치료 과정 분석	
종합소견	

2. 관찰자 분석 및 평가

관찰자로서 사례를 분석할 때 이해하기 쉬웠던 점과 어려웠던 점, 그리고 추후 사례 관찰 시 보완하면 좋을 점 등을 정리하는 것을 통해 사례관찰에 대한 학습을 촉진시킬 수 있다. 〈표 13-2〉를 작성하고 이에 대해 집단토의를 해 보라.

〈표 13-2〉 관찰자 분석 및 평가

평가 항목	이해하기 쉬웠던 부분	이해하기 어려웠던 부분	추후 보완점
초기 면접			
놀이 평가			
아동-양육자 상호작용 평가			
사례개념화			
아동 반응 분석			
치료자 반응 분석			
놀이 주제 분석			
치료 과정 분석			
종합소견			

3. 관찰 실습 확인서 작성

본 교과목은 「장애아동복지지원법 시행규칙」 제8조 제1항과 보건복지부 고시 제2018-167호에 근거한 '발달재활서비스 제공 인력 자격 인증' 중 놀이 심리재활 영역의 전공필수 교과목에 해당한다. 그러므로 본 교과목을 수강한 후 '발달재활서비스 제공 인력 자격 인증' 절차에서 교과목 인증을 받기 위해서는 반드시 관찰 실습 확인서를 작성한 후 중앙장애아동 · 발달장애인지원센터의 발달재활서비스 자격관리사업단에 놀이심리재활 관찰실습 확인서를 제출해야 한다.

본 확인서는 발달재활서비스 자격관리사업 홈페이지(https://www.broso.or.kr/cert/main.do)에서 '열린광장'의 하위 카테고리 중 '자료실'을 클릭하여 해당 서식을 다운로드할 수 있다.

찾아보기

내용

저자 소개

_____ 유미숙(YOO, MEE SOOK)

숙명여자대학교 이학박사(아동상담 전공)

미국 Fairleigh Dikinson University에서 Play Therapist Training 과정 수료

현) 숙명여자대학교 아동복지학부 명예교수

　　한국놀이치료학회 공인 놀이치료전문가

　　한국상담심리학회 공인 상담심리전문가

　　APT 공인 Registered Play Therapist & Supervisor

전) 한국놀이치료학회장

〈주요 역서〉

『놀이치료: 치료 관계의 기술』(역, 학지사, 2015)

『외상장애 아동을 위한 놀이치료: 규정적인 접근 방법』(공역, 학지사, 2012)

_____ 이영애(LEE, YOUNG AE)

숙명여자대학교 문학박사(아동상담 전공)

미국 The Association for Play Therapist 주관 Play Therapy Seminars 과정 이수

현) 숙명여자대학교 심리치료대학원 놀이치료학과 부교수

　　한국놀이치료학회 공인 놀이치료전문가

전) 한국놀이치료학회장

　　원광아동상담센터 소장

〈주요 역서 및 논문〉

『자폐스펙트럼장애와 발달장애를 위한 놀이치료 가이드북』(공역, 시그마프레스, 2020)

「Development of the child's ego strength scale: an observation-based assessment of the board game behaviors in play therapy in Korea」(공동, Child Adolesc Psychiatry Ment Health, 2021)

박현아(PARK, HYUN AH)

숙명여자대학교 문학박사(아동심리치료 전공)

현) 원광아동상담연구소 상담연구원

　　서울시 육아종합 지원센터 아이사랑 플래너

　　한국놀이치료학회 공인 놀이치료사 1급

　　청소년상담사 2급

전) 숙명여자대학교 아동복지학과 강사

　　숙명여자대학교 심리치료대학원 놀이치료학과 시간강사

〈주요 역서 및 논문〉

『사회 정서 발달: 애착관계와 자기의 발달』(공역, 시그마프레스, 2018)

「초보 아동 중심 놀이치료자 학습공동체 참여경험에 대한 사례 연구」(숙명여자대학
교, 2020)

놀이치료 관찰 및 실습
Play Therapy Observation and Practice

2021년 11월 15일 1판 1쇄 발행
2022년 4월 20일 1판 2쇄 발행

지은이 • 유미숙 · 이영애 · 박현아
펴낸이 • 김진환
펴낸곳 • ㈜**학지사**
　　　　　04031 서울특별시 마포구 양화로 15길 20 마인드월드빌딩
대표전화 • 02-330-5114　　팩스 • 02-324-2345
등록번호 • 제313-2006-000265호

홈페이지 • http://www.hakjisa.co.kr
페이스북 • https://www.facebook.com/hakjisabook

ISBN 978-89-997-2533-3 93180

정가 16,000원

출판 · 교육 · 미디어기업 **학지사**
간호보건의학출판 **학지사메디컬** www.hakjisamd.co.kr
심리검사연구소 **인싸이트** www.inpsyt.co.kr
학술논문서비스 **뉴논문** www.newnonmun.com
교육연수원 **카운피아** www.counpia.com